新编21世纪
高等职业教育精品教材
旅游大类

旅游职业礼仪

主　编　李　妍
副主编　张季云　陈明明
　　　　吴　强　徐爱忠

中国人民大学出版社
·北京·

图书在版编目（CIP）数据

旅游职业礼仪 / 李妍主编. -- 北京 : 中国人民大学出版社，2025.4

新编 21 世纪高等职业教育精品教材 . 旅游大类

ISBN 978-7-300-32855-3

Ⅰ. ①旅… Ⅱ. ①李… Ⅲ. ①旅游服务 — 礼仪 — 高等职业教育 — 教材 Ⅳ. ① F590.63

中国国家版本馆 CIP 数据核字（2024）第 107085 号

新编 21 世纪高等职业教育精品教材 · 旅游大类

旅游职业礼仪

主　编　李　妍

副主编　张季云　陈明明　吴　强　徐爱忠

Lüyou Zhiye Liyi

出版发行	中国人民大学出版社		
社　　址	北京中关村大街 31 号	邮政编码	100080
电　　话	010－62511242（总编室）		010－62511770（质管部）
	010－82501766（邮购部）		010－62514148（门市部）
	010－62511173（发行公司）		010－62515275（盗版举报）
网　　址	http://www.crup.com.cn		
经　　销	新华书店		
印　　刷	中煤（北京）印务有限公司		
开　　本	787 mm × 1092 mm　1/16	版　　次	2025 年 4 月第 1 版
印　　张	15.25	印　　次	2025 年 4 月第 1 次印刷
字　　数	348 000	定　　价	48.00 元

前言

“旅游职业礼仪”是旅游与酒店管理专业的一门专业基础课程，也是旅游与酒店管理人员进修、提高自身水平所必修的课程。本书既可作为旅游与酒店管理等专业学生的教学用书，也适合成人高校及培训学校或旅游企业内部培训使用。

本书编者曾在旅游企业从事管理工作多年，又在高职院校从事旅游及酒店服务礼仪方面课程的教学工作，因此本书可以说是理论与实践经验的结晶。本书既能使学生掌握旅游职业礼仪的基础知识，又能让学生掌握旅游职业礼仪要领，提高文明素养及综合职业能力。

本书深入贯彻党的二十大精神，全面融入社会主义核心价值观，落实立德树人的根本任务。全书将教学内容项目化，每一个项目下分若干个任务。在内容编排上既考虑到一般旅游职业服务的流程性礼仪，又考虑到旅游职业内部不同部门服务礼仪的差异性，使得教学内容更加全面，更能适应现代酒店服务业发展的综合需要。其特色体现在以下几个方面：

（1）校企合作。本教材由高校老师和企业专家深度合作开发，任务设计基于旅游职业实际工作场景，内容撰写以旅游职业标准为依据，以旅游职业岗位能力实际需要为导向。深度合作企业、“两翼”企业专家基于旅游职业岗位需求，对本教材的编写提出了很多建设性建议。

（2）理实一体。为了培养学生解决实际问题的能力，结合教材内容和旅游职业的实际岗位需要，安排相关的“礼仪实训”内容，方便教师组织学生进行相关的理实一体活动。

（3）图文并茂。为了使教学内容更加直观明了、可操作性和实用性更强，本教材配备了大量图片。

（4）体例新颖。本教材任务前有“学习目标”“素养目标”，任务中有“素养专栏”“特别提醒”，进一步巩固学生对重难点知识的理解，强化知识在实际工作中的运用。

基于新形态教材建设需要，本教材在相关知识点处以二维码的形式提供了“微课视频”“知识链接”等教学资源。

在编写本教材的过程中，编者参考了大量国内外的优秀教材，在此对其作者表示由衷的感谢。

本教材由江苏食品药品职业技术学院李妍老师任主编，南通职业大学张季云老师、江苏食品药品职业技术学院陈明明老师、淮安市文化旅游集团股份有限公司吴强总经理、苏州市吴江宾馆有限公司徐爱忠总经理任副主编。具体编写分工如下：张季云编写项目一，李妍编写项目二、项目三及项目五之任务一，吴强编写项目四，徐爱忠编写项目五之任务二、任务三、任务四及任务五。素养专栏由陈明明负责，微课视频由张季云和李妍负责。全书由李妍总纂定稿。扬州大学旅游烹饪学院侯兵院长、江苏食品药品职业技术学院酒店学院沈子杨院长为本教材主审。

虽然编者在编写过程中力求突出创新、实用等特色，也为此付出了很多努力，但由于水平有限、时间仓促，书中难免存在疏漏和不足之处，恳请广大读者和专家指正，并将宝贵意见和建议及时反馈给编者，以便编者不断地对教材进行修订完善。

编者

目录

项目一

礼仪基础知识

任务一 什么是礼仪

任务二 什么是旅游职业礼仪

任务三 新媒体沟通礼仪

任务一　什么是礼仪

学习目标

知识目标

1. 了解有关“礼”的基本概念。
2. 掌握礼仪的基本特征、基本原则及作用。
3. 了解礼仪的起源与发展。

能力目标

理解礼仪的基本特征和原则，并尽量将其运用到旅游服务中。

素养目标

确定“人格修养”为本任务课程学习的素养教育主题，通过教学实施，引导学生明辨是非、遵纪守法、奋发向上，有博爱之心，培养学生良好的行为习惯和道德品质。

一、礼仪的基本内涵

（一）有关“礼”的基本概念

旅游产品的核心是优质的服务，旅游服务离不开礼、礼貌、礼节和礼仪。那么，什么是礼、礼貌、礼节和礼仪呢？

知识链接

中国礼的演变史

1. 礼

礼是表示敬意的通称，是表示尊敬的言语或动作，是人们在长期的生活实践与交往中约定俗成的行为规范。

我国自古就有“有礼走遍天下，无礼寸步难行”的古训。在古代，礼特指奴隶社会或封建社会等级森严的社会规范和道德规范。在现代，礼的含义比较广泛，它既可指为表示敬意而隆重举行的仪式，也可泛指社会交往中的礼貌和礼节。

2. 礼貌

礼貌是人与人在交往中，通过言谈、表情、举止相互表示敬重和友好的行为准则，它体现了时代的风尚和人们的道德品质，体现了人们的文化层次和文明程度。

礼貌可分为礼貌行为和礼貌语言两个部分。礼貌行为是一种无声的语言，如微笑、点头、欠身、鞠躬、握手等；礼貌语言是一种有声的行动，如使用“您”“先生”等敬语，“恭候光临”“谢谢惠顾”等谦语。

有礼貌是旅游业员工的文化、修养和素质的综合表现。以满足游客膳宿、休憩、购物和康乐等要求为己任的旅游业，员工更应时时处处讲究礼貌，使游客感到亲切温暖。

3. 礼节

礼节指人们在日常生活中，特别是在交际场合中，相互表示尊重、友好的问候、致意、祝愿、慰问以及给予必要的协助与照料的惯用形式。在春节，带着礼物走亲访友拜年就是一种礼节。

微课视频　致意礼仪

微课视频　拥抱礼仪

礼节是礼貌的具体表现形式，是人内在品质的外化。有礼貌、尊重他人正是通过礼节表现出来的。如尊重师长，可以通过见到长辈和教师问安行礼的礼节表现出来；欢迎他人到来，可以通过见到客人起立、握手、拥抱等礼节来表示；得到别人的帮助，可以说声“谢谢”来表示感激的心情。

借助这些礼节，对别人尊重友好的礼貌得到了适当的表达。如果不掌握这些礼节，在与人交往时虽有尊重别人的内心愿望却难以表达，所以，我们应掌握规范的礼节，正确地表达意愿。有礼貌而不懂礼节容易失礼。

4. 礼仪

礼仪是人们在社会交往中形成的既为人们所认同，又为人们所遵守的各种符合交往要求的行为准则和规范的总和。礼仪以建立和谐关系为目的，受历史传统、风俗习惯、宗教信仰、时代潮流等因素的影响。

礼貌是礼仪的基础，礼节是礼仪的基本组成部分。换言之，礼仪在层次上要高于礼貌、礼节，其内涵也更加丰富。礼仪，实际上是由一系列具体的表现礼貌的礼节所构成的。它不像礼节一样只是一种做法，而是一个表示礼貌的系统、完整的过程。例如，迎送外国领导人的国际惯例是：献花、奏两国国歌、鸣放礼炮、护航、讲话、群众欢迎等。

礼仪一向是人类文明的标志之一。在人际交往中，一个注重礼仪的人往往会被认为是一个有修养的人。旅游服务人员在为游客提供服务的时候，需要格外注意标准化的礼仪。

（二）礼仪的基本特征

礼仪的基本特征，如图 1－1 所示。

1. 规范性

礼仪既包括内在的道德准则，又包括外在的行为尺度，对人们的言行举止和社会交往具有普遍的规范和约束作用。遵循礼仪规范，就会得到社会的认可和嘉许；违反礼仪

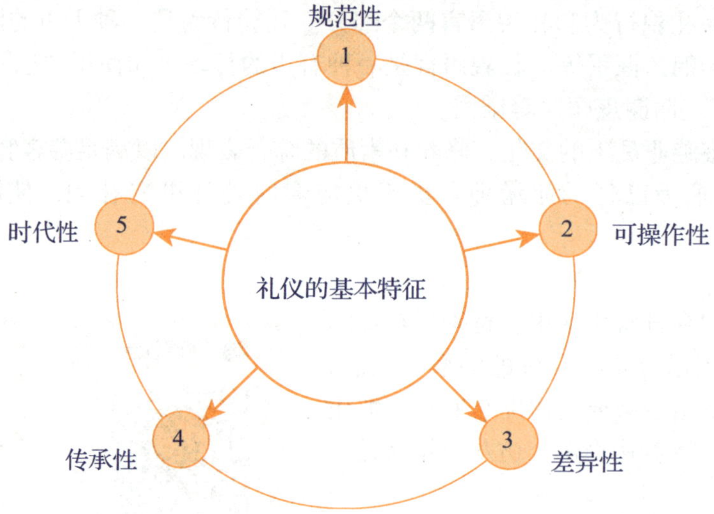

图 1-1　礼仪的基本特征

规范，就会到处碰壁、招致反感、受到批评。正所谓有“礼”走遍天下，无“礼”寸步难行。

2. 可操作性

礼仪规范以人为本，重在实践，人人可学，习之易行，行之有效。在具体运用礼仪时，“有所为”与“有所不为”都有各自具体的、明确的、可操作的方式与方法。

素养专栏

《高等学校学生行为准则》

《高等学校学生行为准则》

2005 年 3 月 25 日，为了全面贯彻党的教育方针，加强高等学校学生思想政治教育工作，引导学生坚定理想信念，形成良好的道德品质，养成文明行为习惯，勤奋学习，强健体魄，成为社会主义合格建设者和可靠接班人，教育部印发了修订的《高等学校学生行为准则》。准则从八个方面对高等学校学生的行为进行了规范。当代大学生在平时的学习和生活中一定要知道“有所为”与“有所不为”，在未来的人生旅途中才能做到“有所作为”。

3. 差异性

礼仪规范约定俗成，不同国家、不同地区、不同行业，由于民族特点、文化传统、宗教信仰、生活习惯和业务性质等的不同，往往有着不同的礼仪规范，“十里不同风，百里不同俗”。这就需要增加了解，尊重差异，不可唯我独尊、我行我素。

4. 传承性

任何国家的礼仪都具有自己鲜明的民族特色，任何国家的当代礼仪都是在本国古代礼仪的基础上继承、发展而来的。其一旦形成，便会长期沿袭、经久不衰。

5. 时代性

礼仪并非一成不变，而是随着时代的发展变化而吐故纳新，随着内外交往的日益频繁而互相借鉴吸收。

其实，礼仪的特征还有很多。例如，礼仪主要适用于与人打交道的场合，离开了这个特定的范围，礼仪就未必适用，这是礼仪的限定性；随着人类文明的发展和交往的增加，各个地区、各个民族的礼仪会相互影响、相互渗透，不断地被赋予新的内容，这是礼仪的变动性。

（三）礼仪的基本原则

在社交场合中，要运用好礼仪，发挥礼仪应有的效应，创造最佳的人际关系状态，就必须遵守礼仪的基本原则。礼仪的基本原则如图 1-2 所示。

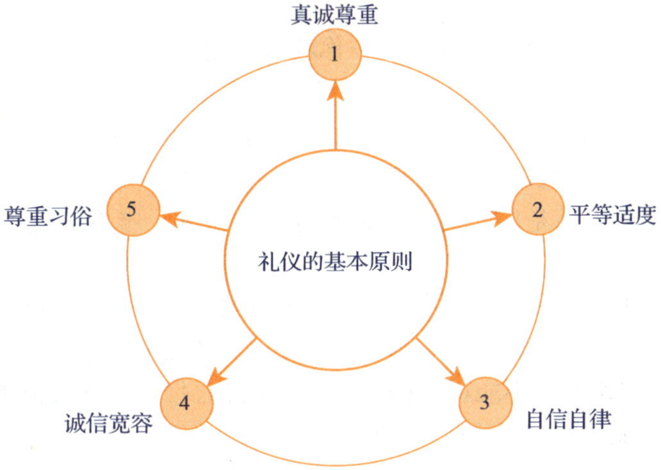

图 1-2　礼仪的基本原则

1. 真诚尊重的原则

真诚尊重是礼仪的首要原则，只有真诚待人才是尊重他人，只有尊重他人方能创造和谐愉快的人际关系。真诚和尊重是相辅相成的。

真诚是对人对事的一种实事求是的态度，是待人真心实意的友善表现。真诚和尊重首先表现为对人不说谎、不虚伪、不骗人、不侮辱人，所谓“骗人一次，终生无友”；其次表现为对他人的正确认识，相信他人、尊重他人，只有真诚尊重方能使双方心心相印、友谊地久天长。

素养专栏

社会主义核心价值观——“友善”准则

党的十八大提出，倡导富强、民主、文明、和谐，倡导自由、平等、公正、法治，倡导爱国、敬业、诚信、友善，积极培育和践行社会主义核心价值观。党的二十大报告在“推进文化自信自强”部分强调要“广泛践行社会主义核心价值观”。

"爱国、敬业、诚信、友善"是公民个人层面的价值准则。当代大学生一定要恪守"友善"准则。友善准则强调公民之间应互相尊重、互相关心、互相帮助，和睦友好，努力形成社会主义的新型人际关系。

在社交场合中，当你在倾吐衷肠时，有必要看一下对方是否是能倾听你肺腑之言的知音，如果对方根本不喜欢听你真诚的心声，那你就是徒劳的。如果你不赞同或不喜欢对方的观点或打扮等，也不必针锋相对地批评他，更不能嘲笑或攻击他，你可以委婉地提出或适度地有所表示或干脆避开此问题。这是给人留有余地，是一种尊重他人的表现。所以，在社交场合要切记三点：给他人充分表现的机会；对他人表现出你最大的热情；永远给对方留有余地。

2. 平等适度的原则

在社交场合，礼仪行为总是双向的，你给对方施礼，对方自然也会相应地还礼于你。所以，礼仪的施行必须讲究平等的原则，平等是人与人交往时建立情感的基础，是保持良好的人际关系的诀窍。在交往中，平等表现为不要骄狂，不要我行我素，不要自以为是，不要厚此薄彼，更不要傲视一切、目空无人，更不能以貌取人，或以职业、地位、权势压人，而是应该时时处处平等谦虚待人，唯有如此，才能结交更多的朋友。

适度原则即交往应把握礼仪分寸，根据具体情况、具体情境而施行相应的礼仪。如在与人交往时，既要彬彬有礼，又不能低三下四；既要热情大方，又不能轻浮谄谀；要自尊却不能自负；要坦诚但不能粗鲁；要信人但不能轻信；要活泼但不能轻浮；要谦虚但不能拘谨；要老练持重，但不能圆滑世故。

3. 自信自律的原则

自信原则是社交场合中一个关乎心理健康的原则，唯有对自己充满信心，才能如鱼得水、得心应手。一个充分自信的人，才能在交往中不卑不亢、落落大方，遇到强者不自惭，遇到困难不气馁，遇到侮辱敢于挺身反击，遇到弱者会伸出援助之手；一个缺乏自信的人，会处处碰壁，甚至一事无成。

自信但不能自负，自以为了不起、一贯自信的人，往往就会走向自负的极端，凡事自以为是，不尊重他人，甚至强人所难。那么如何剔除人际交往中的自负呢？自律原则正是处理好自信与自负的矛盾的一大原则。自律乃自我约束的原则。在社会交往过程中，要在心中树立起一种道德信念和行为修养准则，以此来约束自己的行为，实现自我教育、自我管理，摆正自信的天平，既不必前怕狼后怕虎，缺少信心，又不能凡事自以为是而自负高傲。

4. 诚信宽容的原则

诚信是中华民族的传统美德，在社交场合，尤其要讲究守时、守约。守时，即与人约定时间的会见、会谈、会议等，决不拖延迟到；守约，即与人签订的协议、约定和口头答应他人的事一定要说到做到，所谓言必信，行必果。所以，在社交场合，如没有十分的把握就不要轻易许诺他人。

宽容原则即与人为善的原则。在人际交往中，宽容的思想是创造和谐人际关系的法宝。宽容他人、理解他人、体谅他人，千万不要求全责备、斤斤计较，甚至咄咄逼人。站在对方的立场去考虑一切，是你争取朋友的最好方法。

5. 尊重习俗的原则

"十里不同风，百里不同俗"，"到什么山唱什么歌"，这些俗语都说明了尊重各地不同风俗与禁忌的重要性。世界每个民族、地区都有自己独特的风俗禁忌，我们应当理解它们、尊重它们，不违反这些风俗禁忌。我们只有对各国、各地区、各民族的礼仪文化、礼仪风俗以及宗教禁忌等有全面、准确的了解，才能够在服务过程中得心应手，避免出现差错。

（四）礼仪的作用

礼仪是表示不同地位的人之间的相互关系和调整、处理人们相互关系的手段。礼仪的作用主要表现在以下方面。

1. 尊重的作用

尊重的作用即向对方表示尊敬、表示敬意，同时对方也还之以礼。礼尚往来，有礼仪的交往行为，蕴含着对彼此的尊敬。

2. 约束的作用

礼仪作为行为规范，对人们的社会行为具有很强的约束作用。礼仪一经制定和推行，久而久之，便成为社会习俗和社会行为规范。任何一个生活在某种礼仪习俗和规范环境中的人，都自觉或不自觉地受到该礼仪的约束，自觉接受礼仪约束是人"成熟"的标志，不接受礼仪约束的人，社会就会以道德和舆论的手段来对他加以约束，甚至以法律的手段来强制其遵守。

3. 教化的作用

礼仪具有教化作用，主要表现在两个方面：一方面是礼仪的尊重和约束作用。礼仪作为一种道德习俗，它对全社会的每个人都有教化作用，都在施行教化。另一方面是完备的礼仪会成为一定社会传统文化的重要组成部分，它以"传统"的力量不断地由老一辈传继给新一代，世代相继、世代相传。在社会进步的过程中，礼仪的教化作用具有极为重大的意义。

4. 调节的作用

礼仪具有调节人际关系的作用。一方面，礼仪作为一种规范、一种文化传统，对人们之间相互关系的模式起着规范、约束和及时调整的作用；另一方面，某些礼仪形式、礼仪活动可以化解矛盾、建立新关系模式。可见，礼仪在处理人际关系及发展健康良好的人际关系方面是有重要作用的。

二、礼仪的起源与发展

礼仪究竟起源于何时？对此，人们一直在进行种种论述和探讨。现代人类学、考古学的研究成果表明，礼仪起源于人类最原始的两大信仰：一是天地信仰；二是祖先信仰。从"禮"字的造字结构我们可以看出，禮的本意是敬奉神明。如图 1-3 所示，禮字左边是“示”字旁，表示祭祀的容器；右边是“豊”字，这是有历史根源的。在原始社会，生产力极其低下，人类尚处于愚昧无知的状态，对于千变万化的自然现象，如日月、星辰、山川、河流、风雨、雷电等无法解释，于是把自然的力量神秘化、人格化，按照人的形象想象出各种神灵作为崇拜的对象。对于原始人来说，生存繁衍是他们最强烈的企盼，而粮食丰收则是他们赖以生存的物质基础，所以礼仪是他们为祭祀神明，祈求风调雨顺，祈祷祖先显灵降福免灾而举行的敬神仪式。他们希望行了礼，来年就可避免天灾人祸，就会五谷丰登，有一个好的年成。

图 1-3 “禮”字图

人类学家还考证，“禮”字古时候通“履”字。“履”意为鞋子，穿上了鞋更好走路，但鞋大了不行，小了也不行，因此礼仪一定要适度。当然，后来随着社会的不断进步，礼的含义也在不断延伸、不断拓展。

中国自古就以礼仪之邦著称于世，其漫长的礼仪发展史大致可以分为礼仪的萌芽时期、礼仪的形成时期、礼仪的变革时期、礼仪的强化时期、礼仪的衰落时期、现代礼仪时期和当代礼仪时期等 7 个时期。中国礼仪的形成和发展，经历了一个从无到有、从低级到高级、从零散到完整的渐进过程。中国的礼仪起源和发展见表 1-1。

表 1-1 中国的礼仪起源和发展

时期	发展状况
礼仪的萌芽时期（公元前 21 世纪前）	礼仪起源于原始社会，在原始社会中、晚期（约“旧石器时期”）出现了早期礼仪的萌芽。此时的礼仪较为简单，还不具有阶级性。例如，当时的北京周口店山顶洞人就已经知道打扮自己，他们用穿孔的兽齿、石珠作为装饰品，挂在脖子上
	大约 1 万年前，人类进入“新石器时期”。在其后数千年岁月里，原始礼仪渐具雏形。例如，当时的人们已经开始注意尊卑有序、男女有别。长辈坐上席、晚辈坐下席、男子坐左边、女子坐右边等礼仪日趋明确
礼仪的形成时期（公元前 21 世纪—公元前 771 年）	人类进入奴隶社会，统治阶级为了巩固自己的统治地位把原始的宗教礼仪发展成了符合奴隶社会政治需要的礼制，“礼”被打上了阶级的烙印。在这个阶段，中国第一次形成了比较完整的国家礼仪与制度。如“五礼”（吉礼、凶礼、军礼、宾礼和嘉礼）就是一整套涉及社会生活各方面的礼仪规范和行为标准。古代的礼制典籍也多纂修于这一时期

续表

时期	发展状况
礼仪的变革时期（公元前770年—公元前222年）	在此期间，相继涌现出孔子、孟子、荀子等思想巨人，发展和革新了礼仪理论。他们对礼仪的起源、本质和功能进行了系统阐述，第一次在理论上全面而深刻地论述了社会等级秩序划分及其意义
	孔子对礼仪非常重视，把“礼”看作治国、安邦、平定天下的基础。孔子认为“不学礼，无以立”。他要求人们用礼的规范约束自己的行为，要做到“非礼勿视，非礼勿听，非礼勿言，非礼勿动”，强调人与人之间要有同情心，要相互关心、彼此尊重
	孟子把“礼”解释为对尊长和客人要严肃而有礼貌，即“恭敬之心，礼也”，并把“礼”看作人的善性的发端之一。在道德修养方面，他主张“以德服人”“舍生而取义”
	荀子把“礼”作为人生哲学思想的核心，把“礼”看作做人的根本目的和最高理想，“礼者，人道之极也”。他认为“礼”既是目标、理想，又是行为过程，“人无礼则不生，事无礼则不成，国无礼则不宁”
	管仲把“礼”看作人生的指导思想和维持国家的第一支柱，认为“礼”关系到国家的生死存亡
礼仪的强化时期（公元前221年—1795年）	公元前221年，秦王嬴政吞并六国，统一中国，建立了中国历史上第一个中央集权的封建王朝。秦始皇在全国推行“书同文”“车同轨”“行同伦”。秦朝制定的集权制度，成为后来延续两千余年的封建体制的基础 在我国两千余年的封建社会里，礼仪文化尽管在不同的朝代具有不同的社会政治、经济、文化特征，但一直有一个共同点，就是为统治阶级利用，是维护封建社会的等级秩序的工具。这一时期的礼仪的重要特点是尊君抑臣、尊夫抑妇、尊父抑子、尊神抑人。在漫长的历史演变过程中，它逐渐成为妨碍人类个性自由发展、阻挠人类平等交往、窒息思想自由的精神枷锁
	西汉时期，思想家董仲舒把封建专制制度的理论系统化，把儒家礼仪具体概括为“三纲五常”。“三纲”即“君为臣纲，父为子纲，夫为妻纲”；“五常”即“仁、义、礼、智、信” 董仲舒认为，在人伦关系中，君臣、父子、夫妻三种关系是最主要的，而这三种关系存在着天定的、永恒不变的主从关系：君为主、臣为从；父为主，子为从；夫为主，妻为从。君、父、夫永远处于主宰、尊贵的地位；臣、子、妻永远处于服从、卑贱的地位。他以此确立了君权、父权、夫权的统治地位，把封建等级制度、政治秩序神圣化为宇宙的根本法则。“五常之道”实际上是“三纲”的具体化。他认为，“五常之道”是处理君臣、父子、夫妻等上下尊卑关系的基本法则；坚持“五常之道”，就能维持社会的稳定和人际关系的和谐
	宋代时，家庭礼仪研究硕果累累。在大量家庭礼仪著作中，以司马光的《涑水家仪》和朱熹的《朱子家礼》最为著名
	明代时，交友之礼更加完善，而忠、孝、节、义等礼仪日趋繁多

续表

时期	发展状况
礼仪的衰落时期（1796—1911 年）	满族入关后，逐渐接受了汉族的礼制，导致礼仪复杂化，一些礼仪显得虚浮、烦琐。例如清代的品官相见礼，当品级低者向品级高者行拜礼时，动辄一跪三叩，重则三跪九叩。清代后期，清王朝政权腐败，民不聊生，古代礼仪盛极而衰。同时，一些西方礼仪传入中国，北洋新军时期的陆军便采用西方军队的举手礼等，以代替不合时宜的打千礼等
现代礼仪时期（1912—1948 年）	1911 年年末，清王朝土崩瓦解，孙中山于 1912 年 1 月 1 日在南京就任中华民国临时大总统。孙中山先生和战友们破旧立新，用民权代替君权，用自由、平等取代宗法等级制；普及教育，废除祭孔读经；改易陋俗，剪辫子、禁缠足等，从而正式拉开了现代礼仪的帷幕 民国期间，由西方传入中国的握手礼开始流行于上层社会，后逐渐在民间普及 20 世纪三四十年代，中国共产党领导的苏区、解放区重视文化教育及移风易俗，进而谱写了现代礼仪的新篇章
当代礼仪时期（1949 年至今）	1949 年 10 月 1 日，中华人民共和国宣告成立，中国的礼仪建设从此进入一个崭新的历史时期。新中国成立以来，礼仪的发展大致可以分为三个阶段： （1）礼仪革新阶段（1949—1976 年） 摒弃了昔日束缚人们的“神权天命”、愚忠愚孝以及严重束缚妇女的“三从四德”等封建礼教，确立了同志式的合作互助关系和男女平等的新型社会关系，而尊老爱幼、讲究信义、以诚待人、先人后己、礼尚往来等传统礼仪精华得到继承和发扬 （2）礼仪复兴阶段（1977 年至今） 1978 年党的十一届三中全会以后，中国的礼仪建设进入新的发展时期。各行各业的礼仪规范纷纷出台，岗位培训、礼仪教育日趋红火，讲文明、重礼貌蔚然成风

素养专栏

《完善中华优秀传统文化教育指导纲要》

2014 年 3 月 26 日，为落实立德树人根本任务，进一步加强新形势下中华优秀传统文化教育，教育部印发了《完善中华优秀传统文化教育指导纲要》。纲要把开展中华优秀传统文化教育的主要内容概括为三个方面：开展以天下兴亡、匹夫有责为重点的“家国情怀”教育；开展以仁爱共济、立己达人为重点的“社会关爱”教育；开展以正心笃志、崇德弘毅为重点的“人格修养”教育。当代大学生在平时的学习和生活中，一定要坚定文化自信，重视对中华优秀传统文化的学习，在未来的人生旅途中不断谱写人生华章。

思考与练习

一、思考题

说一说你知道的中华民族传统礼仪。

二、案例分析

1. 修养是第一课

一批即将毕业的学生实习时被导师带到某重点实验室参观。全体学生坐在会议室里等待实验室负责人的到来，这时有秘书给大家倒水，同学们表情木然地看着她忙活，其中一个还问了句："有绿茶吗？天太热了。"秘书回答说："抱歉，刚刚用完了。"林晖看着有点别扭，心里嘀咕："人家给你倒水还挑三拣四。"轮到他时，他轻声说："谢谢，大热天的，辛苦了。"秘书抬头看了他一眼，眼中满含着惊奇，虽然这是很普通的客气话，却是她今天唯一听到的。

门开了，实验室负责人走进来和大家打招呼，没有一个人回应。林晖左右看了看，犹犹豫豫地鼓了几下掌，同学们这才稀稀落落地跟着拍手，由于不整齐，越发显得凌乱。实验室负责人挥了挥手："欢迎同学们到这里来参观。平时这些事一般都是由办公室负责接待，因为我和你们的导师是老同学，非常要好，所以这次我来给大家讲一些有关情况。我看同学们好像都没有带笔记本，这样吧，王秘书，请你去拿一些我们实验室印的纪念手册，送给同学们做纪念。"接下来，更尴尬的事情发生了，大家都坐在那里，很随意地用一只手接过实验室负责人双手递过来的手册。实验室负责人脸色越来越难看，来到林晖面前时，已经快要没有耐心了。就在这时，林晖礼貌地站起来，身体微倾，双手握住手册，恭敬地说了一声："谢谢您！"实验室负责人闻听此言，不觉眼前一亮，伸手拍了拍林晖的肩膀："你叫什么名字？"林晖照实作答，实验室负责人微笑点头，回到自己的座位上。早已汗颜的导师看到此景，才微微松了一口气。

两个月后，就业登记表上，林晖的去向栏里赫然写着该重点实验室。有几位颇感不满的同学找到导师："林晖的学习成绩最多算是中等，凭什么选他而没选我们？"导师看了看这几张尚属稚嫩的脸，笑道："是人家点名要的。其实你们的机会是完全一样的，你们的成绩甚至比林晖还要好，但是除了学习，你们需要学的东西太多了，修养是第一课。"

问题：（1）为什么说"修养是第一课"？

（2）应该怎样提高自己的修养？

（3）礼仪在个人修养中处于怎样的地位？

2. 孟子休妻

战国时期的思想家、政治家和教育家孟子，是继孔子之后儒家学派的主要代表人物，被后世尊奉为仅次于孔子的"亚圣"。

孟子一生的成就，与他母亲从小对他的教育是分不开的。孟母是一位集慈爱、严格、智慧于一身的伟大的母亲，为后人留下了"孟母三迁""孟母断织"等富有深刻教育意义的故事。孟子成年娶妻后，孟母仍不断利用家庭生活的琐事等去启发、教育他，帮助他从各方面进一步完善人格。

有一次，孟子的妻子在房间里休息，因为是独自一个人，便无所顾忌地将两腿叉开坐着。这时，孟子推门进来，一看见妻子这样坐着，非常生气。原来，古人称这种双腿向前叉开坐为箕踞，箕踞向人是非常不礼貌的。孟子一声不吭就走出去，看到孟母，便说："我要把妻子休回娘家去。"孟母问他："这是为什么？"孟子说："她既不懂礼貌，又没有仪态。"孟母又问："为什么你认为她没礼貌呢？""她双腿叉开坐着，箕踞向人，"孟子回道，"所以要休她。""那你又是如何知道的呢？"孟母问。孟子便把刚才的一幕说给孟母听，孟母听完后说："那么没礼貌的人应该是你，而不是你妻子。难道你忘了《礼记》上是怎么教人的？进屋前，要先问一下里面是谁；上厅堂时，要高声说话；为避免看见别人的隐私，进房后，眼睛应向下看。你想想，卧室是休息的地方，你不出声、不低头就闯了进去，已经先失了礼，怎么能责备别人没礼貌呢？没礼貌的人是你自己呀！"

一席话说得孟子心服口服，再也没提什么休妻子回娘家的话了。

问题：这个案例给我们什么启示？

任务二　什么是旅游职业礼仪

学习目标

知识目标

1. 了解服务礼仪的含义、特征及基本原则。
2. 了解旅游职业礼仪的含义、特征及意义。
3. 掌握旅游职业礼仪的内容。

能力目标

把握旅游职业礼仪的特征及内容，强化旅游业服务意识，提高旅游业服务水平，更好地为游客服务。

素养目标

确定"诚信、服务"为本任务课程学习的素养教育主题，通过教学实施，引导学生从事任何活动都要讲信用、守诺言。强化学生的酒店服务意识，使其认识到标准对客礼仪的重要性。

从适用对象和范围的角度来说，礼仪大致可以分为政务礼仪、商务礼仪、服务礼仪、社交礼仪和涉外礼仪等几大类。就“服务礼仪”来说，有广义和狭义之分，本任务中所讨论的“服务礼仪”是一个广义的概念。

一、服务礼仪概述

（一）服务礼仪的含义、特征

简而言之，服务礼仪就是服务人员在工作场合适用的服务规范和工作艺术。服务礼仪以服务人员的仪容规范、仪表规范、仪态规范、语言规范和岗位规范等为主要内容。

服务礼仪的特征如图 1－4 所示。

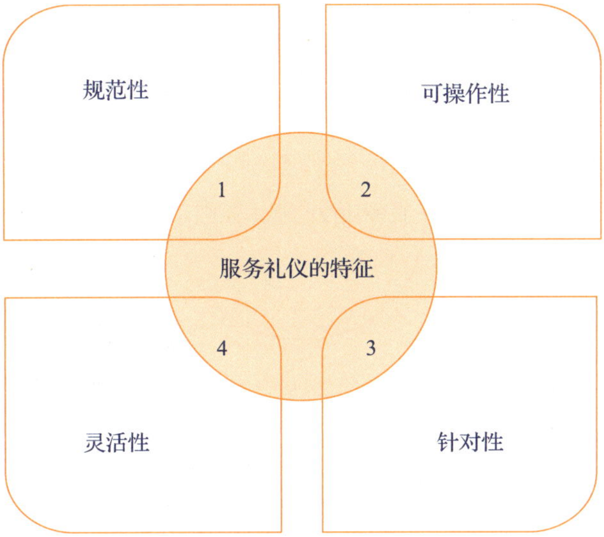

图 1－4 服务礼仪的特征

1. 规范性

服务礼仪是服务人员在自己的工作岗位上应当严格遵守的行为规范。它不仅要求服务单位及员工要按照一定的礼仪规范做好服务与接待工作，也约束着服务人员在服务过程中的言谈举止。

2. 可操作性

简便易行、容易操作是服务礼仪的一大特征。它既有总体上的服务礼仪原则、操作规范，又在具体的细节上以一系列的方式、方法，细致而周详地指导服务人员对服务礼仪原则、服务礼仪规范加以贯彻，把它们落到实处。

3. 针对性

每个企业都需要根据自己客户的实际特点进行综合分析，设计出适合本企业的礼仪规范。礼仪的核心是不变的，但是具体规范要适应企业的实际特点。比如，空姐的妆容通常会比银行女职员浓重一些，这是因为飞机上的灯光偏黄、偏暗，太淡的妆无法体现良好的精神状态，而银行大多自然光充足，加上有灯光照射，所以要求银行女职员化职业淡妆。这就是根据实际环境的不同，对员工职业形象提出的不同要求。

4. 灵活性

服务礼仪的规范是具体的，但不是死板的教条，它是灵活的、可变的。服务人员应该在不同的场合中，根据交往对象的不同特点，灵活地处理各种情况。

（二）服务礼仪的基本原则

在服务礼仪中，有一些具有普遍性、共同性、指导性的礼仪规律。这些礼仪规律，就是服务礼仪的基本原则。掌握服务礼仪的基本原则很重要，它是更好地学习礼仪和运用礼仪的重要指导思想。服务礼仪的基本原则如图 1－5 所示。

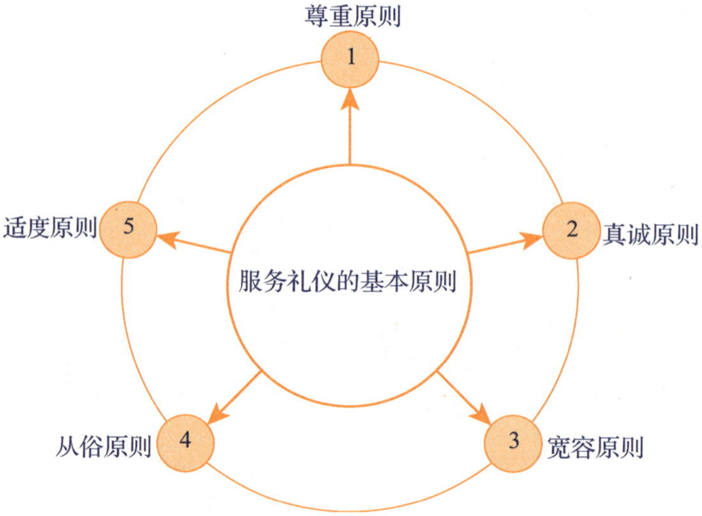

图 1－5 服务礼仪的基本原则

1. 尊重原则

孔子说："礼者，敬人也。"这是对礼仪核心思想的高度概括。所谓尊重原则，就是要求我们在服务过程中，要将对客人的重视、恭敬、友好放在第一位，这是服务礼仪的重点与核心。因此，在服务过程中，首要的原则就是常存敬人之心，掌握了这一点，就等于掌握了服务礼仪的灵魂。在人际交往中，只要不失敬人之意，哪怕具体做法一时失当，也容易获得服务对象的谅解。

2. 真诚原则

服务礼仪的真诚原则，就是要求在服务过程中，必须待人以诚，只有如此，才能表达对客人的尊敬与友好，才会更好地被对方所理解和接受。倘若仅把礼仪作为一种道具和伪装，在具体操作礼仪规范时口是心非、言行不一，则是有悖礼仪的基本宗旨的。

素养专栏

社会主义核心价值观——"诚信"准则

党的二十大报告强调要广泛践行社会主义核心价值观，要用社会主义核心价值观铸魂育人，完善思想政治工作体系，推进大中小学思想政治教育一体化建设。

"爱国、敬业、诚信、友善"是公民个人层面的价值准则，当代大学生一定要恪守"诚信"准则。诚信即诚实守信，是人类社会千百年传承下来的道德传统，也是社会主义道德建设的重点内容，它强调诚实劳动、信守承诺、诚恳待人。

3. 宽容原则

宽容原则就是要求我们在服务过程中，既要严于律己，更要宽以待人。要多体谅他人，多理解他人，学会与服务对象进行心理换位，千万不要求全责备、咄咄逼人。

4. 从俗原则

由于国情、民族、文化背景的不同，在人际交往中，实际上存在着"十里不同风，百里不同俗"的情况。这就要求服务人员对各国的礼仪文化、礼仪风俗以及宗教禁忌要有全面、准确的了解，从而在服务过程中能够得心应手，避免出现差错。

5. 适度原则

适度原则就是要求应用服务礼仪时，为了保证取得成效，必须注意技巧，合乎规范，特别要注意做到把握分寸，认真得体。这是因为凡事过犹不及，假如做得过了头，或者做得不到位，都不能正确地表达自己的自律、敬人之意。

（三）服务礼仪的基本要求

服务礼仪的基本要求如图 1－6 所示。

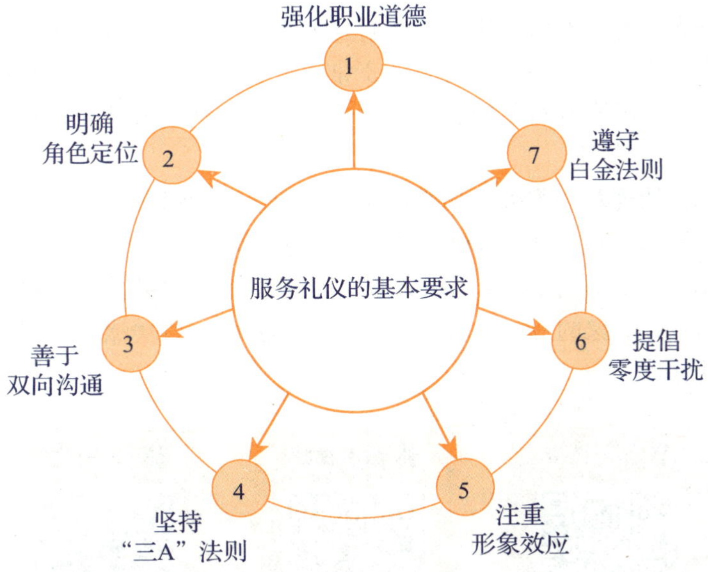

图 1－6 服务礼仪的基本要求

1. 强化职业道德

服务行业的职业道德是指服务人员在服务过程中，接待自己的服务对象，处理自己与服务对象、所在单位和国家之间的相互关系时所应当遵守的职业行为准则。服务行业职业道德的具体内容包括思想品质、服务态度、经营风格（如是否货真价实、诚信无欺等）、工作作风、职业修养等方面。

2. 明确角色定位

明确角色定位主要是要求服务人员在为服务对象提供服务之前，必须准确地确定好在当时的特定情况下扮演何种角色。作为一名服务人员，你应该按照服务对象的需求不断变换自己的角色，对于老人、孩子和病人等弱势群体，你应该充当亲人、医生和护士的角色；对于观光的游客，你就是一位真诚的朋友、出色的导游，要让他们享受愉悦的旅程；对于酒店的参会人员，你应该是顶尖的秘书、精干的公关人员，尽可能让他们感受到酒店的文化和品位。总之，找准你的位置，将你的角色作用发挥到极致，你就是成功的、出色的服务人员。

素养专栏

社会关爱教育——换位思考

换位思考，是设身处地地为他人着想，即想人所想、理解至上的一种处理人际关系的思考方式。人与人之间要互相宽容、理解、信任，这是人与人之间交往的基础。将心比心、设身处地是达成理解不可缺少的心理机制。

换位思考，首先要做到对人对己同一标准；再则就是宽人严己。

3. 善于双向沟通

双向沟通理论是服务礼仪的重要理论支柱之一。其中心内容是主张以相互交流、相互理解作为服务人员与服务对象进行相互合作的基本前提。服务对象的实际需要大体上可分为两种基本类型：一种是服务对象的正常需要；另一种是服务对象的特殊需要。通过双向沟通，可以了解服务对象的真实需要，为相互之间的成功合作奠定良好的基础。

4. 坚持“三 A”法则

根据服务礼仪的规范，服务人员欲向服务对象表达自己的尊敬之意时，必须善于抓住如下三个重点环节：接受（accept）对方、重视（attach）对方、赞美（admire）对方，即“三 A”法则。“三 A”法则要求服务人员要亲和友善地接受服务对象；牢记服务对象的姓名，善用服务对象的尊称，倾听服务对象的要求；赞美服务对象要适可而止、实事求是、恰如其分。

知识链接
“三 A”法则

微课视频
倾听的艺术

知识链接
什么是“首轮效应”

5. 注重形象效应

形象效应指的是企业形象在人们心目中所产生的反应和效果。在服务行业，形象效应表现得尤为突出的是“首轮效应”。

6. 提倡零度干扰

在酒店服务过程中，要尽量创造无干扰环境，避免发出不合时宜的噪声，如服务人员的私自聊天、服务过程中产生的物体碰撞之声等；要避免出现不适当的征询或请求，如在顾客宴请时，服务人员在宾主雅兴正浓时上前打扰：“六号桌，你们哪一位付账？”同时，要注意与服务对象保持适度的距离，一般的服务距离以 0.5 ～ 1.5 米为宜（小于 0.5 米就属于“禁忌距离”）；展示距离以 1 ～ 3 米为宜；在引导时，服务人员在服务对象的侧前方 1.5 米左右是最为适当的。

7. 遵守白金法则

白金法则是美国学者亚历山大德拉、奥康纳等人于 20 世纪 80 年代末期提出的。其基本内容是：在人际交往中，尤其是在服务岗位上，若要取得成功，就必须做到交往对象需要什么，就应当在合法的条件下努力去满足对方什么。白金法则有三个要点：行为合法、以交往对象为中心、以对方需要为标准。

知识链接

白金法则

二、旅游职业礼仪概述

（一）旅游职业礼仪的含义和特征

旅游职业礼仪是礼仪在旅游行业的具体运用。一般而言，旅游职业礼仪是指旅游服务人员在自己的工作岗位上所应当严格遵守的行为规范和准则，即在旅游工作中旅游服务者与旅游者进行交流、交往时所应共同遵循的行为规范和准则。旅游职业礼仪在长期的旅游工作实践中形成，是对旅游者表示尊重和友好的一系列行为规范和准则。

旅游职业礼仪的特征表现在以下方面。

1. 广泛性

现代旅游包含吃、住、行、游、购、娱等环节，是综合性强、跨度大的服务性行业。在这些环节，我们需要按照一定的礼仪规范做好服务与接待工作，旅游职业礼仪贯穿整个旅游活动的全过程，任何一个环节工作出现差错，都会影响旅游业的整体形象。因此只有提高全行业的礼仪素养，每个环节都严格按照旅游职业礼仪的各种规范服务游客，并注意各行业（部门）间的协调与衔接，才能适应旅游者的消费需求。

2. 实用性

旅游职业礼仪直接服务于旅游行业，是礼仪在旅游活动中的具体运用，具有很强的实用性和针对性。不同的旅游服务门类各有其特点，接待程序、操作规范等也不相同。因此不同的服务门类、不同的部门，甚至不同的岗位，都有自己针对性很强的服务礼仪规范。如酒店、旅行社都有一整套服务礼仪规范；在交通服务方面，飞机、高铁、轮船和汽车的服务礼仪也各有区别。

3. 共同性

旅游职业礼仪的共同性是指人们在旅游服务过程中应该共同遵守的一些规范要求。尽管旅游业涉及的不同环节有服务程序和服务规范上的差异，但都是在旅游服务活动中调节客人与从业者之间最一般关系的行为规范，礼仪的基本内涵是一致的。“顾客至上”应该是旅游行业共同的行为准则，是旅游行业全体成员应该遵守的人际和社交准则。

4. 灵活性

旅游职业礼仪的规范是具体的，不是死板的教条，它是灵活的、可变的。旅游服务者应该在不同的场合下，根据旅游者的不同特点，灵活地处理各种情况。同时旅游服务者要特别注意了解来自不同国家、地区、民族的旅游者在文化背景、风俗习惯上的差异，充分尊重他们的礼俗禁忌，更加体贴周到地服务好每一位客人。

（二）旅游职业礼仪的意义

1. 旅游职业礼仪可以为游客带来高质量旅游体验

旅游本质上是一种精神与身体的放松与享受，也涉及游客对周身环境的审美能力。旅游是一种欣赏美的活动，游客不仅将沿途中的自然景观作为审美的一部分，同时旅游服务行业中的礼仪因素也是其审美的一部分。对于旅游服务业来说，旅游礼仪可通过相关工作人员的具体行为举止、谈吐修养、形象打扮、沟通交流等方面体现出来，能够有效带动游客对自然景观的赞美，同时也可让游客进入更高层次的情感审美意境，唤醒游客心中的情感力量，为游客带来高质量的旅游体验。

2. 旅游业竞争需要旅游职业礼仪

现阶段的旅游业从本质上来说，是依靠自然风景与现代礼仪文化的新型服务行业。旅游从业人员的职业道德或者职业形象、优质的旅游服务以及有效处理旅游纠纷等被称作旅游服务行业的核心竞争力，潜移默化地推动着一个地区乃至一个国家的旅游行业健康可持续地发展。

3. 优质服务依赖旅游职业礼仪

旅游业的服务宗旨是顾客至上、服务周到、文明有礼。讲究礼节礼貌能使游客满意，给游客留下美好的印象，旅游从业人员的礼仪风范是游客购买旅游服务的因素之一。礼节礼貌也是评价旅游部门管理水平的标准之一。

素养专栏

职业精神——服务意识

服务意识是指企业员工在与一切企业利益相关的人或企业的交往中所体现的为其提供热情、周到、主动的服务的欲望和意识。服务意识应该是发自服务人员内心的，它是服务人员的一种本能和习惯，可以通过培养、教育和训练形成。

服务意识有强烈与淡漠之分。这是认识程度问题，认识深刻就会有强烈的服务意识；有了以公司为家、热爱集体、无私奉献的风格和精神，就会有强烈的服务意识。在各行业，人人都是服务者和被服务者，当代大学生一定要通过培养、教育和训练，强化服务意识，形成良好的职业习惯，为顺利迈过职业门槛做好准备。

4. 旅游礼仪文化是一个国家文明的体现

我国是具有几千年历史的文明古国，素有“礼仪之邦”的美称，有自己的历史文化、传统习俗及道德规范，以及有别于他国的礼仪标准。旅游业可以向世界充分展示国家文化、风土人情，所以说，礼仪文化的传播对旅游服务具有重要的影响。当世界各地的游客在我国旅游时，服务者引领游客进行游览、体验、感受地方文化时，这其中每一个环节都涉及旅游礼仪，因此，在此过程中，给游客以优质的服务，提高其兴趣和好奇心，可有效促使游客对我国产生浓厚的游览兴趣，能够更好地促进国家旅游业的发展。礼仪是一个国家的窗户，在旅游服务中，讲究礼节礼貌是一个国家和民族文明程度的重要标志。了解并掌握旅游职业礼仪，既关系到旅游业在竞争中的生存与发展，也关系到国家的形象，更关系到国际交往。

（三）旅游职业礼仪文化

旅游职业文化作为一种企业文化，包含着物质文化、制度文化、行为文化、精神文化等各方面的内容。旅游职业礼仪文化作为旅游职业文化的重要组成部分，以有形的物质载体和无形的服务产品为依托，既给游客带来物质上的满足，也让游客体验精神上的愉悦。

1. 旅游职业礼仪文化的内涵

如图 1－7 所示，按照文化的性质来划分，旅游职业礼仪文化包含三大组成部分，分别是理念文化、制度文化和行为文化。

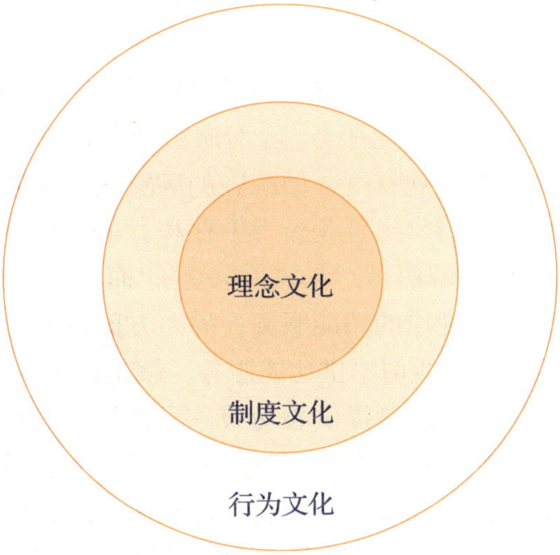

图 1－7 旅游职业礼仪文化的组成

理念文化作为旅游职业礼仪文化发展的精神动力和源泉，指引礼仪行为的发展方向，处在最核心的一层。制度文化作为旅游职业礼仪文化发展的保障，规范礼仪行为，处在较外层。行为文化是旅游职业礼仪文化的主体，是礼仪文化最显著、最集中的表现形式，因此处在最外层。礼仪理念、礼仪制度和礼仪行为都是礼仪文化的重要因素，三者缺一不可。旅游职业礼仪文化的三大组成部分各自在旅游职业管理中具有重要的作用。旅游职业礼仪理念作为意识形态上的礼仪文化，能够把旅游职业礼仪文化的其他系统有效地凝聚起来。旅游职业礼仪制度将旅游职业礼仪理念与旅游职业礼仪行为有机地连接起来，它既反映了员工的礼仪意识与观念形态，又规范和约束着员工的礼仪行为。

旅游职业礼仪行为是旅游职业礼仪文化的主体和重心。无论是深层的旅游职业礼仪理念文化，还是浅层的旅游职业礼仪制度文化，最终都体现在礼仪行为上。

礼仪从本质上来说，是将“礼”的精神“内化于心，外化于行”。因此，礼仪行为是礼仪文化最直接、最常用的表达方式，也是旅游职业文化管理中的重要环节。旅游职业礼仪行为文化具体表现为员工个人礼仪行为和旅游职业礼仪活动。员工个人礼仪行为具体体现在仪容、服饰、举止、语言、服务等方面，旅游职业礼仪活动则具体表现在旅游职业的工作仪式、旅游职业的庆典活动、旅游职业生活惯常活动等方面。

本教材介绍的重点内容是旅游职业员工个人的礼仪行为。

2. 旅游职业礼仪文化的发展

旅游职业礼仪文化的发展经历了以下几个阶段：

（1）服务论——礼仪是一种旅游职业服务。

旅游业是综合性较强的服务行业，为游客提供吃、住、行、游、购、娱等多项服务。服务是旅游业产品的核心，它贯穿于旅游业经营过程的每一个环节。旅游职业礼仪的基本功能就是满足游客需求，为游客提供优质服务。

1）个性化服务。真正的优质服务，决不可只满足于按规则进行服务，它必须是规则礼仪和自然的真情、友谊融合的产物，如果列成公式就是：

$$真正的优质服务=服务礼仪+X$$

这个未知数 X 是根据服务对象的不同、场所的不同、时间的不同、需求的不同而千变万化的，也就是所谓的“个性化服务”。对旅游业员工来说，灵活运用旅游职业礼仪，真情服务，可以提高游客的满意度，而游客的满意度带来游客的忠诚，游客的忠诚带来旅行社的获利和成长，从而为旅游业赢得生存和竞争优势。

2）礼貌服务。游客到旅游部门是“花钱买享受”，而不是“花钱买气受”。所以，旅游业员工一方面要为游客提供优质的功能服务，另一方面还要为游客提供优质的心理服务，二者加起来就是礼貌服务。所谓提供功能服务，就是帮助游客解决吃、住、行、游、购、娱等方面的种种实际问题；所谓提供心理服务，就是要尊重游客，在心理上对游客进行引导，使游客保持愉快的心情，并留下难忘的美好印象，吸引他们再次光临。旅游业的每一项服务项目都离不开礼貌服务，礼貌服务和完备的设施都可以为旅游业创造利润，礼貌服务越好，标志着旅游业管理越成功，旅游业的经济效益和社会效益也会越好。

（2）制度论——礼仪是一种管理制度。

旅游职业礼仪要求旅游业员工将礼仪行为作为自身的一种自觉的行为。这种礼仪制度区别于一般的管理规则，既有强制性，又有自觉性。一方面，旅游职业礼仪以制度的形式硬性规定员工的外在行为表现，对员工进行规范化管理；另一方面，旅游职业礼仪要求员工以文明礼貌为根本原则，发自内心地为游客提供各种礼仪服务，以此树立旅游业良好的形象。旅游职业礼仪文化作为一种管理制度，充分显示出礼仪的规范性和制度性，将它灵活地运用在旅游业的管理过程中，是对旅游业管理制度的深化和发展。

（3）文化论——礼仪是一种旅游职业文化。

旅游职业礼仪具体表现为外在的行为方式，如员工个人的仪容、礼貌、礼节或是旅行社举办的某个仪式的程序、场面等；同时体现了更深层次的精神内涵，即旅游业员工的心理情操、是非善恶观念、服务理念等。因此，旅游职业礼仪作为旅游职业文化的表现形式之一，既是旅游从业人员的职业道德修养的具体表现，也是旅游行业形象的展示窗口。

旅游职业礼仪文化的这种发展进程，归根结底是由两个主要因素促成的：第一，竞争因素。旅游业间的竞争依次经历了物质竞争、服务竞争、文化竞争的阶段，通过完善旅游物质产品功能而获得竞争优势的战略已经没有太大的运作空间，寻求旅游职业自身的文化意义成为旅游业新的竞争策略。第二，心理因素。就消费者心理需求而言，游客进行旅游消费，本身就带有寻求尊重、寻求归属感和实现自我价值的心理，旅游业只有提供彬彬有礼的服务，才能满足游客的心理需求，实现旅游业的价值。

（四）旅游职业礼仪的内容

旅游职业礼仪的内容很多，从不同的角度可划分出不同的类别，本教材所阐述的旅游职业礼仪的基本内容主要包括四个方面（不包括旅游职业礼仪方面的一些基础知识），见表 1－2。

表 1－2　旅游职业礼仪的基本内容

礼仪类别	具体内容	备注
职业形象礼仪	1. 仪容礼仪	礼仪形象是个体形象的外在表现形式之一，往往反映出一个人教养、素质的高低。具体体现在仪容、仪表与仪态三个方面
	2. 仪表礼仪	
	3. 仪态礼仪	
日常交际礼仪	1. 见面礼仪	日常交际礼仪包括见面礼仪、宴请礼仪、馈赠礼仪和电话礼仪等方面。见面礼仪主要包括称呼礼仪、介绍礼仪、名片礼仪和握手礼仪等方面
	2. 宴请礼仪	
	3. 馈赠礼仪	
	4. 电话礼仪	
商务交往礼仪	1. 拜访礼仪	与旅游业相关的商务交往主要包括商务拜访、商务接待和会议服务等方面。接待主要包括迎客、引导和送客等方面。每种商务交往都有其特定的礼仪
	2. 接待礼仪	
	3. 会议服务礼仪	
职业服务礼仪	1. 导游服务礼仪	直接面对游客的旅游服务部门包括导游、前厅部、客房部、餐饮部和康乐部等。不同的服务部门服务的内容不同，所应遵守的礼仪也是不同的
	2. 酒店前厅服务礼仪	
	3. 酒店客房服务礼仪	
	4. 酒店餐饮服务礼仪	
	5. 酒店康乐服务礼仪	

思考与练习

一、思考题

说一说你认为旅游业应该有的服务礼仪。

二、案例分析

1. 一只损坏的高尔夫球包

有一天，一位客人入住某酒店。在办理完入住手续后行李员老张送其回客房。

在运送行李的过程中，老张发现客人高尔夫球包的一只滑轮损坏了。客人解释说是刚下飞机的时候不小心弄坏的，让他心疼不已。如果直接废弃则十分可惜，若要修理的话配件很难买到，只能邮寄回厂家维修，这样一来就非常麻烦。

此时，老张脑海里突然掠过另外一只球包的影子。那是上次一位外宾住店的时候，因他球包的一只滑轮损坏，就请老张将包丢弃，一向细心认真的老张就将另外一只好的滑轮收在了行李房工具箱内。

"或许可以派上用场呢！"老张想着。他告诉这位客人可以帮他修修看，这位客人先是十分惊喜，后又有些怀疑："修理这样专业的球包，需要合适的配件和专业的技术，你能修好？"

随即，老张联系了工程部的一位修理师傅。老张提供了合适的配件，工程部师傅技术娴熟，手脚麻利，很快就将球包修好了。

看着修好的球包，这位客人感动不已。他找到酒店大堂经理，要求一定要表扬行李员老张。他认为一家连高尔夫球包滑轮都备有配件的酒店，还有什么服务做不好呢？下次他还会选择这家酒店。

问题：这个案例给我们什么启示？

2. 客人为什么又留下了

一个下雨的晚上，机场附近某一大酒店的大堂很热闹，接待员正紧张有序地为一批误机团队客人办理入住登记手续，在大堂的休息处还坐着五六位散客等待办理手续。此时，又有一批误机的客人涌入大厅。大堂经理小刘密切注视着大堂内的情景。

"小姐，麻烦您了，我们打算住到市中心的酒店去，你能帮我们叫辆出租车吗？"两位客人从大堂休息处站起身来，走到小刘面前说。"先生，都这么晚了，天气又不好，到市中心去已不太方便了。"小刘想挽留住客人。

"从这儿打车到市中心不会花很长时间吧，我们刚联系过，房间都订好了。"客人看来很坚决。

"既然这样，我们当然可以为您叫车了。"小刘彬彬有礼地回答道，她马上叫来行李员小秦，让他快去叫车，并对客人说："我们酒店位置比较偏，可能两位先生需要等一会儿，我们先到大堂休息处等一下好吗？"

"那好吧，谢谢。"客人被小刘的热情打动，然后和她一起来到大堂休息处等候。

天已经很黑了，雨夹着雪仍然在不停地下，行李员小秦始终站在路边拦车，但十几分钟过去了，也没有拦到一辆空车。客人等得有些焦急，不时站起身来观望有没有车。小刘安慰他们说："今天天气不好，出租车不太容易叫到，不过我们会尽力而为的。"然后她又对客人说："您再等一下，如果叫到车，我们会及时通知您的。"

又过了15分钟，车还是没拦到。客人走出大堂，看到在风雪中站了30多分钟脸已冻得通红的行李员小秦，非常抱歉地说："我们不去了，你们服务这么好，我们就住这儿吧！”其中一位客人还把小秦拉进了大堂。

问题：这个案例给我们什么启示？

任务三　新媒体沟通礼仪

学习目标

知识目标

1. 了解新媒体的概念及特征。
2. 了解微信沟通仪的概念。
3. 掌握微信沟通礼仪的内容。

能力目标

把握微信沟通礼仪的内容，强化新媒体服务意识，努力提高服务水平。

素养目标

确定“创新、服务”为本任务课程学习的素养教育主题，通过教学实施，引导学生紧跟时代发展需要，树立创新服务理念，通过新手段、新方式，努力提升旅游业服务质量。

一、新媒体的概念及特征

新媒体就是相对于传统媒体（报纸、杂志、广播、电视等）而发展起来的一种新的媒体形态。相对于传统意义上的“四大媒体”，新媒体被形象地称为“第五媒体”。新媒体的概念比较宽泛，一般意义上，可以将新媒体定义为：利用数字技术、网络技术，通过互联网、无线通信网、宽带局域网等渠道，以及电脑、手机、数字电视机等数字或智能终端，为用户提供信息和服务的传播形态。可见，新媒体是基于数字和网络技术出现之后的媒体形态。

新媒体与传统媒体相比具有多样性、互动性和超时空性等特点。

（1）多样性。新媒体传播的信息不再单单是文字或图片，而是借助互联网传播带有文字、图片、视频、声音、位置等的信息，相对于传统媒体，提升了信息的广度。

（2）互动性。新媒体不再是一种单向传播，而是能够实时反馈用户的需求，并与用户进行交互。传播的方式也不再是单向的、不可选择的，而是双向的，每个信息的传播者和接收者可以是同一个用户。

（3）超时空性。新媒体通过全球互联网络进行数据储存与传输，无论在全球的任何地方都能够进行读取，打破了传统媒体的有线网络限制和地域限制。

二、新媒体的沟通礼仪

微课视频
沟通礼仪

微课视频
网络沟通礼仪

互联网时代，新媒体以其多样性、互动性和超时空性等特点迅速渗透到社会的各个领域，旅游业也不例外。新媒体给旅游业工作人员的工作、服务带来了极大的便利。旅游业工作人员在工作和服务中，只有充分地了解新媒体的沟通礼仪，才能提高工作效率和服务水平。

素养专栏

二十大精神——理论创新

马克思主义是我们立党立国、兴党兴国的根本指导思想，我们党一直坚持不懈地推进马克思主义的中国化、时代化。党的二十大报告中的“两个结合”就是最好的例证。

第一，把马克思主义基本原理同中国具体实际相结合。习近平新时代中国特色社会主义思想是党的指导思想，也是马克思主义基本原理同中国不断变化的具体实际相结合的过程。

第二，把马克思主义基本原理同中华优秀传统文化相结合。这是习近平总书记在建党百年庆祝大会上提出来的，党的二十大报告又作了深入阐述。这是对党的理论的又一重大创新，开创了我们党理论创新的新格局。

在实现中华民族伟大复兴的奋进过程中，把握时代脉搏，紧跟时代步伐，不断创造辉煌，是当代每一位大学生的历史担当和责任。

微信、QQ 以及微博等都是典型意义上的新媒体表现形式。目前，在旅游业的工作和服务中，运用得比较多的是微信，所以，本任务重点讨论的是微信沟通礼仪。

（一）微信沟通礼仪的概念

职场礼仪强调要站在“让对方感觉到舒服”的角度来考虑问题。职场中微信的沟通礼仪，就是在职场中，从“让对方感觉到舒服”的角度出发，在加好友、聊天中和发朋友圈时应该注意的礼仪。微信沟通礼仪主要体现在日常使用的微信聊天中。微信交往中，礼仪越周到，你在朋友圈里给别人的印象也会越深刻。

微课视频
新媒体沟通礼仪之手机和微信礼仪

（二）微信沟通礼仪的内容

1. 加好友的礼仪

（1）如何索要微信。在索要对方微信时，无论是线上还是线下，都要先问一句“方便以后微信联系吗？”不是所有人都喜欢把自己的微信给别人，不要简单地问“你微信号是什么”。

特别提醒

加别人为好友，要自报家门，备注公司和职位，说明你是谁、要干什么。加别人为好友，如果三次都没通过，就别再加了。

如果别人向你索要第三人的微信，你一定要先征求一下第三人的意见，第三人同意后你才可以把他（她）的微信推荐给别人。

（2）谁来扫描二维码。不论是晚辈（下属、主人、级别次之等）还是长辈（上司、客人、领导等）提出添加微信，都应该是晚辈扫长辈的微信二维码。

素养专栏

社会关爱教育——尊重

尊重，意思是尊敬、重视。尊重是一种修养，尊重是举手投足中的知性与优雅，尊重是人与人交往的融合之源。我们要尊重朋友的隐私，尊重他人的关怀，尊重别人的劳动，尊重别人的习惯。

特别提醒

加别人为好友，要第一时间打个招呼，问候一下，简单介绍一下自己。

不管是你主动加别人好友，还是别人加你好友，通过后要第一时间修改备注，以免过一段时间忘了这个微信号是谁了。

2. 沟通中的礼仪

在用微信与客户沟通时，一个总的原则是：多考虑对方的感受，多尊重对方。只有尊重别人，别人才能尊重我们；只有多为别人着想，别人才会多为我们着想。总体来说，使用微信与客户聊天时，应注意以下几个方面：

（1）注意聊天细节。俗话说，细节决定成败。在微信聊天中，不管是发出信息的一方，还是回复信息的一方，都要注意聊天中的细节。

1）发送信息中的细节。发送信息要注意以下几个方面的细节（见表 1－3）：

表 1－3 发送信息中应该注意的细节

关注点	关注细节
发送时间	在对方可能休息的时间不要发消息，会打扰别人休息
语音通话	不熟的人尽量不用语音通话，语音通话之前要先问问对方是不是方便（视频通话更要慎用）
发语音	发语音是发的人省事，听的人费事，而且在很多工作场合中不方便收听，对方也就不能及时回复。此外，语音不能截图，不能转发，所以，原则上不发语音

续表

关注点	关注细节
发截图	如果是发快递地址或者其他需要编辑的文件信息给别人，最好以文字的形式发给对方，省得别人再去编辑，所以，尽量别发截图
排版	发微信也要注意排版。要有条理，有思路，该分段的分段，该用句号的用句号，该用逗号的用逗号。通常一件事情放在一条信息里，多件事情就多条信息
转发说明	不要直接转个帖子给别人或转到群里，然后一声不吭，至少说一下你转发的原因
狂发消息	通常情况下，别人看到你的消息，如果有空，且愿意和你聊，当然会第一时间回复你。如果没有立马回复，可能有两种原因：其一，他正在忙，看到了消息也没有足够的时间来回复，这个时候千万不要一堆消息狂发过去，或者是改为直接打微信语音，这会让人很不舒服；其二，对方对你说的事情不感兴趣，不想花时间与你讨论，这个时候就不要不识趣地“锲而不舍”

特别提醒

第一，直接说事，慎用“在吗”之类的问句。如果要问“在吗”，在说了“在吗”之后，一定要同时把事情说出来。“在吗”之类的问句会让对方非常尴尬。而且通常你问完“在吗”之后，会很久不说话，因为你此时可能会在等对方的回复。如果对方不回复，你会觉得他没有礼貌。如果对方回复了，基本只能回复“在”或“在的，什么事。”这时可能已经过了几分钟，然后你才说明事情，再等对方回复。但是，对方不一定在等着你，于是又没有及时回复你，你可能又会觉得对方没礼貌。

“能和您沟通一下 ×× 事吗？”就是一种“直接说事”的较好表达方式。

第二，重要又需要立马得到回复的事情还是打电话好，如果对方恰好无网络，收不到微信，可能会误事；涉及利害关系的事情能打电话就不发微信，能微信语音就不发文字（防止对方截屏传播）。

2）回复信息中的细节。第一时间回复信息很重要。对方发来信息，肯定希望最快得到回复。所以，及时回复信息是对对方最大的尊重。如果对方很长时间没有得到回复，会认为你对他不够重视，甚至认为你们公司也不尊重他，可能直接导致失去这个客户。还有些客户可能会晚上发来信息，对客户的问题能解决应该尽量解决，不能解决也得回复客户，等上班后第一时间处理相关问题。

素养专栏

职业精神——时间观念

每个人都应该培养自己的时间观念，特别是对于上班族来说，这样才能更好地工作，那么，如何培养时间观念呢？

第一，一定要认识到遵守时间的重要性，很多事情都是因为没有遵守时间而导致失败。第二，培养时间观念是需要从小事积累、从平时积累的。第三，在做事情的时候，应该注意提高效率，只有提高效率，才能让时间更加充足。第四，在做事情的时候，要做到又快又好，而不是只图速度而忽视质量。

回复信息要减少断句。断句多，一会造成对方接收信息的次数增加，二会影响对方理解，三会给对方留下逻辑思维不够清晰、语言组织能力欠佳的印象。所以，在与他人沟通中，能用一段话表述清楚的事情就不要用多句来表达。

特别提醒

微信聊天中，回复对方的速度要适中，不能过快，也不能过慢。比如对方问了一个他认为很重要的问题，即使我们知道答案，也不要马上回复。否则对方就有可能会感觉我们对这个问题不够重视，敷衍了事。

对于重要的人和群，最好将其置顶，这样不容易遗漏重要的信息。

如果接收到的是语音通话，在不方便接听时，你可以回复“现在不方便接听语音，如有急事，可以发送文字”。

如果收到信息但暂时没空处理，可以先回复“已收到，现在手头有其他工作（或在开会中），晚点再回复你”，让对方知道你已经收到信息。

除非你没有跟对方继续聊天的欲望，不然回复不要过于简单，或者用单个字回复，如“好”“哦”“嗯”等，会给对方一种怠慢、不敬之意。很多时候，多打一个字，会产生完全不同的效果。用“好的”“哦哦”“嗯嗯”等替代“好”“哦”“嗯”等是一种比较好的信息回复方式。

（2）控制聊天速度。微信沟通主要通过打字进行，应该本着“就慢不就快”的原则。否则，打字慢的一方会跟不上节奏，使沟通产生障碍。从心理学的角度来说，对方有话说不出来，只能看着你滔滔不绝，感觉会非常难受。

（3）慎用称呼称谓。中国人非常讲究称谓，所以使用称谓要谨慎，不能乱称呼别人，或是称呼中带有贬低的意思。例如，在称呼别人时，不要用“小”字，如小李、小王、小张之类的，因为“小”字通常是长辈称呼晚辈，或是上级称呼下级时才使用的。除非对方的名字自带“小”字，或是对方主动让你管他叫“小 ×”，一般对于不熟悉的人，称呼“× 兄”“× 老弟”“× 总”是比较恰当的。

（4）注意语言规范。微信交流时无法看到表情，无法感受内心，双方都只能看到文字。所以，聊天时要注意语言规范，不能说一些不友好的话，或是让别人误会你在轻视、侮辱他的话，不要把坏心情带到工作中来，这样才能保持沟通的顺畅。沟通时多用“你好”“您”“请”“谢谢”等，它们会产生很好的效果。

（5）慎发图片表情。表情是大家在聊天中最喜欢用的元素之一，一个恰当的表情能够起到调节关系、缓和气氛的作用，但同语气助词一样，不适当地使用表情会使别人产生不愉快的心理感受。所以，在工作聊天中要慎用、尽量少用表情，尤其是图片表情。尽量不用可能会使对方产生抵触情绪、反感，或是误解的图片表情。当一个人使用表情包的时候，通常谈话就已经到了比较尴尬的阶段。所以，有个约定俗成的说法——“不首先使用表情包”。

（6）慎用语气助词。微信沟通时，大家经常会使用一些语气助词，比如哈哈、嘿嘿、呵呵、晕、啊等。但是，调查显示，有2/3以上的人很不喜欢对方在微信聊天时使用“呵呵”，也就是说，当你和你的微信好友不停地说“呵呵”时，大部分人会不高兴的。所以，在商务沟通中，使用“呵呵”类语气助词肯定是不合适的。

（7）莫改默认字体。微信沟通时，有些人不喜欢默认字体，会乱改一通，比如改成大红大绿、火星文等。但是你在愉悦自己时，想过别人的感受吗？比如绿色、黄色的字在手机上会非常刺眼，让人感觉不舒服。再如火星文等个性字体，阅读起来会比较吃力。默认字体，虽然普通，但是最大众化。

3. 朋友圈的礼仪

（1）不宜发表或转发的信息。不发个人生活琐碎和烦恼的事；不发带有明显政治色彩的内容和图片；不发泄露他人隐私的信息；不发太过直白的广告；不转发不确定的新闻等。

特别提醒

转发信息前先点赞或在相关评论中表达因为精彩所以要转走；不是微信公众号或媒体发布的而是微信好友原创的内容，复制转发在自己的朋友圈里，要注明发表者或声明转发自何人的微信。

（2）不回私聊，在朋友圈却很活跃。相信很多人都遇到过这样的朋友，发微信他不回，结果在朋友圈他却聊得很起劲。这样的人会让人很不舒服。所以，在发朋友圈之前，一定要先把未回的私信处理好。

（3）说完“晚安”后慎玩朋友圈。一般来说，在微信上互道“晚安”，并不是说马上就睡了，而是不太方便聊天。互道“晚安”之后，在朋友圈又遇到就会很尴尬。

（4）学会点赞、评论与回复。一直给你点赞留言的人，如果你不是特别反感他，请主动在人家朋友圈点个赞；不要盲目点赞，在点赞、评论前看好对方发的是什么内容，这是对他人的一种尊重；对朋友在朋友圈的评论要及时回复。

特别提醒

通常情况下，关注你微信（给你点赞或评论）的都是对你或者对你的企业产品感兴趣的，那就要记住，这可能就是你的意向客户，如果维护好，就可能发展成忠实客户。

（5）处理好群发和私发的关系。节庆时可以在朋友圈群发一条针对所有微信好友的祝福微信。但是，对师长或是一些特别重要的好友，要单独发送祝福微信，这样做才是有礼的。

特别提醒

如果你是被群发了一条祝福微信，而群发信息的人对你来说比较重要，不管他身份或地位如何，请对他单独回复祝福。“群发的信息我不回”是无礼的。

4. 微信群的礼仪

（1）拉群。拉群之前一定要征求所有被拉对象的意见，如果想邀请某人进群，最好先取得对方的同意。如果是工作群，人数不多，群主最好介绍一下群成员，介绍的顺序是把晚辈介绍给长辈，把下级介绍给上级，把男士介绍给女士。

工作群最好是一群一主题。

（2）群昵称。针对群主题修改群昵称，群昵称最好带上自己的公司名称、职位。

（3）群名称。一个清晰明了的群名称，可让大家都能知道这个群的交流目的。

（4）能私聊的不群聊。不在微信群里单独与某人持续交流，以免干扰其他人，可以私聊或把相关人拉在一起另外建群聊天。

（5）收到群内通知，应该第一时间回复。

思考与练习

一、思考题

说一说你对新媒体沟通礼仪的认识和理解。

二、案例分析

1. 老板小题大做还是员工玻璃心?

小王进酒店不到一年，经理让她负责会议接待工作。某天下班前，经理发微信问小王：“明天下午的会议都安排好了吗?”小王回答：“嗯!”经理则回复：“你要么回复‘都安排好了’，要么回复‘嗯嗯’，和领导或客户都不要回复‘嗯’，这个是基本的微信礼仪，我讲过的。有可能你的一个细节就会损失一张订单或一个客户，明白吗?”

小王被经理批评之后心里很不舒服，也不理解，认为自己没有得到尊重。

问题：这个案例给我们什么启示?

2. 不识趣的“锲而不舍”

中秋节前，经理让小张在微信朋友圈做一下酒店餐饮宣传。小张刚在微信朋友圈发送了酒店餐饮宣传信息，就有人在朋友圈进行评论。于是，小张就与参与评论的王总进行私聊，询问王总是否有到店消费的打算。一开始，王总向小张询问了一些有关中秋消费的具体促销细节，并就一些问题进行了沟通，后来，对小张的其他有关询问就不再回答了。

第二天，小张又向王总连发几个信息询问有关中秋消费的事情，再后来却发现自己被王总拉黑了。小张很不理解：明明是王总主动询问我的，怎么把我拉黑了?

问题：这个案例给我们什么启示?

项目二

职业形象礼仪

任务一 仪容礼仪

任务二 仪表礼仪

任务三 仪态礼仪

服务人员的职业形象，是服务人员的仪容、仪表、仪态等通过客户的视觉、听觉等感觉器官，在客户大脑中形成的整体印象。人的意识具有主观能动性，客户对服务人员形象的良性感知，会对后续的服务过程产生积极的影响；反之，客户对服务人员形象的不良感知，会对后续的服务过程产生消极的影响。

仪容、仪表都是对人的外表而言，仪容重在人的容貌，仪表重在人的服饰；仪态是指一个人举止的姿态和风度，包括站姿、坐姿、走姿等。

任务一 仪容礼仪

学习目标

知识目标

1. 了解仪容的概念。
2. 掌握仪容礼仪的要素。

能力目标

能把仪容礼仪的要素合理地运用到旅游业服务中，提升服务质量。

素养目标

确定“干净、整洁”为本任务课程学习的素养教育主题，通过教学实施，引导学生通过仪容礼仪塑造，展示更加专业、更加自信的自我，展现新时代职业人应有的样子。

有位酒店管理专家曾经说过这样一句话：“一进酒店大堂，只要看一下员工的形象，再告诉我客房的数量，基本就能大致评估出这家酒店的营业收入和利润。”其实，这句话并不夸张，形象代表档次，档次决定价格，价格产生效益，这是一个会产生连锁反应的循环圈。对于旅游业来说，注重仪容仪表应该是员工的一项基本素质。仪容仪表不仅反映了员工的精神面貌，更代表了旅游业的整体形象。

素养专栏

职业素养与专业素养

职业素养是人类在社会活动中需要遵守的行为规范，包括职业信念、职业知识技能和职业行为习惯。个体行为的总和构成了自身的职业素养，职业素养是内涵，个体行为是外在表象。专业素养则是专业知识、专业能力、专业作风、专业精神等的统一。当代大学生一定要努力学习专业知识、苦练专业技能，通过实践环节不断提升专业素养。因为专业，所以自信；因为自信，才会显得更职业。

一、仪容的概念

仪容是指人的容貌，包括由人的五官所构成的面部长相及发型等。就个人的整体形象而言，容貌是整个仪表的至关重要的一部分。良好的仪容反映着一个人积极的精神面貌，也是一个人文化素养、生活情趣及审美意识的写照。

仪容美是自然美与修饰美的结合。自然美主要是由遗传基因决定的，我们无法选择。但是在现代文明社会里仅有自然美还不够，一个人的自然美只有通过和谐得体的修饰打扮才能充分展现出来，这需要后天的培养和创造。因此，要塑造良好的个人形象，首先应从仪容的修饰开始。

二、仪容礼仪的要素

仪容礼仪的要素主要包括干净整洁、仪容修饰和表情礼仪三个方面。表情礼仪则主要包括微笑、目光等方面。

（一）干净整洁——仪容礼仪的基本要求

无论服务人员的长相如何，在服务工作中是否能够保持仪容仪表干净整洁并进行得体的修饰，都是服务人员是否具备职业素养的重要考核标准。

具体来讲，服务人员平时应当做到以下几点。

1. 勤洗澡，勤换衣

勤洗澡、勤换衣可以避免身体或头发产生令客户不愉快的浓重气味。一般来说，服务人员夏季应当每天洗澡、清洗头发、更换袜子和内衣，有条件的情况下，在上班之前应将自己的制服、衬衫等熨烫平整备用。

2. 勤剪指甲，勤理发

服务人员的手指甲要经常修剪，以符合自身所在服务岗位的要求，不可在工作场所剪指甲，应当在家里或洗手间等私密场所进行。服务人员的头发要求保持干净整洁，无异味、无头皮屑，还要定期理发。

男士每日都要认真剃须，修剪过长的鼻毛或耳毛。男士每月至少理发一次。服务岗位男士发型的具体要求为：头发长度要适宜，前不及眉，旁不遮耳，后不及领，不能留长发、大鬓角，不能光头。

女士要注意护发养发，根据自身情况选择合适的理发频率。平时梳理头发应当避人，不可在工作场所梳头，不可在公众场合当着别人的面解开自己盘着或束着的头发，否则有轻浮之嫌。服务岗位女士发型的具体要求为：应盘发，不梳披肩发，头发过肩最好扎起来；头发不可遮挡眼睛，不留怪异的新潮发型；刘海不要及眉，头饰以深色小型为好，不可夸张耀眼。女士的发型要求如图 2－1 所示。

图 2-1 女士的发型要求

3. 勤洗脸、勤洗手，勤刷牙、勤漱口

服务人员每天至少早晚各洗一次脸，每天早上起来及就寝前必须刷牙。平时吃东西或喝饮料之后要立即漱口。一日三餐之后都必须漱口或刷牙，工作时间应避免食用气味过于浓烈的食物，比如生葱、生蒜等。

洗脸的时候要注意把眼角、耳窝、鼻孔、脖子等细节之处都洗干净。上班之前、饭前便后、外出归来或者接触脏东西后都应该用肥皂或洗手液洗手。擤鼻涕、吐痰、咳嗽、打喷嚏、打嗝不可对着他人，应立即转身朝向无人处，并尽量用纸巾遮掩，之后立刻洗手。服务人员应注意不可在工作场合剔牙齿、挖鼻孔、掏耳朵、搓泥垢。

（二）仪容修饰——服务人员的礼仪必修课

1. 女士仪容修饰方法

（1）日常皮肤护理方法。

健康是美丽的基础。如果皮肤松弛老化严重或常生面疱，则很难通过外在修饰来遮掩。服务人员应当注意日常的皮肤保养，为仪容美打下良好的健康基础。人的皮肤，通常可以分为干性皮肤、中性皮肤、油性皮肤、混合性皮肤、敏感性皮肤等几种类型。女士平时一定要注意选择适合自己皮肤类型的护肤品。不同类型的皮肤特征及护肤原则见表 2-1。

表 2-1 不同类型的皮肤特征及护肤原则

皮肤类型	皮肤特征	护肤原则
干性皮肤	毛孔非常细小，皮肤表面几乎看不到油光，很少有面疱产生，但容易因干燥而产生细小的皱纹	应当补充油脂，并使用保湿剂增加皮肤的湿润度，维持水油平衡
中性皮肤	质地光滑、柔嫩，无粗大毛孔，油分和水分适中，很少生面疱	应维持自身水分和油分的平衡

续表

皮肤类型	皮肤特征	护肤原则
油性皮肤	毛孔粗大，毛囊中的皮脂腺会分泌很多油脂，使皮肤看上去油油亮亮的，易生面疱但不易产生皱纹，表皮质感较厚	应当在控制油脂分泌的同时注意保湿
混合性皮肤	看起来比较健康且质地光滑，但 T 区（额头、鼻子、下巴的区域）比较油腻，而两颊及脸部的外缘有些干燥	应当控制 T 区等较油部位的油脂分泌，并增加两颊部位的湿润度，整个面部皮肤都要注意保湿
敏感性皮肤	表皮看上去较薄，毛细血管明显，使用保养品时很容易过敏，易出现发炎、泛红、起斑疹、瘙痒等症状	保养要格外注意，不能过度去角质，不能过度洗脸，不能频繁地更换保养品，也不能使用含有致敏成分的化妆品

女士日常皮肤保养的步骤为：

1）清洁。每天早上起床之后以及晚上睡觉之前，都要认真清洗暴露在外的面部、颈部等处的皮肤。洗脸的时候动作要轻柔，不要用手掌使劲地搓脸，否则会将皮肤“搓”出皱纹。

2）爽肤。用温水将皮肤上的清洁剂冲洗干净，再用毛巾轻轻擦干。之后，使用适合自己皮肤类型的爽肤水将皮肤擦拭一遍，这个过程就叫“爽肤”。爽肤水也被称为保湿水、化妆水等，是一种液态的化妆品。

3）均衡滋润与保护。护肤的终极目标是保持皮肤表面的水分和油分，并使二者达到理想的平衡状态。不同的皮肤类型有着不同的需求：干性皮肤应当补充油分和水分，中性皮肤需要保湿，油性皮肤在控油的同时也要保湿。在爽肤步骤完成之后，将最适合自己肤质的乳液或面霜轻柔、均匀地涂抹于皮肤上。

（2）化妆的方法。

化妆是我们日常生活、人际交往中不可缺少的环节，也是一种礼节形式。女士除应注重日常的皮肤保养外，更要注意容貌的修饰，掌握一定的化妆技巧。在社交场合，得体适度的妆容，给人一种整洁、大方、淡雅的印象，既能保养皮肤、增姿添色，又有利于人际沟通和开展工作。这既是自尊自信的表现，又能体现对他人的尊重。

化妆并不是一种随心所欲的涂抹，而是一种审美的艺术过程。化妆应遵循的原则是：淡妆上岗；在不同的时间、场合要化不同的妆容（即化妆的“3W”原则）；科学选择化妆品，讲究科学的化妆技法；扬长避短，讲究和谐，强调自然美。

女士化妆之前，应当根据自己皮肤的类型选择适合的化妆品。在化妆时，应使五官布局尽量接近理想的比例。所以，女士在化妆之前应仔细研究自己的脸部结构，通过化妆技巧来扬长避短——在脸上希望“高起来”或“扩张变大”的部位使用较亮、较浅的色彩，在希望“低下去”或“收缩变小”的部位使用较暗、较深的色彩，就会在视觉上产生平衡和美化的效果。

知识链接

化妆的“3W”原则

2. 男士仪容修饰方法

（1）护肤的方法。

与女士的皮肤相比，男士的皮肤表层更厚，皮脂分泌量也更高。因此，男士应当针对自身的特点使用男性专用的护肤品。男士的皮肤也有较干和较油之分，早晨起来以后，可以用纸巾擦拭一下额头、鼻子，如果纸巾上面很油，证明是油性皮肤；如果纸巾上的油是星星点点的，说明皮肤偏干。皮肤偏干的男士应当使用性质比较温和的洁面产品，皮肤偏油的男士应当选用去油的深层洁面产品。男士日常的皮肤保养步骤如下：

1）清洁。男性的皮肤油脂分泌多，应当格外注意保持皮肤清洁，每天早晚都应当使用适合自己肤质的洁面产品来清洁皮肤。洗脸时应先用清水将脸淋湿，然后使用洁面产品耐心地轻轻按摩面部，彻底清除污垢。如果使用的是香皂，应先将香皂润湿，在手掌上搓出丰富泡沫，再将泡沫涂于面部，并轻轻按摩面部，即可清除污垢。无论用何种洁面产品，最后都应当用温水冲洗干净，之后用毛巾将脸轻轻擦干。

2）润肤。洗脸后，要使用适合自己的护肤品滋润皮肤。皮肤偏干的可选用能够滋润皮肤的润肤乳，皮肤偏油的可选择清爽保湿不油腻的润肤液。

（2）修面的方法。

在现代社会中，人们更喜欢那些脸部清爽、干净利落的男士。男士应在每天早上修面一次。常见的剃须工具有两大类：一类是电动剃须刀；还有一类是刀片剃须刀，目前常见的是双层刀片剃须刀。

（三）表情礼仪——服务人员的无声服务语汇

1. 让你的表情更动人

微课视频

表情礼仪

人们传达的信息一般是由视觉信号、声音信号、文字信号组成的，而其中视觉信号占 55%、声音信号占 38%、文字信号占 7%，由此可见表情的重要性。

现在很多酒店企业都在提倡微笑服务，黄色的“笑脸”胸牌也随处可见，但在接受服务的过程中真正让客户倍感珍贵的仍是和悦、温暖的表情。对于服务型企业而言，愉悦的表情无疑是最好的服务手段之一，它远胜过那些苍白、重复的语言，因为视觉的影响力在人际交往中是极为重要的。

表情语汇会对服务产生巨大影响，并且是心理服务的重要组成部分。表情语汇的重要性在于：

（1）直观的影响力。客户对旅游业的第一印象总会对他接下来的行为产生潜移默化的影响，喜欢或讨厌，接受或抗拒，可能在看到服务人员的面孔时就已经有了答案。

（2）迅捷的传导力。一个表情从启动到结束也许不过短短的十几秒钟而已，但一旦通过这样的表情传达了友好的服务信息，那么接下来的服务就会得心应手、打动人心并有所收获。

（3）较高的回报率。友好的表情是不需要额外花费成本的，但它却可以轻易地使接收表情的人获得愉悦的感受，并且大多数接收到这样友好表情的客户也会报以微笑，人与人之间的愉快交流就在简单的表情传递之中完成了。微笑不会使我们有任何损失，相反，却能为我们带来好的心情，同时使服务工作更为顺畅。

我们必须知道，客户对于服务是有要求的，当客户享受了高品质的服务后，便开始将所有享受到的服务与之做对比，稍有不同便会十分失望。可以想象一下，客户曾经无数次乘坐过某航空公司的航班，空姐总是用亲切的微笑与他打招呼，当他入住一个五星级酒店时，如果连一个友好的表情都看不到，那么所谓的价格优势、环境优势、产品优势可能都不存在了，他会立即转头去那些服务品质高的酒店。

2. 让你的微笑更自信

（1）微笑的作用。

微笑是人际交往活动中具有吸引力的一种表情。它强大的感染力常常令接收者不知不觉心境开阔，并且不由自主地回报以友好的态度。

素养专栏

付出不一定有回报，但不付出绝对没有回报

付出不一定有回报，因为一件事的成功还关系到其他很多的因素。不付出绝对没有回报，因为天上不会掉馅饼。当代大学生一定要放弃幻想，努力学习，努力付出。要记住：付出不一定就有回报，但是，不付出肯定没有回报。努力付出才能让你梦想成真。

很多背包客去少数民族地区旅行，不仅语言不通，对当地的环境也不十分熟悉，却仍然能够获得旅途的愉快，就是因为在很多时候，他们采用了“微笑”这一最直观、亲切、生动的表情语汇。

微笑可以体现真诚的态度，使客户感到舒心、舒服，并且产生信任感；微笑可以传递友善之情，能够使初次接触的客户感觉到温暖；微笑可以表达关切和关怀，抚平与客户交流时产生的嫌隙和误会，增加彼此间的坦诚和依赖；微笑是一种服务力量，可以为平凡的服务锦上添花，也能够在客户对服务有意见时如雪中送炭般有效解决和处理客户的投诉。

微笑不单是一个简单的表情而已，在服务中它往往能够起到举足轻重的作用，与良好的服务技巧相得益彰，给客户带来美好的服务体验。

1）微笑可以带来美好的感受。笑是一个人情绪积极的表现，没有人不受它的感染和影响，很多姿色平庸的人甚至会因为脸上生动的微笑而变得漂亮。

英国已故王妃戴安娜，之所以受到全世界很多人的欢迎和喜爱就是因为她那亲切而温暖的微笑。人们见惯了王室不苟言笑的模样，当看到戴安娜王妃那不加掩饰的真诚微笑时无法不为之激动，于是她跨越了国度，成为许多国家的人们喜欢的一位王妃。

2）微笑是产生信赖的重要途径。微笑是一个人态度诚恳的表现，它能给人以亲切友好的感受。很多客户初次走进富丽堂皇的五星级酒店时难免会有陌生感，很少主动微笑，常常以严肃的表情来掩饰内心的不安，而服务人员的主动微笑则是最好的镇静剂，它能够瞬间使人产生熟悉感和亲切感，对环境和服务人员产生信赖感。

3）微笑是最重要的服务技能。微笑是一项最基本同时也是最重要的服务技能。当我们的语言交流受到限制和约束的时候，可以主动使用微笑这一全世界共通的语言，服务常常会因此变得顺利，微笑加语言和手语的帮助常常会使服务产生良好的效果。所以，我们应该更加充分地认识到微笑是一项多么重要的服务技能。

4）微笑是不受限制的服务语汇。首先，微笑可以超越语言的限制。在语言不通或招呼不周时，微笑可以传达情感。其次，微笑能够配合语言给人以美好的视觉感受和听觉感受。微笑可以在说话时同步进行，善解人意的语言配合上真诚得体的微笑，能够给客户带来更好的交流体验。

（2）微笑的要素。

每个人对微笑都有希冀与渴望，没有哪个客户因为对某种产品的执着需求而不需要服务人员的微笑，也没有哪个客户因为自己位高权重而对服务人员的微笑嗤之以鼻，因为微笑是一种真诚的情感表达。

当我们的目光捕捉到一张笑脸时，大脑就会自动模仿这种表情，于是也会使面部肌肉做出相似的表情。因此，愉快的情绪是会传染的，服务人员愉悦而真诚的微笑能够感染客户。但不是所有的微笑都能够具有这种力量，让我们来了解一下完美服务微笑的要素。

1）诚恳。虚假的笑容在绽露的一瞬便会被识破，笑的时候请好好注意对方的表情，如果对方露出不快的表情，则说明你的笑容不够真诚。服务人员应该呈现的是职业的、诚恳的微笑，从而为客户营造轻松的交流气氛。诚恳的态度源于对自己工作的认可、喜欢和对客户的宽容、友好，所以，“诚恳”无法通过面部肌肉的训练来获得，只能通过对自己心理情绪的调节来达到。

案例

“海底捞”是一家火锅店，从四川街头的麻辣小摊，到目前全国的几百家连锁店，“海底捞”用了二十多年的时间。在大众点评网、饭桶网等网站上，“海底捞”一直牢牢占据着几大城市“服务最佳”的榜单。

在餐饮业中，火锅的竞争一直都很激烈，甚至在成都、重庆街巷随意走进一个简陋的小馆吃顿火锅，都可能令你惊喜，加之川菜在全国的持续风靡，也使得如“皇城老妈”“谭鱼头”“三只耳”“孔亮火锅”等一批以火锅为主的餐饮店获得了持续发展。但是在竞争激烈的餐饮大战中能够站稳脚跟，并且始终维持着“等位”这一壮观景象的却不多，“海底捞”就是其中一家令很多人推崇并喜欢的餐厅。这和“海底捞”的服务魅力不无关系，“海底捞”对于服务的重视已渗透到了你所接触到的各个服务环节。

依照惯例，就餐排队是大家极为厌烦的事情，但是在“海底捞”始终可以看到怡然自得的等候用餐的顾客，因为“海底捞”通过一系列的服务项目，让这个原本令人讨厌的等待环节变成了一种乐趣和消遣。当你在“海底捞”等待区等待的时候，热心的服务人员会立即为你送上西瓜、橙子、苹果、花生、炸虾片等各式水果和小吃，还有豆浆、柠檬水、薄荷水等饮料，你还可以在此打牌、下棋和免费上网。更令人惊喜的是，女士可以享受免费美甲服务，男士可以享受免费擦皮鞋服务等。当然，仅有这些特色服务项目是远远不够的，最初打动顾客、使其愿意停留下来等待的是服务员一张张亲切热情的笑脸，他们无比真诚，如同家人一般，让你不由得心动。

“海底捞”在服务管理中灌输微笑无成本论和回报论，店面经理问员工：“你们对顾客微笑有没有损失什么？”员工回答：“没有啊！”经理就会因势利导进行讲解，微笑是一种无成本的投资，不用付出任何直接的物质成本，带来的却是“海底捞”最可贵的口碑效应，是超额的回报，是顾客的回头率，因此，你为什么不对顾客微笑呢？

在“海底捞”你可以享受到服务员自然大方的微笑、发自内心的微笑、家人一般亲切的微笑，在这样的环境氛围中就餐，客人的心情也必定是愉悦的。微笑无须成本却收益巨大。

2）纯净。服务人员在与客户的交往中呈现的笑容应该是纯净的、发自内心的。当一个服务人员不够热情友好的时候，他的笑容很有可能表达出很多复杂的情绪而令客户不悦。微笑的目的是表达对客户的友好之情，使客户有愉快的服务体验，也就是说，微笑不能带着勉强、反感、奚落、鄙视等其他含义。

那么，什么是纯净的微笑呢？想象一下婴儿的笑容吧，先是从眼睛露出笑意，然后笑容慢慢扩展至整个脸部，整个表情的产生让人感觉很自然。如果只是为了“微笑”这个任务而去微笑，就无法体现微笑的作用和真正的魅力。只有纯净的微笑才是美好心情的真实写照，才是优质服务所需要的。

3）完整。完整的微笑来自眉眼的配合、身体的配合和心情的配合，一张面孔的表情应是和谐统一的，这才会令人感觉亲切。单纯的嘴部动作根本不能展现出一个生动的微笑，真正动人的微笑是遮住嘴部仍可以看到微笑的眼睛。所以，微笑不是简单的颧肌运动，不是单纯的嘴角提升，而是要发自内心，使语言亲切、身体谦恭，表情才能够自然动人。

案例

希尔顿在得克萨斯州经营第一家旅馆稍有成效的时候，他母亲对其成绩却不屑一顾。她指出要使经营真正得到发展，需要掌握一种秘诀，这种秘诀简单、易行，不花本钱却又行之长久。

希尔顿冥思苦想，终得其解。这个秘诀不是别的，就是微笑。他发现只有微笑才同时具备以上 4 个条件，且能发挥强大的功效。之后，“微笑服务”就成了希尔顿旅馆经营的一大特色。

希尔顿成功的秘诀，说明了一个真理，那就是服务人员与顾客打交道，顾客得到的不只是有形的商品，还有无形的服务。这种服务既包括生理需求上的享受，也包括精神和心理需求的满足。能否最大限度地满足顾客的双重需求是服务业形象优劣的关键。在激烈的竞争中，满足顾客生理需求的服务往往难分高下，而最能体现出差距的恰恰是精神需求的满足。这时，微笑的魅力就不可低估了。

希尔顿说过："微笑是属于顾客的阳光。"享受阳光沐浴的顾客当然不会忘记温暖着他们的太阳。

请记住：微笑是阳光；微笑是世界性的通用语言；微笑是人际交往的润滑剂；微笑是沟通的桥梁；微笑是无本的投资……

微笑是一个很简单的动作，似乎嘴唇微微牵动便可完成；微笑又是一个复杂的动作，它需要面部肌肉的协调运动，需要眼睛散发和善友好的光彩，需要宽厚善良的内心配合，正因为复杂，它才弥足珍贵。

4）规范。服务行业的微笑不但要亲切，带给客户春天般愉悦舒心的感受，同时还要符合行业规范，如图 2－2 所示。

图 2－2　规范的微笑

要想拥有规范的微笑，应注意以下几点：

一是保持良好的职业形象。微笑应该出现在一个仪容大方、端庄，仪表整洁、得体，热情、精神饱满的人的脸上。

二是拥有积极的身体语汇。微笑时要神态自然、热情适度，呈现出积极的身体语汇。所谓积极的身体语汇，是指身体姿态规范优雅，微笑时能够尽量将脸庞和上半身面向客户，落落大方，微笑致意。

三是热情主动地微笑。如果能够在与客户目光接触的同时，在你开口说话之前，首先献上一个微笑，肯定会赢得对方的满意。如果对方先冲你微笑，就必须马上还以微笑。每个客户最希望看到的就是主动热情的微笑，它比语言更有感染力。

四是控制微笑的时间。如果是初次见面问候客户，微笑的最佳时间以不超过 7 秒钟为宜。时间过长会给人以傻笑的感觉，反而尽失微笑的美韵；时间过短则会有敷衍了事的感觉。

五是把握好最佳的启动时间。当目光与他人接触的瞬间，要目视对方并展露微笑。但微笑的启动与收拢都必须做到自然，切忌突然用力启动或突然收拢。

微笑能够为我们的工作锦上添花，有时它也能够为我们的工作雪中送炭。在服务过程中客户产生误解或是工作陷入僵局时，干巴巴的道歉或解释很难获得客户的谅解，但如果给那些苍白的语言配上诚恳而真挚的微笑，就会缓解尴尬的气氛，也许所有的问题都会迎刃而解。

（3）微笑的训练方法。

一说到微笑的练习，我们脑海中常常浮现出的一个画面便是礼仪小姐嘴里咬着一根筷子，根据要求露出 6 ～ 8 颗牙齿的凝固微笑。这固然是一种行之有效的训练方法，但并非唯一的微笑训练方法。完美的微笑并非仅靠勤奋的训练得到的，微笑更需要达观的情绪、豁达的心境来做心理支撑，这样的微笑才可能自然真诚。

研究发现，人的笑容是由两套肌肉组织控制的。

第一套肌肉组织是颧骨处的肌肉，它可以带动嘴巴微咧，双唇后扯，嘴角上提，露出牙齿，面颊提升，然后将笑容扯到眼角上。在没有开心的事情发生时我们也可以调动这部分肌肉，以制造出虚假的笑容。

第二套肌肉组织是眼轮匝肌，它可以通过收缩眼部周围的肌肉，使眼睛变小，眼角出现褶皱，也就是我们常说的“鱼尾纹”，这部分肌肉是不受我们的意识主动控制的，它调动起的笑容一般都是发自肺腑的真心笑容。因此，要想看一个人在微笑时是不是发自内心的开心，我们可以看他微笑时眼角是否有“鱼尾纹”。

下面来介绍微笑的几种训练方法。

1）手指训练法。手指训练法是一种基础的微笑训练方法，主要目的是帮助你寻找最佳微笑模式，寻找属于你自己的最适合的微笑并且定型，直到成为一种微笑习惯。

A. 拇指法。将两个拇指伸出，其余四指轻握，呈“倒八字”形状，将食指关节轻贴颧骨附近；两拇指肚向上，放于嘴角两端 1 厘米处，轻轻向斜上方拉动嘴唇两角。

B. 食指法。将双手半握空心拳后，把两根食指伸出呈倒八字形，放于嘴唇两角处，向斜上方轻轻拉动嘴角，并寻找最佳位置。

C. 中指法。将两根中指伸出，其余四指半握空心拳，将两根中指的指肚放在嘴角两端，轻轻向斜上方拉动。

D. 小指法。两小指伸出，其余四指半握空心拳，将两根小指的指肚放在嘴角两端，轻轻拉动嘴角。

E. 双指法。双手拇指、食指伸出，其余三指轻轻握拢，用两根拇指抵住下巴，将两食指内侧面放在嘴角处，向斜上方轻轻推动。

如此反复多次地用以上几种方法训练，观察微笑时面部肌肉的变化，寻找适合、自然的微笑感觉和状态后，记住这种感觉和状态，每次训练都以这种微笑为标准。

2）含箸法。含箸法就是利用筷子作为辅助工具进行微笑训练的一种方法（见

图 2－3）。具体的训练方法是：首先选择一根洁净光滑的木筷子，用两颗门牙轻轻咬住筷子的中部，对着镜子观察，尽力让自己上翘的嘴角高于筷子，使嘴唇呈现美丽的弧度。也可以用拇指抵住下巴，用两根食指向上推动嘴角，之后凝固和保持面部表情，此时能够看到上排 8 颗牙齿就是一个比较合适的微笑，然后再次轻轻咬住筷子，发出“一”的声音，同时嘴角向上向下反复运动，反复几次后，再次轻轻取下筷子，让自己微笑的表情保持几秒钟。

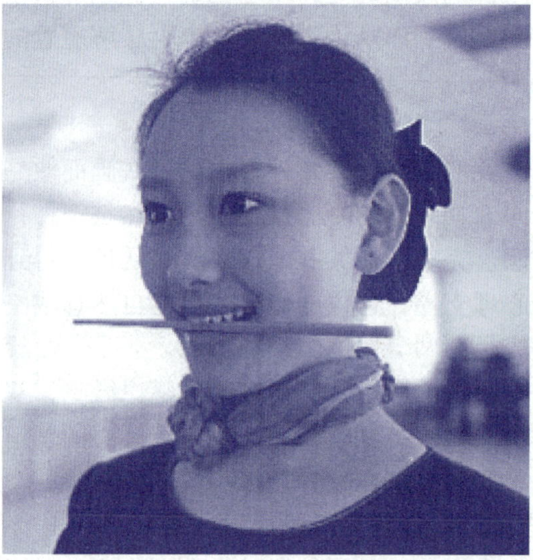

图 2－3 含箸法

最初进行训练时，两侧的嘴角也许不能同时上升，这时利用木制筷子进行训练便富有成效。刚开始会比较难，但若反复练习，就会在不知不觉中使两边嘴角一起上升，形成职业而美丽的微笑。

3）对镜微笑法。对镜微笑法是一种比较常见、很有效果的训练方法，具有随时随地、道具简单、颇有趣味等优点。具体方法是：拿一面镜子，端坐镜前，调整呼吸让自己轻松、平静、自然、舒畅，让自己的心情愉悦起来，然后将嘴角微微翘起，面部肌肉随之舒展开来，同时注意眼神的配合，呈现愉悦的微笑表情。为了达到最佳的训练效果，应该在练习时穿着整齐、大方，女性可略化淡妆，还可以放一些轻快的音乐来配合训练。

4）模拟微笑法。模拟微笑法是一种简单易行的训练方法，对于调节心情、改善微笑形象有很大的帮助。具体方法是：首先轻合双唇，将两根食指伸出，其余四指半握空心拳，两食指指尖相对，放置在嘴前 15 ～ 20 厘米处。之后让两食指指尖缓慢匀速地分别向左右两侧移动，使之拉开 5 ～ 10 厘米的距离，同时嘴角随两食指移动速度而同步加大展开度，并在意念中形成美丽的微笑。让微笑停留 5 秒钟左右，再将两食指缓慢匀速地向中间靠拢，直至两根食指相对，同时展开的唇角与两指移动的速度同步缓缓收回。

5）情绪诱导法。情绪诱导法就是尽力利用外界环境、物品的诱导、刺激，来引起情绪的愉悦和兴奋，从而唤起微笑欲望的方法。当然，这需要你根据个人的心情、爱好来选择，比如泡上你喜欢的咖啡或茶、打开你喜欢的书、看你喜欢的某条短信或照片、回想生活中某些快乐的片段、听自己喜欢的容易让自己开心的音乐、观看喜欢的电影片段等，在这其中寻找快乐与微笑。

6）记忆提取法。记忆提取法是演员在训练中常采用的一种方法，也被称为情绪记忆法。就是将自己过去那些最愉快、最开心、最令人喜悦的片段和画面，从记忆中唤醒，使这种情绪重新袭上心头，重享那惬意的时光，从而绽放微笑。

7）观摩欣赏法。观摩欣赏法是在集体活动或培训中可以采用的一种方法，是让大家分组进行微笑练习，并且采用上述方法配合辅助训练，请小组成员互相观摩、讨论、交流、鼓励，互相分享开心微笑的一种方法。在训练中还可利用相机或手机拍照观摩，增加训练乐趣，并且在分享和鼓励中找到最佳的微笑状态。

8）意念驱动法。意念驱动法是一种不需要任何道具、随时随地都可进行训练的方法，能够培养微笑意识和微笑习惯，适合已经有了微笑训练基础或者善于微笑的人，在闲暇和需要时，只用意念控制情绪、调动面部肌肉，配合得体的眼神，呈现最佳微笑。

以上诸多微笑的训练方法，既可以单独练习使用，也可以相互配合使用，比如对镜微笑法可以配合意念驱动法等，会有更佳效果。

3. 让你的眼睛会服务

眼睛最能有效地传递信息和表情达意。不只语言是服务的有效手段，目光也可以为人提供殷勤周到的服务。虽然微笑也有很强的感染力，但是它表达的信息相对单一，而目光则可以传达出欣喜、关注、藐视、担忧、愤怒、惊奇、厌恶或不安等多种情绪。服务人员需要对目光的表达进行有效的训练和必要的规范。

（1）服务中适当的目光交流是对客户的尊重。

也许很多人一说起服务的要素就会联想到“礼貌用语”“微笑服务”“专业的知识”等，却极少会想到“目光”。目光是一种非常重要的服务语汇，甚至比其他的服务技能更加容易打动客户。

（2）规范而科学地使用好目光语汇。

一个好的服务人员不但要善于运用目光为客户提供服务，还要能够规范而科学地使用目光语汇。

1）要注意视线接触的向度。视线的向度，即注视的角度，其实就是目光的方向。注视的角度包括正视对方、平视对方、仰视对方和俯视对方。正视对方也就是在注视他人的时候，与之正面相向，同时还须将身体前部朝向对方；平视对方是指在注视他人的时候，目光与对方相比处于相似的高度，在服务工作中平视服务对象可以表现出双方地位平等和不卑不亢的精神面貌；仰视对方是指在注视他人的时候，本人所处的位置比对方低，需要抬头向上仰望对方，在仰视对方的状况下，往往可以给对方留下信任、重视的感觉；俯视对方与仰视对方正好相反。

仰视和俯视会使双方的心理产生差距。在成年人的交往中，正视并平视是最好的目光表达方式，其含义是重视对方。

特别提醒

在工作岗位上，服务人员为互不相识的多位客户服务时，需要按照先来后到的顺序对每个客户加以注视，同时又要以略带歉意、安慰的眼神环视等候在身旁的客户。巧妙地运用这种兼顾多方的眼神，可以兼顾每一位服务对象，表现出善解人意的优秀服务水准。

2）要把握目光接触的时间。在服务场合与客户交流要注意目光接触时间的长短，一般应当在总交谈时间的 1/3 以上，每次看别人的眼睛 3 秒左右。如果在交流中对方很少关注你，而且注视你的时间不超过整个相处时间的 30%，说明这个人不在乎你。那么同样的道理，与客户交流时要多一些目光的接触，长时间的目光接触其实是对客户的关怀，同样，他也会受到你良好情绪的感染，进而对你和你的服务产生兴趣。

3）要控制目光注视的区间范围。目光注视的区间范围要视场合而定，不同的场合应适当有所区别。但是，不管什么场合，千万不要一直生硬地看着对方，通常这样的目光是审视、挑剔、刁难的意思。如果长时间盯着对方一个地方看，可能还会造成误解，对方会以为自己身上有什么不妥当的地方。

A. 谈判注视的区间范围。在接受和处理客户的投诉、异议及与客户谈判时，一般注视其头顶和两肩构成的大三角范围（见图 2－4）。注视范围较为宽阔，可以避免使客户产生咄咄逼人的感觉。目光过于紧凑或集中在双眼之间常常会使客户感觉到压力。

在距离比较远（一般在 3 米以上）的其他场合，一般也比较适合注视大三角范围。

B. 服务交往注视的区间范围。在服务场合与客户交往时，一般注视其两只眼睛和嘴构成的小三角（又称倒三角）范围（见图 2－5）。这可以营造一种平等、亲切和轻松的交往气氛，既不会使客户产生被怠慢的感觉，又可以使客户感受到必要的尊重和关注。

图 2－4　谈判注视的区间范围

图 2－5　服务交往注视的区间范围

在距离比较近（1 ～ 3 米）的其他场合，一般也比较适合注视小三角范围。

C. 对熟悉的客户注视的区间范围。在与熟悉的客户交往时，一般注视其眉心至嘴部这一小三角范围（见图 2－6）。这是具有亲密关系的人群注视的范围，如非常熟悉的客户或“VIP”客户。嘴唇是人体外露的一个比较性感的器官，除非很熟悉的客户、同性的客户、年龄相差很大的客户，否则轻易不要注视。

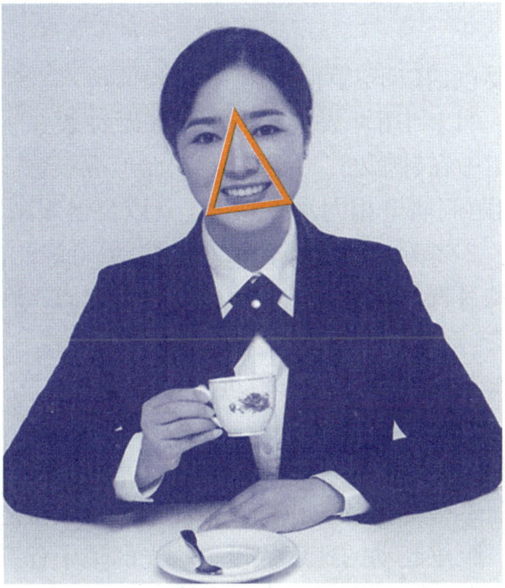

图 2－6 对熟悉的客户注视的区间范围

目光是一种独特的语汇，即使不言不语，也不妨碍我们的表达，有时它像阳光能够让对方豁然开朗，有时它像阴霾可以瞬时笼罩对方的情绪，所以，拿捏得当的服务目光是我们在与客户交往过程中极好的润滑剂。

4）要善用散点柔视。散点柔视就是把目光柔和地投射在对方的脸上，这样会让对方感觉比较自然。在向服务对象问候、致意、道别的时候都应面带微笑，用柔和的目光去注视对方，以示尊敬和礼貌。

（3）目光的使用规则。

1）要生成于内心。只有内心是尊重对方的，目光才可能是亲切友好的。有时会看到一些服务人员用挺直的身体和麻木的目光来接待客户，对他而言这仅仅是对工作的敷衍，客户不但不会感觉到欢迎之意，相反还会有受到冷落的感觉。目光生成于内心才具有吸引力，才能够传情达意。

2）要稳定住目光。服务人员千万不要上下打量别人或是眼珠转来转去。上下打量意味着挑剔和审察。如果是男士上上下下打量一位女士，肯定会让人觉得他不怀好意，另有企图。注视别人时眼珠若是转来转去，会给人以正在心里盘算坏主意的感觉，而且很难使人产生信赖感。

3）要和语言统一。现在很多旅行社都注意使用礼貌用语，这样的确可以使服务变得规范和严谨，但如果忽略了目光甚至和整个面部表情的配合，那么，多么无懈可击的服务语言都会变得冷冰冰的，很难被客户喜欢和接受。因此，要学会用目光配合语言，使两者完美结合，以获得最好的服务效果。

（4）打造炯炯有神的目光。

眼神构成要素包括眼球转动方向、眼皮开合大小、眼皮眨动速度快慢、目光集中程度和目光持续时间的长短等。可见，眼神的表达是复杂而多样的，在练习时应根据训练题目的不同综合把握以上几点，通过对知识的把握和系统的训练，拥有正确、得体、明亮的目光。

目光的训练方法主要包括以下几种：

1）视摆法。在家中可以利用钟表进行训练，在距钟表 3 ～ 5 米处坐定或站定，头与颈部不动，只把目光集中在钟摆处，并随其摆动而追视不舍。

2）扫描法。在室内两侧墙壁相同水平高度上（以自己眼睛的高度为宜）各取一点，站定在两点连线后面 2 ～ 3 米处，使颈部轻微左右摆动，而目光要始终分别落在墙上那两个点上，这是训练转颈目视的简易方法。有时，也可以直接在墙壁上选取两个对称的物品作为练习道具。

3）对视法。在训练中，可以两人一组进行对视练习，努力不眨眼，坚持时间尽量长。

4）对镜练习法。对镜练习的目的是将眼神综合定位，用不同的眼神表达欢迎、高兴、惊讶、遗憾、感叹、不舍等情感。在练习中注意观察细微的变化，比如眼球的转动方向、眼皮的开合大小、眼皮眨动的速度快慢、目光的集中程度和持续的时间长短，在镜子中观察并寻找积极、向上、富有感染力的目光。

5）眼神模仿法。多寻找一些自己喜欢的演员或动物的图片，挑选目光善良、积极、温和的人或动物进行模仿。

以上眼神训练方法可以根据时间、地点和场合有选择地进行，训练时若感到眼睛疲劳，可将目光转移或闭目休息片刻，也可以向远处眺望，注视绿色的草地和植物，缓解眼睛的疲劳。

思考与练习

一、礼仪实训

运用手指训练法、含箸法、对镜微笑法、记忆提取法和观摩欣赏法等训练方法进行微笑训练，做到目光、微笑和各种仪态的完美结合。

二、案例分析

1. 美中不足

一天，黄先生与两位好友小聚，来到某知名酒店。接待他们的是一位五官清秀的服务员，接待服务工作做得很好，可是她面无血色，显得无精打采。黄先生一看到她就觉得心情欠佳，仔细留意才发现，这位服务员没有化工作淡妆，在餐厅昏黄的灯光下显得病态十足。上菜时，黄先生又突然看到传菜员涂的指甲油缺了一块，他的第一反应就是“不知是不是掉到我的菜里了”。但为了不惊扰其他顾客用餐，黄先生没有将其怀疑说出。用餐结束后，黄先生唤柜台服务员结账，而服务员却一直对着反光玻璃墙面修饰妆容，丝毫未注意到顾客的需要。自此以后，黄先生再也没有去过这家酒店。

问题：这个案例给我们什么启示？

2. 很帅的高级餐厅服务员

小张是一家高级餐厅新来的服务员，高高的个子，长得很帅。在来这家餐厅工作之前，他是一家广告公司的业务员。第一天上班，经理就对着他皱起了眉头。原来，小张在广告公司的时候，头发一直都留得比较长。经理告诉他，服务人员不适合留这样的发型，但马上要上班了，已来不及让他去理发，希望他下班之后能够去修剪成符合岗位礼仪标准的发型。经理还发现，小张的右手小拇指指甲留得很长，就告诉小张这样的指甲会给顾客留下不好的印象，会影响服务工作的效果，希望他下班以后尽快剪短。

小张一肚子不愉快，对经理说的话不以为然。谁知，没过多久，他的头发就给他带来了麻烦。

原来，有一位顾客点了一份西湖牛肉羹。小张给这位顾客上菜时，顾客的桌上已经摆了很多盘菜，于是小张先将西湖牛肉羹放在了旁边的桌子上，低头帮顾客整理桌上的盘子，好腾出空来放置新上的菜。桌子整理好之后，小张又很麻利地低头将西湖牛肉羹摆到了桌上。谁知此时他的一绺头发挡住了右眼，小张就顺手整了一下头发……只见一根长长的头发落在了牛肉羹里……

顾客非常生气，后来经理只好减免了部分餐费，才安抚了顾客的情绪。

问题：这个案例给我们什么启示？

任务二 仪表礼仪

学习目标

知识目标

1. 了解仪表的概念、仪表的重要性。
2. 掌握仪表礼仪的要素。

能力目标

能把仪表礼仪的要素合理地运用到旅游业服务中，提升服务质量。

素养目标

确定“专业、自信”为本任务课程学习的素养教育主题，通过教学实施，引导学生通过仪表礼仪塑造，进一步增强职业自信，提高专业素养，争做新时代职业好青年。

一、仪表的概念

仪表是指一个人的外表，是一个人外在形象的综合。仪表的内涵较为宽泛，除了仪容（发型、表情等）之外，还包括人的服饰、身材、姿态等。一个人的仪表不但可以体现他的文化修养，还可以反映他的审美趣味。仪表美是一个综合概念，它包括三层含义：

第一，人的容貌、形体、体态的协调美。容貌的协调是指人的五官端正；形体的协调是指人体外部的线条比例适当；体态的协调是指人在空间运动中所表现的神情姿态大方自然。这种美是一种自然美，由形式美的法则决定，是仪表美的基础。

第二，通过修饰打扮以及后天环境影响产生的美。这是一种创造的美，是仪表美的发展。

第三，通过面部表情和体态变化所表现出的淳朴高尚的内心世界和蓬勃向上的生命活力。它反映一个人的内在修养，是一种深层次的美，是仪表美的本质。

前两者称为“外在美”，后者称为“内在美”。仪表美是外在美与内在美的和谐统一。外在美与内在美互为表里、相得益彰。

二、仪表的重要性

（一）可以体现一个人的礼貌修养

人的第一印象往往是在见面开始的 7 秒钟内形成的。大多数人在社交场合是十分注重自己的仪表美的。正所谓“质于内而形于外”，有教养的人懂得怎样展现自己的形象。仪表端庄既反映出一个人的自尊与品位，也是对他人和周围环境的尊重。得体和谐的着装可以告诉人们：我是一个有知识、有教养、值得你信赖和尊重的人。

素养专栏

骨子里的教养，都藏在这些细节里

教养，是一个人“言行中的分寸，交往中的包容，举止间的温柔，心底里的善良”，是“无意间的举动，不经意的流露”，是“藏不住也装不出的灵魂的深度和生命的高贵”。真正的教养，于细节处见真章。教养需要自尊，更需要品位，懂得自尊与品位也是对他人和周围环境的尊重。当代大学生要有自尊与品位，懂得尊重他人和周围环境。

（二）可以有效树立人的自信心

从社会心理学角度看，我们每个人都有求尊重、求重视的心理。人的自信心不仅来自周围的称赞，更重要的是来自良好的自我感觉。修饰得体的仪表不仅会使客户赏心悦目，而且会令自己神采飞扬，从而在心理上滋生出一种自豪感与满足感，带给自己一份好心情，工作起来自然信心倍增、充满活力。

（三）可以缩短人与人之间的心理距离

俗话说："爱美之心人皆有之。"美感享受属于人类高层次的心理需求。好的仪表容易给对方留下深刻印象，从而拉近人与人之间的心理距离，为进一步的交往与合作打下基础。旅游业员工具备良好的仪表，会令客户赏心悦目，在脑海中留下深刻的印象，从而缩短彼此交流与沟通的距离。

对旅游业员工来说，注重仪表还有特殊的意义。

第一，是树立旅游业形象的前提和基础。

旅游业员工的一言一行、一举一动都在客户的关注之下，一句话、一个手势或一次着装，都将影响其公众形象，进而直接影响旅游业的整体形象。旅游业员工良好的仪表在一定程度上反映了旅游业的管理水平和服务水平，是旅游业树立良好的公众形象的前提和基础。

第二，是旅游业员工尊重客户的需要。

礼貌服务很重要的一点就是尊重客户的合理需求，并尽可能予以满足。游客在游玩的过程中，追求一种比日常生活更高标准的享受，即视、听、嗅等感官的美的享受。据有关专家分析，在给人的印象中，各种刺激所占的百分比是：视觉印象大约占 75%，谈吐印象大约占 16%，味觉印象、嗅觉印象和触觉印象大约各占 3%，如图 2－7 所示。旅游从业人员的仪表能满足游客视觉美方面的需要，同时又使他们感到置身于外表整洁、端庄、大方的服务人员中，自己的身份地位得到相应的承认，这样游客求尊重的心理也能得到满足。

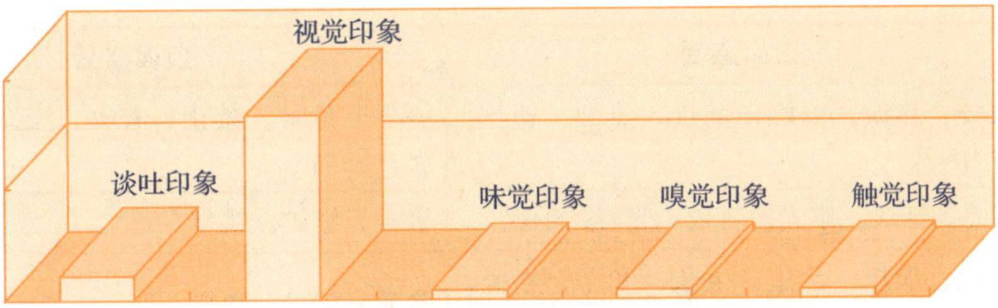

图 2－7　人的印象中各种刺激所占的百分比

三、仪表礼仪的要素

服务人员在日常工作中，一定要重视自己的仪表礼仪，做到着装规范、得体，在客户面前展示出良好的职业风范，这也是服务人员职业素养的具体表现。

（一）仪表礼仪的岗位要求

服装具有重要的自我表达功能，客户常常会凭借一个人的服装来判断这个人的身份。作为一名服务人员，我们要规范、细心、注重小节。正确着装、规范着装，就是在用无声的语言告诉客户"我很认真，我愿意全力以赴做好服务工作"，这样的服务人员，才会让客户觉得"值得信赖"。

微课视频

仪表礼仪概述

服务人员的服装，一定要符合自己的身份，符合岗位的要求。服装具有美学功能、表达功能和标志功能。服务人员的服装可以反映出服务人员是否正处于一种“职业状态”，是服务人员所在团体和个人身份的标志。

（二）仪表礼仪的色彩要素

有学者曾通过实验证明：当一个人从远处走来，观察者首先注意到的是这个人服装的色彩，然后才是体形轮廓、五官容貌，最后才是衣服的款式、花纹和其他饰物。所以，色彩能够最先吸引他人的注意力，而且比外形、形态更具功效，且有效距离更远。

所有的色彩都具有三个最基本的要素，即色相、明度和彩度。

色相是指色彩的名称。十二个基本色相（按光谱顺序）为：红、橙红、黄橙、黄、黄绿、绿、绿蓝、蓝绿、蓝、蓝紫、紫、红紫。这些都称为“有彩色”，而黑、白、灰称为“无彩色”。

色彩的明度是指色彩的明暗强度。明度高的色彩（比如浅黄色）给人感觉比较明亮，而明度低的色彩（比如深蓝色）给人感觉比较灰暗。

彩度又叫纯度，它是指色彩饱和的程度，或是指色彩的纯净程度。例如，红、暗红和粉红，它们的色相都相同，都属红色，但纯度不一。纯度最高的正红，颜色最鲜艳醒目；纯度低的暗红或粉红，颜色就感觉比较浑浊，同时给人的刺激感也比较小。

不同的色彩，常常会使人产生不同的心理感受，见表 2－2。

表 2－2　不同色彩使人产生的心理感受

色彩	正面感受	负面感受
红色	积极，热诚，温暖，前进，热烈，朝气，活力	警告，危险，禁止，着火，流血，侵略，残忍，骚动
黄色	明亮，活泼，阳光，喜悦，光彩，乐观	警告，嫉妒，挑衅
绿色	清爽，理想，希望，生长，和平，平衡，和谐，诚实，富足，肥沃	贪婪，猜忌，厌恶
橙色	温暖，活泼，热情	警戒，刺眼
紫色	细腻，温存，女性化，神秘，浪漫	不稳定，偏见，傲慢
蓝色	沉稳，理智，准确，秩序，忠诚	忧郁，疏远，压抑，寒冷，无情
褐色	古典，优雅，亲切	无个性，平庸，陈旧
黑色	权威，高贵，稳重，庄严，执着	压抑，忧郁，沉重
灰色	柔和，高雅，科技，沉稳，考究	沉闷，呆板，僵硬
白色	纯洁，无私，善良，信任	寒冷，平淡，严峻

着装配色和谐有以下几种常见方法：

（1）上下装同色。即穿着上下同一颜色的套装，以饰物点缀。同一套服装，也可以利用衬衣的样式与颜色的变化与之相配合，表现出不同的风格。

（2）同色系搭配。利用同色系中深浅、明度不同的颜色搭配（如深蓝与浅蓝搭配、暗红与粉红搭配），整体效果比较协调。

（3）对比色搭配。即以不同明度的颜色（如白与黑）做对比，或以相互排斥的颜色（如红与绿、黄与紫）做对比，运用得当，会有相映生辉、令人耳目一新的亮丽效果。

（4）上装深下装浅的搭配。显得活泼、飘逸，富有青春气息。

（5）上装浅下装深的搭配。显得沉着、稳重、沉静。

（三）仪表礼仪的款式要素

心理学上有一个概念叫“晕轮效应”，也称作“光环效应”，它是指当认知者对一个人的某种特征形成好的或坏的印象后，他还倾向于据此推论此人其他方面的特征。

我们在认识他人时，往往会根据少量的信息将人分为好或坏两种。如果认为某人是“好”的，则赋予其一种好的光环，认为他一切品质都是好的；如果认为某人是“坏”的，就赋予其一种坏的光环，认为这个人所有的品质都很坏。后者是消极品质的晕轮效应，也称“扫帚星效应”。

当我们观察别人时，对对方的认知和判断往往只从局部出发，由局部扩散而得出整体印象，也即常常以偏概全。当服务人员的仪表很“职业化”的时候，客户就容易赋予其很多“专业”的品质；当服务人员的着装过于前卫时，客户就容易把其行为与“出格”“反叛”等负面信息联系起来。服务人员的服装款式，很容易成为客户判断服务品质的最常用的“证据”。因此，穿什么衣服，如何穿这些衣服，就变得非常重要。

1. 服务人员服装款式的场合要求

服务人员的服装款式，应当与场合相适应。在严肃的场合穿庄重的服装，在轻松的场合穿休闲的服装。在不需要穿制服的正式场合中，服务人员的服装款式要求造型简洁、轮廓清晰。男士以西服套装或中山装为基本款式，女士以西服套裙或西服套裤为基本款式，如图 2－8 所示。

图 2－8　服务人员的服装基本款式

知识链接

穿着的"TPO"原则

平时在无重大活动、无特别重要事务、不要求穿制服的工作场合中，服务人员可以穿工作便装。与正装相比，工作便装可以选择一些相对来说比较随意的款式，如夹克衫等，或将正装的西服上衣与套裙或套裤分开来穿。在衣服和鞋的款式上，可以以正装为基础稍做变化，在局部处理上适当表现个人风格。

服务人员在工作场合，即使穿便装，也不要穿得过于紧身或暴露。低胸装、透视装等过于性感的服装，同样不适宜在工作场合穿着。

2. 服务人员服装款式的一般规律

（1）有领比无领更正式；

（2）长袖比短袖更正式；

（3）露少比露多更正式；

（4）简洁比繁复更正式；

（5）合身比宽松或紧绷更正式。

从服装面料上来讲，采用机织面料制成的服装，会比采用针织面料制成的服装更为正式。机织面料的优点是结实、挺括，适宜制作正装；针织面料具有较好的弹性，容易变形，穿在身上更为舒适，适宜制作休闲装。

3. 女服务人员的服装款式要求

女士的服装款式比较丰富，应当尽量挑选那些最能体现自己身材优点的款式，避免穿那些突显自己身材缺点的款式。根据三围、肩宽、腰宽和臀宽的不同，可将女士的体形分为 5 种，不同的体形对于服装款式的要求也不同，见表 2-3。

表 2-3 不同体形的女士对服装款式的要求

体形	体形特征	服装款式要求
直筒形	三围差距不大，身体瘦且显长；肩、腰、臀的宽度基本相等	可以穿加宽肩膀、加宽臀部的款式，使腰部显细，增加身材的曲线感
		忌穿过于紧身或贴身的服装款式，否则会显得身材过于平直
		要选择有腰线设计的上衣或衬衫，并将上衣或衬衫放在裙子或裤子之外，这样可以美化平直的腰部线条
葫芦形	臀围比胸围大，臀宽比肩宽大，腰部较细	上衣应当选择有引人注目的细节的款式，如特别设计的领型、色彩对比强烈的衬衫搭配外套，还可以使用独特的项链或胸针以强化醒目的效果
		下装宜选择悬垂性较好的面料，颜色上应当上装浅下装深，这样可使下身显瘦
		忌穿让肩膀显窄的袖型，如蝙蝠袖等。下装的臀部附近忌有复杂的设计。如果腰围和臀围相比很小，则不要使用太宽太紧的皮带，以免使臀部看起来过大

续表

体形	体形特征	服装款式要求
倒三角形	肩膀宽且厚实，臀窄、臀围小，臀部总体较扁平	可以穿比较宽的裙型（如A字裙），以及有醒目的条纹、格子、印花图案的裤子或裙子，这样可以取得上下平衡的良好效果
		配色上可以采用上装颜色深、下装颜色浅的搭配方法
		忌穿所有加宽肩膀的款式，如大垫肩、大荷叶领、一字领、泡泡袖等
椭圆形	三围差距不大，腰部不太明显，胸部、腰部、臀部线条都很圆润	适合穿着有弧形线条设计的服装，如圆领、荷叶领、鱼尾裙等，与椭圆形的整体轮廓相呼应。但不可以全身都是圆形线条，也不可以全身都是刚硬的直线条
		下装腰部设计不可太复杂，穿较长的上衣可以掩饰腰部的宽度。大格子、大花、太复杂的图案都应当避免
		应选择质地柔软挺括、薄厚适度的服装面料。过厚会产生沉重感，过薄容易贴身，也会显胖
X形	肩宽、腰细、臀宽；胸围和臀围基本相等，腰围小	这种体形看上去很完美，应当选择能够展示身材曲线的款式。合身裁剪最为适合
		过于宽松、过于紧身、过于刚硬的款式都不适合

（四）把制服穿出职业风采

制服，是同一团体内的人们所穿着的统一样式的服装。制服可以用来区分从事不同职业的人，如军人、警察、医生、护士、厨师或旅游业服务人员的制服能够很清楚地表明其职业。制服也可以用来区分同一团体内部不同级别的人，例如餐厅经理和餐厅服务员的制服颜色不同，从而可以辨别出穿深色制服的是餐厅经理，穿浅色制服的是餐厅服务员。

制服是服务人员形象的重要组成部分，制服应当合身、整洁，穿着制服时应符合礼仪规范，这样才能把制服穿出职业风采。

1. 制服应当合身

制服的款式、颜色是统一规定的，不能随意更改。要将制服穿得“有模有样”，展示出制服原本的设计意图，就必须穿着尺寸合身的制服。“合身”是指制服穿在身上，肥瘦、长短都非常合适。

试穿制服的方法：将全部的扣子都扣上，看看肩膀等处的线条是否流畅，领围大小是否合适；将手臂抬起、放下，弯曲臂肘，看会不会出现紧绷的感觉，做一个伸展动作，感觉是否有某处太紧或太松的情况；坐下来，感觉一下裤装的臀部是否舒适，看看裙子的长短是否得体；慢慢蹲下身，看看是否有过于紧绷的地方；来回走走，请同事看看袖长、裤长是否太长或太短。

2. 男士制服着装礼仪

男士制服常见的款式类型有西服款式和华服（中华民族服装）款式，穿着时应符合

微课视频

男士制服礼仪

各自的礼仪规范。

（1）西服款式。

很多男士制服都以西服套装为基本款式，因此，服务人员应当掌握西服套装的着装礼仪。

西服套装可分为两件套和三件套。按西服上衣的纽扣数量划分，可分为单排扣和双排扣两类（酒店制服以单排扣为多）。单排扣西服又可分为一粒扣、两粒扣和三粒扣三种。双排扣的西服上衣，常见的有两粒扣、四粒扣、六粒扣三种。

双排扣西服，所有扣子都要扣好。单排扣西服：两粒扣西服的扣子，传统的方法是只系上面一粒扣，下面那粒通常不系上；三粒扣西服的扣子，正式场合可以系上面两粒扣子，只系中间一粒也可以，但最下面那粒扣子通常不系上，如图 2－9 所示。单位有统一规定时，应按照单位规定系好扣子。坐下时，解开所有扣子。

图 2－9　西服纽扣的系法

穿西服套装必须穿皮鞋。在正式场合穿的皮鞋，以没有任何装饰的系带皮鞋（见图 2－10）最为合适。搭配正装的皮鞋颜色以黑色、深咖啡或深棕色较为合适。便鞋、布鞋和旅游鞋不能用来搭配正装西服。磨砂皮鞋、翻毛皮鞋、厚底皮鞋或高帮皮鞋也不可以搭配西服套装。

图 2－10　搭配西服的皮鞋

搭配西服的袜子应当与西裤颜色尽量一致，最好为吸汗透气的棉质袜子，袜筒要足够长，保证站、坐、走的时候小腿皮肤不会露出。白色袜子可以搭配白色皮鞋和白色西裤，不能搭配深色西裤和深色皮鞋。

西裤的腰带要松紧适宜。不要在腰带上挂钥匙、手机等。腰带宽度通常为 3 厘米。腰带在系好后，尾端应该介于第一和第二个裤袢之间，不要太短也不要太长，腰带扣与西裤门襟拉链在一条纵向直线上。

西服的衣领不要过高，一般在站直时，衬衫领口以外露 2 厘米左右为佳。西服上衣的袖子不要过长，在手臂向前伸直时，衬衫袖子露出 2 ～ 4 厘米为佳（手臂垂下时，露出 1 ～ 2 厘米衬衫的袖子）。裤子的长度从后面看应该刚好到鞋跟和鞋帮的接缝处。如果想让腿看起来更修长，那么裤筒的长度也可以延伸到鞋后跟的 1/2 处，如图 2－11 所示。

图 2－11　西裤长度

在正式场合中，应将西服套装穿好，不能当众随便地脱下西服上衣，也不能把衣袖挽上去或是卷起西裤的裤筒。为使西服在外观上不走样，西服上衣、背心和裤子的口袋都要少装甚至不装东西。不要把两手随意插在西服衣袋和裤袋里，否则有失风度。

与西服搭配穿着的衬衫，尺码要合适。衬衫领围大小要合适，宽松度以能插入 2 指为宜，领口要干净、平整、不起皱。衬衫的袖围、胸围要松紧适度，下摆不能过短。打领带时，衬衫的所有纽扣（包括袖口的扣子）都要系好。不打领带时，衬衫领口的扣子一定要解开。穿长袖衬衫时，要把下摆均匀地放到裤腰里面，否则，会给人一种不伦不类、很不正式的感觉。

在正式工作场合穿西服套装时必须打领带。打领带时，要把领带结打得端正、挺括，外观上呈倒三角形。领带打好之后，外侧应略长于内侧。站直的时候，领带尖正好落在腰带扣范围内，是最适宜的长度。穿西服上衣系好衣扣后，领带应放于西服上衣与衬衫之

知识链接

男士着西装
“三个三”原则

间。穿西服背心时，领带应放于西服背心与衬衫之间。只穿衬衫打领带仅限室内，而且正式场合不允许。

（2）华服款式。

具有中国元素，诸如立领、盘扣、中国各流派传统刺绣等的服装，以及具有中国历史上各朝代、各民族特点的服装，统称“华服”。华服款式的制服体现出中国特色，具有浓郁的民族风情，如图 2－12 所示。

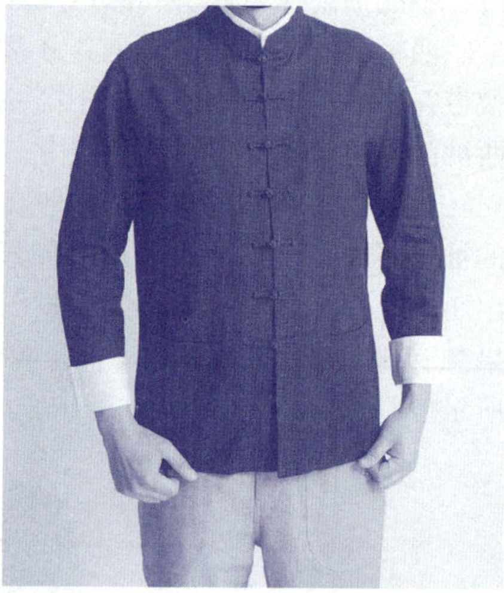

图 2－12 男士华服款式

男士穿着华服时，应注意：

1）衣服上的所有扣子都要扣好。

2）领口上的挂钩要钩好。

3）袖长、裤长要合适，不可随意挽起衣袖或裤筒。

4）保持衣服干净整洁。

5）各民族服饰，应按民族礼仪习俗穿着佩戴。

3. 女士制服着装礼仪

女士制服最常见的两类款式为职业套装（包括西服套装）和华服（款式为旗袍），穿着时应符合各自的礼仪规范。

微课视频

女士制服礼仪

（1）职业套装。

女士职业套装款式的制服，最常见的是西服套装。女士的西服套装款式又可分为套裙和套裤两类，依照欧洲传统习惯，套裙比套裤更为正式。

西服套裙中的上衣是平整、贴身裁剪的女式西装，下面搭配的是西服裙，俗称“一步裙”。女士制服的款式，在领型、袖口等细节之处与男士制服有很大的不同，有时不一定采用西服领，但肩部的线条干练，胸部、腰部、臀部贴近人体曲线，这些特点使得职业套裙与传统的西服套裙一样具有很强的职业感。

套裙应当认真穿好。要穿得端正，衣扣要扣好，正式场合不可以随便解开扣子，更不可以在公众场合随便脱下上衣。即使里面穿着正式的衬衣，脱外衣时也要避人。当着别人的面脱下衣服或解开原本束在一起的头发，都是不雅举止，有轻浮之嫌。

职业套裙中的裙子最适宜的长度：裙短不雅——最好不短于膝盖以上 3 厘米，裙长无神——不长于膝盖以下 5 厘米。穿套裙时要把裙子里的衬裙拉平。

服务人员在正式工作场合不能光腿，必须穿与套裙相配的丝袜。不可以把健美裤、九分裤当成袜子来穿。搭配套裙时，应当选择弹力好的长筒丝袜。

与职业套裙相配的鞋最好是传统式样的船鞋，鞋的颜色与式样要与套装相互搭配（黑色牛皮鞋为首选），如图 2－13 所示。

图 2-13 与职业套裙相配的鞋

女士的职业套装可以搭配丝巾，丝巾平结的打法如图 2-14 所示。

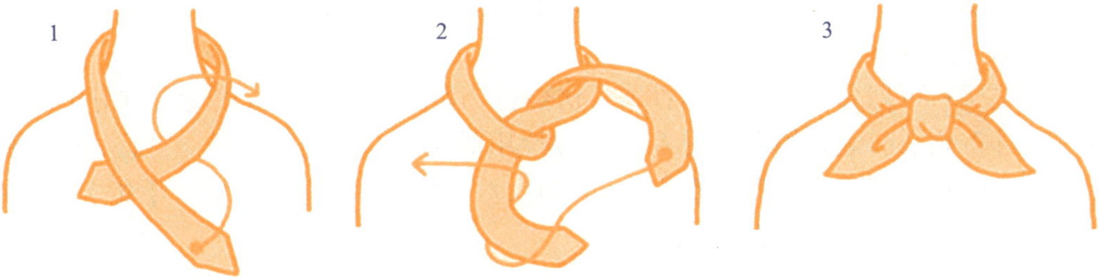

图 2-14 丝巾平结的打法

（2）华服款式。

女士华服款式风格的制服式样众多，如图 2-15 所示，最常见的是旗袍。

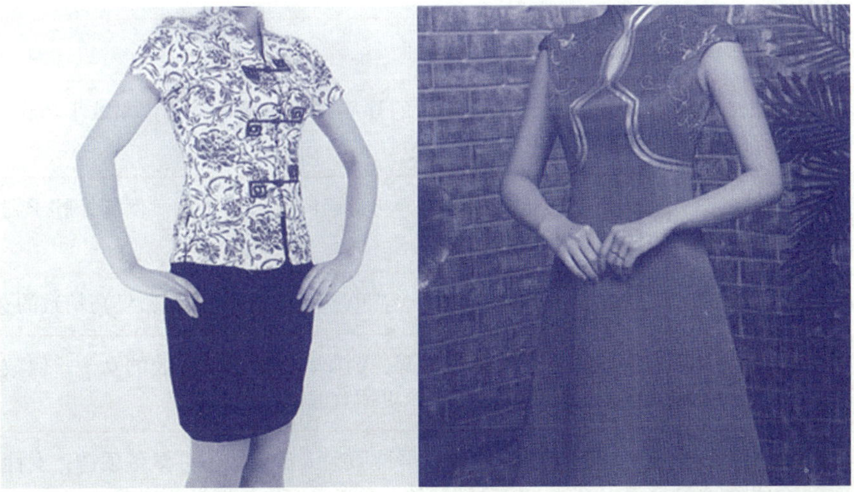
图 2-15 女士华服款式

旗袍是中国女装的典型代表，被称作“Chinese dress”，女士穿着旗袍时要注意：

1）旗袍要合身，任何一处过于紧绷或过于宽松，都会使美感大打折扣，自己穿上也会感觉很不舒服。

2）穿着之前要检查所有纽扣，如有缝线松动的纽扣，在穿之前一定要加固，保证在穿着时纽扣不会脱落。

微课视频

配饰礼仪

3）扣好所有的纽扣。

4）所搭配的丝袜最好是连裤袜，以免开衩处露出袜口。鞋的款式也要与旗袍风格相配。

5）注意保持良好的仪态。

（五）配饰体现修养

饰品，是指能够起到装饰点缀作用的物件，主要包括服装配件（如鞋、帽子、领带、手套、包、腰带等）和首饰（如戒指、胸花、项链、耳环等）两类。得体的配饰能够提高服装的整体造型水平，为服装增光添彩。合理选择配饰，能够反映出服务人员的审美品位。

1. 服务人员佩戴首饰的礼仪

首饰按材料可划分为：贵金属首饰、仿金首饰和珠宝首饰；按用途可划分为：摆件首饰、挂件首饰、时装首饰和婚礼首饰；按使用对象可划分为：男性（男装）首饰和女性（女装）首饰。常见的首饰类别有发饰、耳饰、颈饰、胸饰、腰饰、手饰、足饰等。服务人员佩戴首饰的礼仪见表 2－4。

表 2－4 服务人员佩戴首饰的礼仪

首饰类型	佩戴礼仪
发饰	应当简洁、实用，色彩不宜过于鲜艳花哨，材质不宜过于贵重
耳饰	应选择与自己气质、脸型、发型、着装等协调搭配的耳饰，以获得良好的装饰效果
	男士在服务岗位上不宜佩戴任何耳饰
	女士在服务岗位上不宜佩戴任何大的耳环或长的耳坠，只宜佩戴小巧含蓄的耳钉。耳钉的色彩应与制服的色彩搭配协调
颈饰	项链的款式应与自己的年龄相协调，与自己的体形相协调。例如，脖子细长的女士应该佩戴较短的项链
	项链的材质应与服装相协调。例如，穿职业套裙时，应该佩戴纤巧精致的金属项链
	项链的色彩也要与肤色及服装相协调。例如，穿暖色调服装的女士，佩戴金色的项链更为美观；穿冷色调服装的女士，更适宜佩戴银色的项链
	除有特殊规定外，在工作岗位上，男性服务人员一般不宜佩戴项链；女性服务人员可以佩戴项链，但其款式应简洁精致，色彩要与工作服装相协调

续表

首饰类型	佩戴礼仪
胸饰与腰饰	胸针（胸花）常佩戴于服装衣领上或外衣左侧胸前
	若单位要求佩戴本单位的徽章、姓名牌等上岗，则不宜同时再佩戴其他装饰性胸针
	在工作岗位上时，只能佩戴单位统一样式的领带夹。一般来讲，对于五粒扣的衬衫，将领带夹夹在第三粒与第四粒纽扣之间；对于六粒扣的衬衫，将领带夹夹在第四粒与第五粒纽扣之间；系上西装上衣的第一粒纽扣后尽量不要露出领带夹
	服务人员穿着制服时，必须按规定使用制式腰带
手饰	服务人员工作时间内不宜佩戴手镯或手链
	戒指一般戴在左手上。戴在食指上表示未婚或求婚，戴在中指上表示恋爱中，戴在无名指上表示订婚或已婚，戴在小指上表示单身
足饰	除特殊规定外，服务人员一般不宜佩戴足饰

综上所述，服务人员在选择首饰时，一定要遵循符合身份，以少为佳，同质同色，与服装、季节、场合、环境等相搭配，扬长避短和尊重习俗等原则。例如，选用款式风格一致的、均为银色调的耳钉、项链和戒指，就很容易产生协调美和统一美。

2. 服务人员携带其他物品的礼仪

服务人员携带的其他物品包括胸卡、笔、手表、眼镜、香水、记事本和纸巾等，携带这些物品的礼仪见表 2－5。

表 2－5 服务人员携带有关物品的礼仪

物品类型	携带礼仪
胸卡	服务人员工作时应按照单位的规定佩戴胸卡
	将胸卡佩戴于规定的位置，并保持胸卡干净整洁、完好无缺
笔	服务人员在服务过程中常常会用到书写笔，因此，需要随身携带两支书写流畅的笔。其中一支应为黑色（或蓝黑色）墨水的笔，用于书写正式的文本或手写签名；另外一支应为蓝色笔油的圆珠笔，用于书写一般票据
	要经常检查笔中的墨水（或圆珠笔油）是否充足
手表和眼镜	应当选择走时准确的手表，并经常注意校对时间。不要用手机代替手表读取时间，否则容易造成客户的误解
	工作场合佩戴的手表，造型应简洁大方
	服务人员在室内应佩戴镜片透明无色的眼镜。眼镜框的颜色和式样应与自己的肤色及整体着装风格相配
	在室外强光下可遵照规定佩戴墨镜，但与客户打招呼或谈话时，应当摘掉墨镜
香水	在使用香水时要注意选择清淡雅致的香型
	必须控制香味的浓度。通常，客户在与服务人员相距 0.5 米之内能闻到若有若无的淡淡的香气，这样才是合乎礼仪的
	如果不能准确地把握香水的“度”，则不用为好

续表

物品类型	携带礼仪
记事本和纸巾	随身携带的记事本应轻巧便携、易于使用，适当的时候应及时整理，汇总和处理上面所记载的各类信息
	应随身携带一小包纸巾（或一块手绢），以备急用

思考与练习

一、礼仪实训

以小组为单位，分别进行服饰搭配及领带、丝巾系结训练，然后进行小组互评和老师点评，同学们取长补短，在互评和点评中规范个人仪表。

二、案例分析

1. 维护好个人形象

郑伟是一家大型企业的总经理。有一次，他获悉有一家著名的德国企业的董事长正在本市进行访问，并有寻求合作伙伴的意向。于是他想尽办法，请有关人员为双方牵线搭桥。

让郑总经理欣喜的是，对方也有兴趣同他的企业进行合作，而且希望尽快与他见面。到了双方会面的那一天，郑总经理刻意对自己的形象进行了一番修饰，他根据自己对时尚的理解，上穿夹克衫，下穿牛仔裤，头戴棒球帽，足蹬旅游鞋。无疑，他希望自己能给对方留下精明强干、时尚新潮的印象。

然而事与愿违，郑总经理自我感觉良好的这一身时髦的“行头”，却偏偏坏了他的大事。

问题：郑总经理错在哪里？

2. 接待人员着装风波

外商考察团来某旅游企业考察投资事宜，该企业领导高度重视，亲自挑选了庆典公司的几位漂亮女模特做接待工作，并特别指示她们身着紧身上衣、黑色短皮裙。但考察团上午刚到该企业，还没有座谈，就找借口匆匆走了，工作人员被弄得一头雾水。

问题：该企业领导的“高度重视”错在哪里？

任务三　仪态礼仪

学习目标

知识目标

1. 了解仪态的含义。

2. 掌握服务人员仪态的基本要求。

能力目标

熟练掌握旅游业服务人员的站姿、坐姿、走姿和蹲姿的基本要求，并能够合理运用旅游业服务中的各种手势。

素养目标

确定“得体、有风度”为本任务课程学习的素养教育主题，通过教学实施，引导学生通过仪态礼仪塑造，不断提高职业素养，成为社会主义建设者和接班人。

良好的礼仪风范包括一个人得体的仪表和恰当的行为举止。俗话说：“坐有坐相，站有站相，走有走相。”在社交场合，仪态举止相当重要。对于服务行业来说，仪态不雅观就是对别人的不尊重，所以，不可忽视任何细枝末节。

素养专栏

职业素养与职业行为习惯

职业素养的核心内容包括三大方面：职业信念、职业知识技能和职业行为习惯。在职场上要让正确的职业信念、良好的职业知识技能发挥作用，需要不断地学习、改变，再通过反复练习，直到最后成为职业行为习惯。当代大学生一定要努力学习、不断改变，并最终形成良好的职业行为习惯，去迎接未来的挑战。

一、仪态的含义

微课视频

仪态概述

仪态，是指人的身体姿态和风度。姿态是身体所表现的样子，风度则是内在气质的外在表现。人的内在气质包括道德品质、学识修养、社会阅历、专业素质、个人情趣与爱好等。旅游业服务人员的仪态主要包括站姿、坐姿、走姿、蹲姿及手势等。

人的举手、投足、弯腰等行为举止自成体系，有一定的规律性，并具有传情达意的功能。人们可以通过自己的仪态向他人传递个人的学识与修养，并能够通过其交流思想、表达感情。在旅游业服务中，仪态举止相当重要，服务人员在客户前的一举一动，不仅关系到个人形象，而且直接影响到服务质量和旅游业形象。所以，旅游业服务人员在任何场合都应注重仪态美。

二、服务人员仪态的基本要求

不同的仪态传递不同的信息，显示人们不同的精神状态和文化教养。不同国家、不同民族以及不同的社会历史背景，对不同阶层、不同特殊群体的仪态都有不同标准或要求。旅游业服务人员仪态的基本要求如下。

（一）站姿

站姿是生活中最基本的造型动作。可以说，站姿是一个人所有姿态的根本，如果站姿不标准，其他姿势便谈不上优美。

1. 站姿的规范要求

基本站姿的规范要求如图 2－16 所示。

- 头正。两眼平视前方，嘴微闭，收颌梗颈，表情自然，稍带微笑。
- 肩平。两肩平正，微微放松，稍向后下沉。
- 臂垂。男士可两臂自然下垂，中指对准裤缝；女士可两臂自然下垂，双手相握置于腹前。
- 躯挺。胸部挺起，腹部往里收，腰部正直，臀部向内向上收紧。
- 腿并。两腿立直，贴紧，膝盖放松，脚呈 V 字形，脚跟靠拢，两脚夹角成 45 ～ 60 度。

图 2－16　基本站姿的规范要求

正确的站姿能够帮助呼吸和改善血液循环，减轻身体疲劳。尤其是服务业员工基本都是站立服务，更应注意站姿。

2. 站姿步位

（1）V 字步：又称“八字步”。双脚呈 V 字形，即膝和脚后跟并拢，脚尖分开的距离约为两拳，如图 2－17 所示。

（2）丁字步：双脚呈丁字形站立，分左、右丁字步。即在 V 字步的基础上，将一只脚放在另一只脚的二分之一处，两脚之间的夹角为 45 ～ 60 度，如图 2－17 所示。

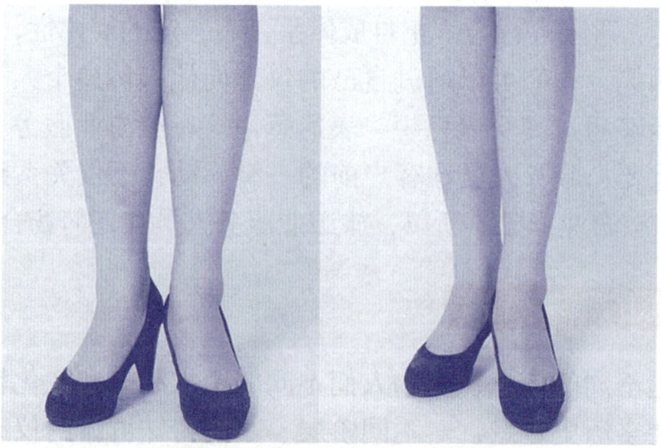

图 2－17　V 字步与丁字步

（3）平行步：男子站立时，双脚可并拢，也可分开、脚尖平行。双脚分开时要以不超过肩宽为宜。

（4）前屈膝式：女士在站立时可把重心放在一脚上，另一脚超过前脚斜立而略弯曲。

3. 站姿手位

（1）双臂侧放式。两脚跟靠拢，脚尖分开，两腿两膝并拢挺直，双臂自然下垂，虎口向前，手指自然弯曲。

（2）腹前握指式。在基本站姿的基础上，脚尖分开或呈丁字步，双手虎口相交或轻握叠放于衣扣垂直线上的腰际或脐下三指处，如图 2－18 所示。男士也可以双脚分开、脚尖平行站立。

图 2－18 腹前握指式站姿手位

（3）背后握指式。在基本站姿的基础上，脚尖分开或呈丁字步，两臂后摆，两手在身后相握，右手握住左手手指部位，左手上右手下，置于髋骨处，两臂肘关节自然内收。男士也可以双脚分开、脚尖平行站立。

（4）其他形式。站姿手位也可以是一手放于体前、一手背在体后等其他形式。

特别提醒

女性的站姿要有女性的特点，要表现出女性的温顺、娇巧、纤细、轻盈、娴静、典雅之姿，给人一种“静”的优美感。

男性的站姿要有男性的气质，要表现出男性的刚健、强壮、粗犷、英武、威风之貌，给人一种“劲”的壮美感。

4. 站姿禁忌

对服务行业尤其是旅游业来说，站立时最忌讳的是：

（1）东倒西歪。工作时东倒西歪或者懒洋洋地倚靠在墙上或椅子上，站没站相，很不雅观。

（2）耸肩勾背。耸肩勾背会破坏自己和旅游业的形象。

（3）双手乱放。将手插在裤袋里，随随便便，悠闲散漫，这是不允许的；双手交叉在胸前，这种姿势容易使客户有受压迫之感，倘若能将手臂放下，两手相握在身前，立刻就能让对方感觉轻松舒适多了；双手抱于脑后、双肘支于某处、双手托住下巴、手持私人物品皆不可。

（4）脚位不当。人字步、蹬踏式、双腿大叉都是不允许的。

（5）做小动作。下意识地做小动作，如玩弄衣服和头发、咬手指甲等，这样不但显得拘谨，还会给人缺乏自信的感觉。

（二）坐姿

所谓坐有坐相，是指坐姿要端正。优美的坐姿让人觉得安详舒适，不能一副懒洋洋的模样。

1. 坐姿的规范要求

微课视频

坐姿

现代社会对于坐姿没有太多的讲究，但是坐正是非常必要的。正确的坐姿从医学的角度来讲，有利于健康；从交际的角度来讲，有利于维护个人的形象；从礼仪的角度来讲，则是尊重别人的表现。坐姿应给人以端庄、文雅、稳重之感。具体来说，规范的坐姿要满足以下几个方面的要求：

（1）入座时左进左出。要注意入座的礼节，一定要请受尊重的人先入座，比如领导、长者、客户，然后自己再坐下。在正式场合一般从椅子左边入座，离座时也要从椅子左边离开，这是“以右为尊”的一种具体体现，而且也容易就座。入座时，背向座位，双腿并拢，右脚后退半步，使腿肚贴在座位边，轻稳和缓地坐下，然后将右脚与左脚并齐，身体挺直。起座时，右脚向后收半步，用力蹬地，起身站立，右脚再收回与左脚靠拢。入座与起座都应舒缓、自然大方，动作不可迅猛。

（2）坐椅面的 2/3。为了体现对客户的尊重，一般不能坐满整个椅面，应该只坐椅面的 2/3。坐 1/3 会给人局促紧张的感觉，坐满又显傲慢失礼。如果把身子靠在椅背上，会让人感觉精神不振，而坐椅面的 2/3 时会因脊背直立而显得很有精神。

（3）注意坐姿手位：

1）放在大腿上。正面与人交谈时，双手可各自放在一条大腿上，也可以双手叠放或双手相握。侧身与人交谈时，宜将双手置于自己所侧一方的那条大腿上，双手叠放或双手相握。

2）放在皮包、文件上。当穿短裙的女士面对男士而坐，而身前没有屏障时，为避免“走光”，一般可将自己随身携带的皮包或文件放在并拢的大腿上，将双手或扶或叠或相握后置于皮包或文件上。

3）放在身前桌子上。双手平扶在桌子边沿上或双手相握，叠放于桌上。

4）放在身旁的扶手上。正身而坐时，宜将双手扶在两侧扶手上；侧身而坐时，则应将双手叠放或相握后，置于一侧的扶手上。

（4）不能有太多的小动作。坐着的时候不能有太多的小动作，特别是抖腿，这是烦躁不安的表现。如果与人交谈时抖腿，会使看到的人感到心烦意乱，产生莫名其妙的不安，也会使交谈对象认为这是逐客令。另外，坐着的时候不能频繁地更换坐姿，而且更换坐姿的幅度不能过大，也不要为了更换坐姿而使谈话停顿下来，应该讲话时若无其事地调整腿脚位置，并且要控制住上身，仅用腿部力量来完成。

素养专栏

请在意你的言行举止

与人交流时，你的言行举止很重要。因为通过你的言行举止，可以看出你的素养。在言谈方面，要讲求避讳，多为对方着想；不能打断他人的谈话或抢接别人的话；不要随便解释某种现象，轻率地下断言，借以表现自己是内行；避免谈及对方的短处和生理上的缺陷；入乡随俗；使用敬语；声音大小适宜。

谈话的姿势往往反映出一个人的修养和文明素质。交谈时，要互相正视、互相倾听，不能东张西望，要站有站相、坐有坐相，要检点自己的仪态。否则，会给人心不在焉、傲慢无理等不礼貌的印象。“大学生”是一个很体面的称呼，我们不应该是一个让人感觉没有修养和文明素质的人，我们更应该是一个受到这个社会和身边人赞赏的人。

（5）其他应该满足的要求：

1）坐立时，头正、颈直，双目平视前方，或注视对方，嘴微闭，面带微笑。

2）身体自然坐直，挺胸收腹，使背部与臀部成一直角。

3）双肩放松下沉，双臂自然弯曲内收，双手放在腹前双腿上或座位扶手上。

4）双膝自然并拢，双腿正放或侧放，双脚并拢或交叠或呈小 V 字、小丁字步（左前右后）。男士两膝间可分开一拳左右的距离，但不可打开过大。

5）入座和离座需挪动椅子时，要用双手搬起，动作要轻巧，不能拖拉椅子发出较大的响声，如果不小心发出较大响声，要向其他人表示歉意。

6）在与人交谈时，为表示重视，不仅应面向对方，而且要把整个上身朝向对方，而不仅仅是把头扭向对方。

2. 女士的坐姿要求

（1）标准式。身体重心垂直向下，上身挺直，两肩平正，双腿并拢，大腿和小腿成 90 度角，两臂自然弯曲，两手交叉叠放在双腿上（中间、偏左腿或是偏右腿），并靠近小腹，如图 2－19 所示。

特别提醒

如果穿的是裙装，坐下时要顺便整理衣裙，不能等坐下以后再整理。如果有裙角压在身下，要不动声色地略微欠身整理一下，上半身仍要保持相对稳定。

（2）侧点式。两小腿向左斜出，两膝并拢，右脚跟靠拢左脚内侧，右脚掌着地，左脚尖着地。注意大腿和小腿要成90度，小腿要充分伸直，尽量显示小腿长度，如图2-20所示。若左边有人，应将膝部而不是脚部朝向他人。此时，可采用两小腿向右斜出的动作。

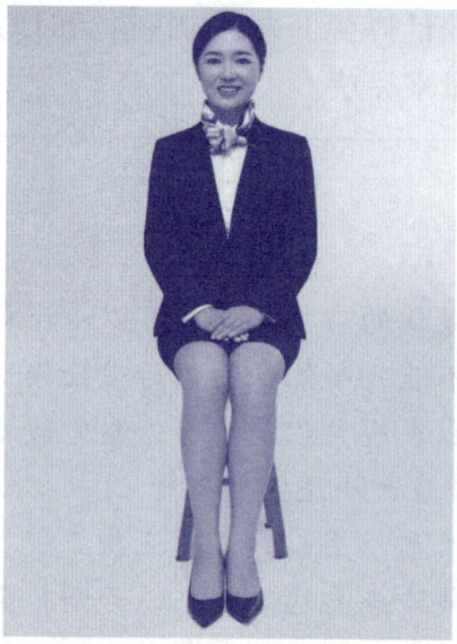

图2-19　女士标准式坐姿

图2-20　女士侧点式坐姿

（3）侧挂式。在侧点式的基础上，左小腿后屈，脚绷直，脚掌内侧着地，右脚提起，用脚面贴住左踝，膝和小腿并拢，如图2-21所示。

（4）前后式。身体的重心垂直向下，双膝并拢，一只脚前伸，另一只脚后屈，双手虎口相交轻握放在腿上，如图2-22所示。更换脚位时，挺胸直腰，面带微笑。

图2-21　女士侧挂式坐姿

图2-22　女士前后式坐姿

（5）交叉式。身体的重心垂直向下，双腿并拢，大腿和小腿成 90 度角，双脚在脚踝处交叉，双手虎口相交轻握放在腿上，挺胸直腰，面带微笑。常见的交叉式有前交叉式和侧交叉式，如图 2 - 23 所示。

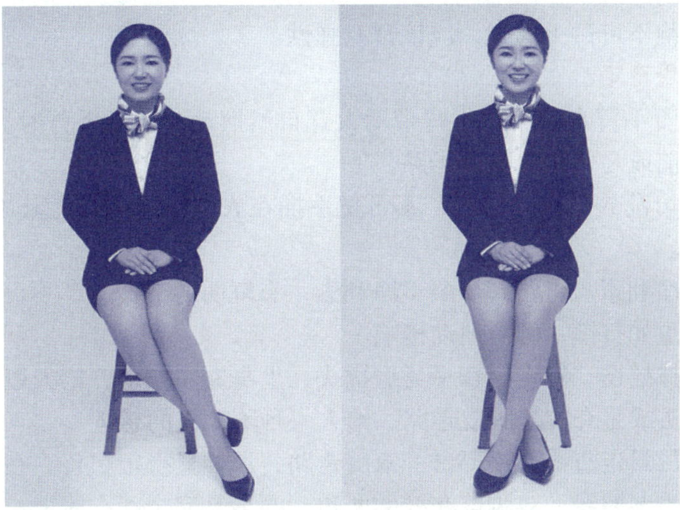

图 2 - 23 女士交叉式坐姿

男士的坐姿主要有标准式、前伸式、交叉式、前后式、重叠式等几种。具体的要求与女士的坐姿要求类似。

3. 坐姿禁忌

（1）猛坐猛起。

（2）弯腰驼背，前俯后仰。

（3）与人谈话时，用手支着下巴。

（4）女士双膝分开，男士双膝分开过大。

（5）摇腿、抖脚。腿部上下抖动或左右摇晃是非常不礼貌的。

（6）把脚尖指向他人。无论采用哪种坐姿，都应该将膝盖朝向对方，尽量避免把脚尖指向他人。

（三）走姿

1. 走姿的规范要求

（1）头正肩平，挺直收腹。双目平视，微收下颌，面容平和，不左顾右盼，不回头张望。双肩平稳，双臂自然摆动，前摆约 35 度，后摆约 15 度，掌心向内。上身挺直，挺胸收腹，腰背笔直。

微课视频

走姿

（2）保持良好的步位。女士常见的走姿是“一字步”，动作要领是行走时两脚内侧在一条直线上，两膝内侧相碰，收腰提臀，肩外展，头正颈直，微收下颌；男士常见的走姿是“平行步”，其要领是双脚各自踏出一条直线，使之平行，步伐快而不乱，与女士同行时，男士步子应与女士保持一致。

（3）保持一定的步速。女士的步幅一般在 25 厘米左右，步频约每分钟 90 步（可根据所穿鞋的鞋跟高度来适当调整）；男士的步幅一般在 30 厘米左右，步频约每分钟 100 步。

（4）注意步韵。身子稍向前倾，重心落在前脚掌，膝盖伸直。跨出的步子应是全脚掌着地，膝和脚腕不可过于僵直，应该富有弹性。

2. 走姿的注意事项

（1）不能夹着手臂走动。用小臂带动大臂自然摆动，摆动手臂时，肩膀不要摇晃。不能把手抱在胸前或是倒背着双手走路。

（2）双手不可乱放。在工作时，不可把手插在衣服口袋里，尤其不可插在裤袋里，也不要叉腰走路。

（3）脚步干净利索。走路脚步要干净利索，有鲜明的节奏感，不可拖泥带水，抬不起脚来，也不可重如打锤，砸得地动楼响。

（4）切忌身体摇摆。行走时切忌晃肩摇头、上身左右摆动，给人以庸俗、轻浮的印象；也不能低着头或是耷拉着眼皮走路，给人一种不积极的感觉。

（5）女性要尽量走直线。不要岔开双腿走路，那样显得很粗鲁。在家练习时，可以以地板的接缝作为参照线，双脚落在线的两边，并不是完全踩在线上，而是用脚的内侧贴近直线即可，速度要均匀，不能走得过快。

（6）要视场地而调整脚步的轻重缓急。无论遇到多么紧急的事情，也不能体现在脚步的重量上，可以用加快步伐频率的方法提速。

3. 行走的礼仪要求

（1）以右为尊，以前为尊。如果是两个人一起行走，行走的规则是以右为尊、以前为尊。比如和客户或上司一同行走时，就应该站在他们的左侧，以示尊重。如果是一位男士和一位女士同行，那么就应该遵照男左女右的原则。

（2）以中间为尊。如果三人同行，都是男性或都是女性，那么以中间的位置为尊，右边次之，然后是左边；如果是一位男士和两位女士同行，那么男士应该在最左边的位置；如果是一位女士和两位男士同行，则女士在中间。很多人一起行走时，以前为尊，按照此原则向后排序。

（3）以里侧为尊。如果在室外行走，应该请受尊重的人走在马路的里侧。在道路上行走，不能三人以上并排，这样会妨碍其他的行人和车辆通行，同时也是不安全的做法。

（4）女士优先。到达电梯口、车门口或房门口时，男士应该快走两步为女士服务；在不太平坦的道路或是下比较高的台阶时，男士也应该适当帮助女士。“女士优先”是国际通行的礼仪规则，同时也是绅士行为的体现。

微课视频

蹲姿

（5）靠右侧行走。当一个人行走时，要靠右侧，将左侧留给急行的人，乘坐自动扶梯时也是这样。

（四）蹲姿

旅游业员工在拿取低处的物品或拾起掉落在地上的东西时，不要弯上身、翘臀部，要使用蹲和屈膝动作。具体做法是脚稍分开，站在所取物品的旁边，屈膝去拿，不要低头，也不要弓背，要慢慢地把腰部低下。

1. 女士的蹲姿

下蹲拾物时，应自然、得体、大方。一脚在前，一脚稍后，两腿务必靠紧。可以采用高低式蹲姿，也可以采用交叉式蹲姿，如图 2－24 所示。

图 2－24　女士蹲姿

（1）高低式蹲姿。以左脚在前为例，下蹲时左脚在前，右脚稍后，两腿靠紧向下蹲。左脚全脚着地，小腿基本垂直于地面，右脚脚跟提起，脚掌着地。右膝低于左膝，右膝内侧靠于左小腿内侧，形成左膝高右膝低的姿态，臀部向下，基本上以右腿支撑身体。

（2）交叉式蹲姿。以左脚在前为例，下蹲时，左脚在前，右脚在后；左小腿基本垂直于地面，全脚着地；右腿在后与左腿交叉重叠，右膝由后面伸向左侧，右脚跟抬起，脚掌着地；两腿前后靠紧，合力支撑身体；臀部向下，上身稍前倾。

2. 男士的蹲姿

男士基本上采取高低式蹲姿，与女士高低式蹲姿差不多，只是两腿不必要求靠得很紧，如图 2－25 所示。

（五）手势

人们在交流过程中，除使用语言符号外，还使用非语言符号。非语言符号是相对语言符号而言的，包括手势语、体态语、空间语及相貌服饰语等。正确、适当地运用手势，可以增强感情的表达。可以说，手势是旅游业服务工作中必不可少的一种体态语言，服务人员手势的运用应当规范适度，且符合礼仪。

1. 手势的基本规范

五指伸直并拢，掌心向斜上方，腕关节伸直，手与前臂形成直线，以肘关节为轴，肘关节既不要成 90 度直角，也不要完全伸直，手掌与地面基本上形成 45 度，如图 2－26 所示。

图 2－25　男士蹲姿

图 2－26　手势的规范标准

特别提醒

一般认为，掌心向上的手势有一种诚恳、尊重他人的含义；掌心向下的手势意味着不够坦率、缺乏诚意等；伸出手指来指点含有教训人的意味。需要特别注意的是，在任何情况下，都不要用拇指指着自己或用食指指点他人。用食指指点他人是不礼貌的行为，食指只能指物品。谈到自己时应用手掌轻按自己的左胸，这样会显得端庄、大方、可信。

不同的手势，表达不同的含义。在运用手势时还要注意以下几点：

（1）注意区域性差异。在不同国家、不同地区、不同民族，由于文化习俗的不同，手势的含义也有很多差别，甚至同一手势表达的含义也不相同。所以，手势的运用只有合乎规范，才不至于生出是非。

微课视频

引导手势礼仪

（2）手势宜少不宜多。多余的手势，会给人留下装腔作势、缺乏涵养的感觉。

（3）有些手势要避免出现。在交际活动中，有些手势会让人反感，严重影响形象。比如当众搔头皮、掏耳朵、抠鼻子、咬指甲、手指在桌上乱写乱画等。

2. 服务中的常用礼仪手势

（1）横摆式手势。横摆式手势常表示“请进”等。在引导客户时，接待人员要言行并举。首先轻声地对客户说“您请”，然后可采用横摆式手势，五指伸直并拢，掌心向上，肘微弯曲。手臂应从腹部之前抬起，然后以肘关节为轴，轻缓地摆动至身体的右前方或左前方（见图 2－27）。同时，脚站成丁字步，头部和上身微向伸出手的一侧倾斜，另一手下垂或背在背后或放在腹前，目视客户，面带微笑。

特别提醒

“请”的手势是服务工作中经常用到的。做“请”的手势时，要在标准站姿的基础上，将手从体侧提至小腹前，优雅地划向指示方向。这时应五指并拢，掌心向上，大臂与上体的夹角在 30 度左右，手肘的夹角在 90 度到 120 度之间。同时，服务人员要用亲切柔和的目光注视客户，并说“有请”之类的礼貌用语。

（2）曲臂式手势。曲臂式手势常表示“里边请”。当一只手拿着东西或扶着门或由于位置的原因，需要用另一只手向客户做（向左或向右）“请”的手势时，可以采用该种手势。五指伸直并拢，手掌伸直，手臂从身体一侧由下向上抬起，然后以肘关节为轴，由体侧向体前左侧或右侧（视指引方向和客户位置而定）摆去，摆到距身体 5 厘米左右，且不超过躯干的位置时停止。目视客户，面带笑容，也可双手前摆，如图 2－28 所示。

图 2－27 横摆式手势

图 2－28 曲臂式手势

（3）直臂式手势。直臂式手势常表示“请往前走”。在为客户指引方向时，可采用直臂式手势，五指伸直并拢，手心斜向上，屈肘，手臂由腹前抬起，向要行进的方向摆去，摆到肩的高度时停止，肘关节伸直或略微弯曲。在指引方向时，身体要侧向客户，眼睛要兼顾所指方向和客户，直到客户表示已清楚了方向，再把手臂放下，向后退一步，施礼并说“请您走好”等礼貌用语，如图 2－29 所示。

特别提醒

服务人员在做指引手势时，手的高度要大约齐腰，指示物品的时候，手的高度要根据物品来定，小臂、手掌和物品基本呈直线就可以了。无论是指人还是指物，都不能用食指指点。

（4）斜摆式手势。斜摆式手势常表示“请坐”。当请客户入座时，要用双手扶椅背将椅子拉出，然后一只手屈臂由前抬起，再以肘关节为轴，前臂由上向下摆动，使手臂向下成一斜线，表示请客户入座，如图 2－30 所示。当客户在座位前站好后，要用双手将椅子往前放到合适的位置，请客户坐下。

图 2－29 直臂式手势

图 2－30 斜摆式手势

（5）其他手势：

1）鼓掌手势。“鼓掌”古称“拊掌”，今谓“拍手”，是表示高兴的肢体语言，是内心激动、兴奋情绪的外部表现。作为一种礼节，鼓掌应当做得恰到好处。在鼓掌时，最标准的动作是：面带微笑，抬起两臂，抬起左手手掌至胸前，掌心向上，以右手除拇指外的其他四指轻拍左手中部。此时，节奏要平稳，频率要一致，如图 2－31 所示。

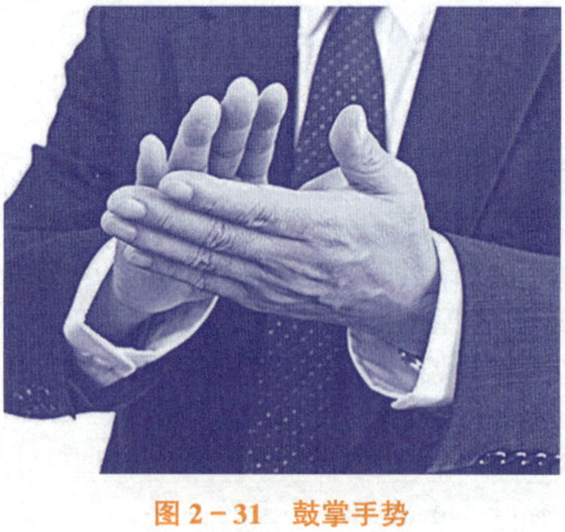

图 2－31 鼓掌手势

特别提醒

鼓掌可以分为三种程度：（1）应酬式的，动作不大，声音也比较轻，时间不长，主要是一种礼貌性的表示；（2）比较激动的、发自内心的，一般动作比较大，声音也很响亮，掌声热烈；（3）比较狂热的，表现出心情难以抑制。

鼓掌要注意时机。服务人员一定要在该鼓掌的时候鼓掌，不该鼓掌的时候一定不要鼓掌。

在鼓掌的时候尽量不要用语言配合，那样是非常没有修养的表现。

2）举手致意手势。举手致意手势一般用来向他人表示问候。举手致意时手臂可全部伸直，也可稍有弯曲。要伸开手掌，掌心向外对着对方，指尖指向上方，手臂不要左右来回摆动，如图 2－32 所示。当看见熟人又无暇分身的时候，举手致意可以立即消除对方的被冷落感。

图 2－32　举手致意

3）道别手势。服务人员在与客户告别的时候需要做出挥手道别的手势。这个时候要求身体站直，目光正视对方。手臂向上前伸，不要伸得太低或过分弯曲。掌心向外，指尖朝上，用单手道别时向左右挥动，用双手道别时两手同时由外侧向内侧挥动，不要上下摇动或举而不动，如图 2－33 所示。

4）递接物品手势。递接物品手势的基本原则是举止要尊重他人。要求用双手递物或接物以示对对方的尊重，如在特定场合下或东西太小不必用双手时，一般要求用右手递接物品。递物或接物时应主动上前，坐着时应站起身，如图 2－34 所示。

特别提醒

递笔、刀、剪之类尖利的物品时，需将尖端朝向自己握在手中，而不要指向对方。如果是晚辈或年轻人向长辈或年长者递送物品，应该用双手递上。接过长辈或年长者递送的物品时，同样要用双手，并说声“谢谢”。如果是招待客户用茶，往往一手握茶杯把儿或扶杯壁，一手托杯底，并说声“请用茶”。若茶水较烫，可将茶杯放到客户面前的茶几上。如果接主人敬上的茶，应站起身伸出双手，说“谢谢”。

图 2-33　道别手势

图 2-34　递接物品

思考与练习

一、礼仪实训

1. 仪态实训

以小组为单位，分别进行站姿、坐姿、行姿和蹲姿的训练，然后进行小组互评和老师点评，同学们互相取长补短，在互评和点评中规范基本仪态。

2. 手势实训

以小组为单位，分别进行横摆式、曲臂式、直臂式、斜摆式手势及鼓掌、举手致意、道别和递接物品手势的训练，然后进行小组互评和老师点评，同学们互相取长补短，在互评和点评中规范服务手势。

二、案例分析

某酒店中餐厅里，一位值台员正在为顾客上菜。此时顾客的筷子掉到了地上，值台员上完菜，弯身帮顾客捡掉到地上的筷子。值台员没有蹲下来，而是直接弯身下去，正好将臀部朝向了顾客。由于值台员穿着套裙，弯身下去捡筷子时内裤被就餐的顾客看到了。有的顾客皱着眉头，有的顾客窃笑，有位顾客还善意提醒她要注意仪态。值台员这时也发现了问题所在，马上站起来，感觉非常尴尬。

问题：这个案例给我们什么启示？

项目三

日常交际礼仪

任务一 见面礼仪

任务二 宴请礼仪

任务三 馈赠礼仪

任务四 电话礼仪

在旅游业的日常交际过程中，旅游从业人员需要掌握的礼仪包括见面礼仪、宴请礼仪和馈赠礼仪等方面。其中，见面礼仪又包括称呼礼仪、名片礼仪、握手礼仪、介绍礼仪等诸多方面。

任务一　见面礼仪

学习目标

知识目标

1. 了解见面礼仪的基本内涵。
2. 掌握见面礼仪的基本礼仪规范。

能力目标

能够在日常交际中熟练地运用见面的基本礼仪规范。

素养目标

确定“礼貌、服务”为本任务课程学习的素养教育主题，通过教学实施，引导学生做文明人、说文明话，把热情、周到、主动服务变成一种本能和习惯，要把服务意识贯穿于商务接待过程的始终。

一、称呼礼仪

人与人打交道时，相互之间免不了要使用一定的称呼。不使用称呼，或者使用称呼不当，都是一种失礼的行为。所谓称呼，通常是指在日常交往应酬中，人们彼此之间所使用的称谓语。在旅游业服务工作中，使用正确、适当的称呼，能够体现对顾客的重视和尊重，同时也体现自身的服务修养和服务品质。

素养专栏

职业精神——语言美

语言美，指语言在具体运用过程中所显示的美，是心灵美在言语上的表现。有内容和形式两方面。前者以伦理美为中心，体现道德原则；后者体现规范美和艺术美。

说话是一门艺术，它是拉近人与人之间距离的桥梁，是联结人心的不可或缺的纽带。当代大学生务必记住：语言美很重要，它直接影响语言交际的效率和人际关系的协调。在职场上，说什么、怎么说，什么话能说、什么话不能说，都应“讲究”。很多时候，有些人吃亏就是因为没能管住自己的嘴巴。

（一）称呼的分类

对顾客的称呼常见的有以下几种类别。

1. 职务性称呼

职务性称呼，即以交往对象的职务相称，以示身份有别、敬意有加，这是一种最常见的称呼。职务性称呼包括以下三种：

（1）称“职务”。比如总经理、董事长等，多用于熟人之间。

（2）称“姓氏 + 职务”。比如张总经理、李董事长等，适用于一般场合。

（3）称“姓名 + 职务”。比如张强总经理、李进董事长等，适用于极为正式的场合。

2. 职称性称呼

对于具有职称者，尤其是具有中、高级职称者，在工作中可直接以其职称相称。在有必要强调对方技术水准的场合，尤其需要这么做。职称性称呼包括以下三种：

（1）称“职称”。比如工程师、教授等，多用于熟人之间。

（2）称“姓氏 + 职称”。比如王工程师、李教授等，适用于一般场合。

（3）称“姓名 + 职称”。比如王海工程师、李红教授等，适用于十分正式的场合。

3. 学衔性称呼

在一些有必要强调科技或知识含量的场合，可以学衔作为称呼，以示对对方学术水平的认可和对知识含量的强调。学衔性称呼包括以下四种：

（1）称“学衔”。例如，博士，它多用于熟人之间。

（2）称“姓氏 + 学衔”。例如，王博士，它常用于一般性交往。

（3）称“姓名 + 学衔”。例如，王刚博士，它适用于较为正式的场合。

（4）称“具体化学衔 + 姓名”。即明确其学衔所属学科，例如，经济学博士王刚、工商管理硕士马长红等。此种称呼显得最为郑重。

4. 行业性称呼

（1）以其职业性称呼相称。在一般情况下，常以交往对象的职业称呼对方。例如，可以称教员为老师，称医生为大夫，称驾驶员为司机，称警察为警官，等等。此类称呼前，一般均可加上姓氏或姓名。

（2）以其约定俗成的称呼相称。例如，对服务行业的从业人员，人们一般习惯称小姐或先生。这类称呼前，也可冠以姓氏或姓名。

5. 性别性称呼

对于从事服务性行业的人，一般约定俗成地按性别的不同分别称呼“女士”或“先生”。

> **知识链接**
>
> 涉外交往中的称呼

6. 姓名性称呼

在工作岗位上称呼姓名，一般只限于同事、熟人之间。

知识链接

正式场合的忌称

在公务交往中，有一些称呼是忌讳使用的。它们的共同之处是：失敬于被称呼者。这类忌称主要有以下五种：

（1）错误的称呼。它们均是称呼者粗心大意、用心不专所致。常见的情况有两种：一是误读，其原因在于不认识被称呼者的姓名，或者念错了对方的姓名。二是误会，一般是指对被称呼者的职务、职称、学衔、辈分、婚否做出了错误的判断。例如，把一名未婚妇女称作夫人。

（2）不适当的称呼。有一些称呼如果在正式场合使用，就是不适当的。此类称呼主要有以下几种：一是替代性的称呼。在正式场合，若以“下一个”“12号”等替代性称呼去称呼他人，就是不适当的。二是跨行业的称呼。学生喜欢互称同学，军人往往互称战友，工人可以互称师傅，等等。但此种称呼一旦被用来称呼界外之人，则通常会给人以不伦不类之感。三是不恰当的简称。某些同事之间使用的非正式的简称，例如，把范局长简称为范局，把沙司长简称为沙司，均不可使用于正式场合。

（3）不通行的称呼。有一些称呼，仅仅适用于某一地区，或者仅仅适用于国内。一旦它超出一定范围，就有可能产生歧义。此类称呼主要有两种：一是仅适用于某地区的称呼。北京人称别人为师傅，山东人习惯于称呼别人为伙计，这类地区称呼在其他地区往往难以被人理解。二是仅仅适用于国内的称呼。一些中国人常用的称呼，例如，同志、爱人等，绝对不宜用于称呼外国人。

（4）庸俗的称呼。在公务交往中，一些庸俗而档次不高的称呼，绝对不宜使用。动辄对他人以朋友、兄弟、死党、哥们儿、姐们儿相称，往往只会贬低自己的身份。应当指出的是，在正式场合，不论对外人还是自己人，最好都不要称兄道弟。要是张口闭口张哥、李姐、王叔，不仅不会使人感到亲切，反而会让别人觉得称呼者的格调不高。

（5）绰号性的称呼。在一般情况下，一名有教养的职员绝对不可擅自以绰号性称呼去称呼别人。不论是自己为别人起的绰号，还是道听途说而来的绰号，都不宜使用。一些对他人具有侮辱性的绰号，则更是被禁止使用的。

（二）称呼的选择

在不同的服务环境，对顾客的称呼也会有不尽相同的选择和要求。

在旅游业，比较通用的称呼是把男性称为“男士”或“先生”，把未婚女性称为“小姐”，把已婚女性称为“女士”。

对一些非常熟悉的顾客，已经明确知道对方的名字和职务，在迎宾时可以称呼泛尊称“先生”或“女士”，而在继续进行后续细致服务时可以根据实际情形改称顾客的姓加职务，比如“王总”，以显示对熟悉顾客的特别服务。

姓氏服务也是旅游业服务中比较常见的，为了给老顾客以熟悉感和亲切感，在为一些熟悉的顾客和 VIP 顾客服务时应使用姓氏服务，这就意味着当已经知道顾客姓“刘”时就不能简单地称呼“先生”，而应亲切友好地称呼“刘先生”。

（三）称呼的使用

在旅游业服务工作中选择称呼既要合乎常规，又要符合顾客需求，不能一概而论，也不能随意使用称呼。在有些环境下，称呼越亲切顾客越满意，有些环境却需要使称呼体现职位和尊重。在服务场合，称呼的使用通常兼顾以下几项规则。

1. 体现尊重

对顾客的尊重是服务行为的主题，偏离了这个主题，再精心设计的服务产品也很难受到顾客的欢迎。所谓尊重，就是在称呼时要考虑顾客当时的心情、同行人员的不同等来决定称呼的不同，而不是简单地用“先生”“女士”这样既不出错也不会令顾客过分喜悦的称呼。服务的用心程度在每个细节都能够体现出来。在服务场合，对重要顾客、不认识和不熟悉的顾客，一般要尊称“您”。

案例

一位经常住店的外国顾客从酒店外面回来，当他走到服务台时，还没有等他开口，问讯员就主动微笑地把钥匙递上，并轻声称呼他的名字。这位顾客大为吃惊，酒店对他留有印象，使他产生一种强烈的亲切感，旧地重游如回家一样。

还有一位顾客在服务台高峰时进店，问讯员突然准确地叫出：“何先生，服务台有您一个电话。”这位顾客又惊又喜，感到自己受到了重视，受到了特殊的待遇，不禁添了份自豪感。

此外，一位 VIP 顾客随带陪同人员来到前台登记。服务人员通过接机人员的暗示，获悉其身份，马上称呼顾客的名字，并递上打印好的登记卡请他签字，使顾客感到自己的地位不同，由于受到尊重而感到格外开心。

2. 考虑实际

在对顾客使用称呼时应尽量考虑顾客和当地的实际情况，而不能为了体现与众不同就使用与当地文化格格不入的称呼。在我国，人们习惯称呼职务、职称、军衔，并与其姓连在一起，如王局长、高总经理、李教授等。而英美国家不习惯把官衔、职务、职业与姓名连在一起，想要强调对方的身份，一般只称“部长先生”“总经理先生”等，其前面不加姓。

3. 体现平等

在称呼顾客时要考虑平等原则，既要亲切热情又要不卑不亢。让顾客感觉舒服的服务一定是建立在自重与尊重他人的基础上的。

4. 保持距离

无论是多么熟悉的顾客，也不管服务对象与自己有怎样的渊源，在工作场合都应保持应有的距离。每次服务行为不止被一个服务对象关注，如果对待一般顾客都是称呼“先生”或“女士”，那么当一声亲切的“姐”对某个顾客喊出后，可能对其他的顾客就是一种伤害。所以，在服务场合应采用一致的称呼来对待大多数服务对象。在工作场合对服务对象应该一视同仁，并且掌握距离，不能自认为与某些顾客十分熟悉，就使用“哥”“姐”类的称呼。

5. 考虑场合

在服务中，使用称呼是讲究场合的，根据场合的不同恰当地使用称呼，有助于服务顺利进行，并且能够让顾客感到愉悦。如果是在雅间服务，可能顾客不介意酒店服务人员称呼他“王处”，但是在大堂等公众场合，他会更倾向于被称呼“先生”。如果王董事长去开会，他希望会议接待人员称呼他“王董事长”；如果他去超市买东西，年轻的女导购称呼他“大爷”，他也会觉得很正常。在一些比较高端的服务场合，如果称呼顾客为“帅哥”“美女”，就会显得很俗，而“先生”“女士”这样的称呼就比较恰当。

特别提醒

在称呼的使用方面，除要考虑以上这几个因素之外，称呼时的表情、语气也很重要。比如称呼地位比较高的 VIP 顾客时，目光、表情、身体姿态、语音、语气都非常关键。如果声音比较低沉、语气比较平静，顾客可能就会觉得不被重视，没有受到尊重和礼貌相待。但如果叫得过于热情，又会被认为为人势利，同时也会引起其他顾客的反感。所以，服务人员在称呼顾客时，要让在场的人感觉到你既热情、落落大方，又不卑不亢。

二、名片礼仪

名片，是标示顾客姓名及所属组织、公司单位和联系方法的纸片。名片是向他人传递个人信息的载体，交换名片是新朋友互相认识、自我介绍的最快、最有效的方法。名片在社会交往过程中十分重要，可以帮助我们完成简单的自我介绍，也能为彼此的相识建立一条通道。一张精心制作、礼貌递送的名片，可能会给顾客眼前一亮的感觉。

（一）使用时间礼仪

在工作和生活中需要使用名片的机会很多，主要有以下方面。

1. 拜访顾客

在初次拜访一位顾客，希望相识之后能够再有进一步接触时，要给对方一张名片，无论当时的见面成功与否，至少它可以让顾客随时找到你。

2. 介绍相识

在工作场合，有时候会被介绍给其他人，这里是指相对正式的介绍，比如被介绍给来访的顾客或是合作伙伴，此时就需要给对方递一张名片，这是社交场合的一种礼貌。如果没有携带名片，也应简单用语言做一个解释或说明。

3. 期待再见

如果你很重视面前的顾客，就要递送一张名片，这是告诉对方你很重视他。如果非常想获得对方的电话或联络方式，就可以用递送名片的方式来表达内心的想法，这个动作的潜台词就是“我很想结识您”，对方也就会交换名片。

4. 接收名片

如果有人送名片给你并且提议与你交换，为了尊重对方，无论是否情愿，都应该礼节性地给对方一张名片。

5. 信息变更

如果工作地点、联络方式有变化，就应该通过递送名片的方式通知自己的朋友和顾客。

6. 留下信息

有一种比较特殊的情况就是当我们去拜访某人，而对方恰巧不在时，可以留一张名片给他的家人或同事，让他知晓我们的来访，并及时回复。

特别提醒

名片的使用并非多多益善。大撒网般地发名片的行为，往往不会受到接名片人的尊重；一人发一张不仅缺乏针对性，也容易使对方怀疑你的态度是否诚恳，因此有时需要有选择地在人群中交换、递送名片。如果遇到一些不想认识或不愿再交往的人，就不要送名片给对方，以免带来不必要的麻烦。若交往双方的地位、身份、年龄差别很大，也不要使用名片，因为明知道以后再不会有往来，即便递了名片给对方，他也不会联络你。因此，是否使用名片需视当时状况谨慎而定。

（二）交换顺序礼仪

在工作场合，名片的交换顺序礼仪主要有以下几点。

1. 先低后高原则

双方在交换名片时，一般讲究先客后主，先低后高。即先由地位低者向地位高者递送名片，然后再由地位高者回复名片给地位低者。如果对方是一位女士，则要在女士前递送，不能让女士先递送，这样不礼貌。不过，假设是地位高者、主人或者女士先递送名片，自己也不必推让，应当大方收下，然后再拿出自己的名片来回赠。

特别提醒

陪同上司出访，当上司尚未递出自己的名片时，不要抢先向对方送名片，否则既会抢上司的风头，又给对方留下目无领导的印象。

2. 先高后低原则

向多人递送名片时先向地位高者递送，即尊卑有序。服务人员应该主动向顾客递送名片，并且要先把名片递送给地位比较高的顾客或是重要顾客，然后再递送给其同行人员。在不了解对方的情况下，可以采取由近及远的顺序来依次递送名片，但是一定要注意千万不要跳跃式进行，这样很容易让人感觉厚此薄彼。

特别提醒

如果一次必须向多人递送名片，而且又不太清楚对方的地位高低情况，就应该按照顺时针或是由近及远的顺序递送，以避免遗漏某位顾客。也可以不急于发送名片，沉住气让别人先发。

顺时针从位次排列上来讲是一个比较吉利的方向，一般不逆时针递名片，因为逆时针一般是追悼会遗体告别的方向。

素养专栏

二十大精神——依法治国

党的二十大报告把“坚持全面依法治国，推进法治中国建设”作为专章论述、专门部署，这充分体现了以习近平同志为核心的党中央对全面依法治国的高度重视。

一是从政治意义上看，这进一步宣示了我们党矢志不渝推进法治建设的坚定决心，彰显了我们党不仅是敢于革命、善于建设、勇于改革的政党，更是信仰法治、坚守法治、建设法治的政党，是我们党坚持全面依法治国的政治宣言。

二是从理论意义上看，这进一步丰富和发展了习近平法治思想，深化了对中国共产党依法执政规律、社会主义法治建设规律、人类社会法治文明发展规律的认识，是我们党推进法治中国建设的纲领性文献。

三是从实践意义上看，这进一步深化和拓展了新时代党和国家工作布局，表明了将全面推进国家各方面工作法治化，是我们党治国理政的重要治理方式。

党的二十大报告提出要完善以宪法为核心的中国特色社会主义法律体系。法律是治国理政最大最重要的规矩。作为当代大学生，我们一定要懂法、守法，懂规矩、守规矩。只有人人做到守法、守规矩，党和国家才能长治久安，各项事业才能无往不胜。

（三）名片递接方法

名片是商务交流的一种辅助手段，它有时候不仅可以表明个人的职务、姓名、联系方式等一些信息，也可以作为一种企业的形象展示给外人。所以名片对当今社会中的个人和公司来说是一个门面。名片的递接要注意一些潜在的礼仪。

1. 准备工作

在参加商务活动时，不要忘记携带名片。名片应有专门的名片夹存放，名片夹最好是放置在上衣左上方的口袋里，不能放在长裤的口袋里。若有手提包，可放于包内伸手可得的位置。

特别提醒

名片上不要写两个以上的头衔，很多有地位、有身份的顾客会携带好几种名片，对不同的交往对象，强调自己不同的身份，使用不同的名片。

2. 递送名片

递送名片时应起身或身子稍稍前倾，面带微笑，目光注视着对方，然后将名片的正面朝上（字体正对着对方，方便对方接名片后读取信息），用双手的拇指和食指捏住名片的两个角递上，并应说一些客套话，比如“这是我的名片，请多关照”等，如图 3－1 所示。若只有一只手有空闲（手上拎着包），只能用右手递送。如果自己的名字难读或有特别读法，在递送名片时不妨加以说明。

图 3－1　名片递送方法

3. 接收名片

接收名片时要起身或身子稍稍前倾，面带微笑，用双手接过名片，如图 3－2 所示。当着对方的面看一遍名片上的信息，读出对方的名字和职务，并表示感谢，这是最基本的涵养，比如“王经理，您好，很高兴认识您，以后多联系”等，若有不会读的字，应当场请教。然后，将名片妥善存放好，不要随手往口袋里一塞或随便放在什么地方，最好是在对方的注视之下，认真放进名片夹里，这样会使对方倍感受尊重。

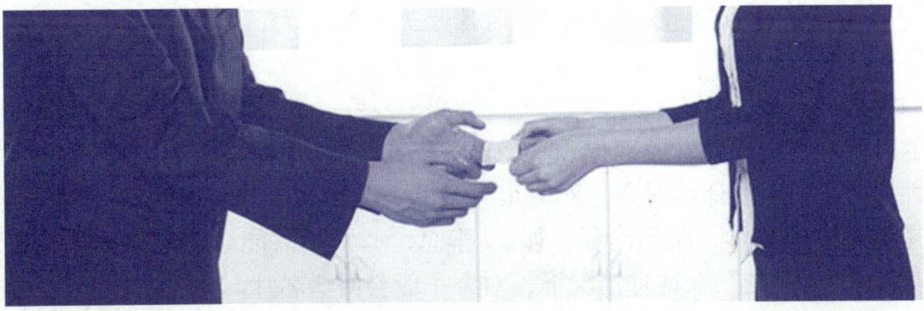

图 3－2　名片接收方法

特别提醒

如果一次同时接收到几张名片，千万要记住哪张名片是哪位先生或女士的。如果是在会议席上，可以在休息时拿出来，排列次序，和对方的座位一致，这种行为同样会使对方认为受到你的重视，而且帮助你准确地认人。

接到名片时，也要顺便把自己的名片递送给对方，做到礼尚往来。如没有名片可交换，应向对方表示歉意、主动说明。如“很抱歉，我没有名片”“对不起，今天我带的名片用完了，过几天我会寄一张给您”等。

如果对方跟你聊天的时间有点长，还没有离开现场的话，请记得不要先把对方的名片收起来，更不可随意地将对方的名片塞在口袋里。如果要存放名片的话，记得慎重地放在你西服左边的口袋，或者你的名片夹内。

素养专栏

没有规矩不成方圆

俗话说，没有规矩不成方圆。它揭示了一个重要道理：做任何事情都要有规矩，懂规矩，守规矩。人们活动的动机、目的往往不同，如果没有一个规矩来约束，各行其是，社会就会陷入无秩序的混乱中。建设和谐社会，既要公民自觉遵守社会公德，做到文明诚信，同时也要通过加强和完善的法律制度建设，来规范人们的行为。在日常的工作和生活中，我们一定要懂法、守法，懂规矩、守规矩，只有把自己和法律、法规、规矩结合起来，社会才会认可、接纳我们。

（四）索要名片的技巧

在一般的社交场合，最好是以静制动，不要找别人索要名片，因为一般情况下名片的交换规则是地位低的人要先把名片给地位高的人，所以如果你主动去索要，就会有一个互相的位置问题。当然，有的时候因为营销、公关或者其他一些原因，向他人索要名片也是可以的，索要名片时有下面几个办法是比较有效的。

1. 交易法

想索要他人名片时，最省事的办法就是把自己的名片先递送给对方。古人讲，“将欲取之，必固予之”，所以当你想要对方名片时就可以把名片递给对方。来而不往非礼也，你把名片递给对方时，对方不回赠名片是失礼的行为，所以对方一般会回赠名片给你。

2. 激将法

有的时候遇到的交往对象地位和身份比我们高，或者身为异性，他们难免有提防之心。这种情况下把名片递给对方，对方很有可能不会回赠名片。遇到这一情况，不妨在把名片递给对方的时候，略加诠释，如：“李总，非常高兴能认识您，不知道能不能有幸跟您交换一下名片？”在这种情况下，对方一般会回赠名片。

3. 谦恭法

一般人都有表现欲，都喜欢被人夸赞，所以当你跟长辈、名人、有地位的人或者女士打交道时可以用谦恭法索要名片。比如说：“认识您非常高兴，虽然我从事计算机工作已经四五年了，但是与您这种专业人士相比还是相形见绌，希望以后有机会能够向您请教，不知道以后如何向您请教比较方便？”前面的一席话都是铺垫，只有最后一句话才表达了真正的目的。

4. 平等法

平等法又叫联络法，面对平辈和晚辈时可采用此法。使用联络法的标准说法是："认识您太高兴了，希望以后有机会能跟您保持联络，不知道怎么跟您联络比较方便？"此时对方一般会递上名片，如果没有就说"以后我跟您联系吧"，自己找个台阶下。

特别提醒

别人向你索要名片的时候，直接拒绝是不礼貌的做法。如果不想给对方名片，要用委婉的方法表达，比如说"对不起，我忘了带名片"或者"实在抱歉，我的名片用完了"。如果你没有名片，又不想直接说没有，也可以用以上方法委婉表达。

三、握手礼仪

握手不仅可以用于见面致意和告辞道别，在不同场合、不同情形还可以表示支持、信任、鼓励、祝贺、安慰、道谢等多种意思，是沟通心灵、交流感情的一种行之有效的方式。在服务场合除点头礼和鞠躬礼之外，视服务者的身份不同和顾客的实际情况，使用握手礼也是非常普遍的。比如在酒店，服务人员见到熟悉的顾客时适合行鞠躬礼，以体现对顾客的尊重，而酒店总经理在迎接时也可采用握手礼，以体现对熟悉顾客的亲切感。

素养专栏

责任心：干一行，爱一行，通一行

无论从事什么职业，都应该精通它。下决心掌握自己职业领域内的所有问题，使自己变得比他人更精通。精通自己的全部业务，也就拥有了一种潜在的成功秘密武器。要做一个新时代高素质的员工，就必须做到敬业，干一行，爱一行，通一行，对自己所从事的事业要精益求精，刻苦钻研业务知识和专业技能，争做排头兵、少走迂回路。智者用教训避免事故，愚者用事故换取教训。完美的服务出自完美的细节。

（一）正确的握手方法

1. 握手的时机

何时握手，是一个微妙的问题，它涉及双方的关系、现场的气氛，以及当事人的心理因素等条件。深情、文雅而得体的一握，往往蕴含着令人愉悦和建立信任的契机。因此，把握好握手的时机和场合是非常重要的。

（1）介绍相识时。当你被介绍与第三者相识时，应马上向对方伸手并趋前相握，以表示很高兴认识他（她），并表示今后愿意与之建立联系和商谈工作等。

（2）久别重逢时。与自己久别重逢的老朋友或多日不见的同事相见时，应该主动热情握手，以示自己的问候、关切和高兴之情。

（3）突遇熟人时。在社交场合如果突然遇到了自己的熟人和上级，除口头问好外，还应上前握手表示问候和欣喜之情。

（4）拜访告辞时。在拜访友人、同事或上司之后，辞别时应握手，以示希望再见之意。

（5）迎接顾客时。当你所邀请的顾客如约而至或者有不速之客自己说明身份、来意时，应同他们握手，以示欢迎。

（6）送别顾客时。邀请顾客参加活动，在顾客告别时，作为主人应同所有顾客握手，以表示感谢对方能拨冗光临、赏光支持之意。

（7）表示慰问时。在他人遭遇挫折或不幸时可用握手表示安慰、问候，单纯的语言表达就不如双手相握所给予的力量和慰藉更大。

另外，向他人表示谢意、恭喜或祝贺等，也应通过握手来表达心情。例如，当你获知对方有喜事，如晋升职衔、喜结良缘、比赛获奖等，与之见面时应主动握手，以表示祝贺。

特别提醒

在服务场合，握手礼不能够滥用，要视自己的职位和与顾客的关系等实际情况来决定。

2. 伸手的次序

在社交场合中，握手的顺序应根据握手者的社会地位、年龄、性别和身份来确定。

一般来说，社会地位高者、年长者、女士、主人享有握手的主动权。即上下级握手，下级要等上级先伸出手；长幼握手，年轻者要等年长者先伸出手；男女握手，男士要等女士先伸出手；宾主握手，主人应向客人先伸出手，而不论对方是男是女。这是因为，下级、年轻者、男士及客人应该尊重对方与你握手的意愿，而不是先伸手强迫对方与你握手，你可以流露出想要握手、想要结识对方的愿望，却不能莽撞伸手“将对方的军”。毕竟有些女士不习惯与男士握手，有些地位高的人也不愿意随便与人握手，如果贸然伸手，对方不回应，则会给自己制造尴尬。

朋友、平辈见面，先伸出手者则表现得更有礼貌。

特别提醒

在服务场合与顾客握手，无论是要表达欢迎、感谢、问候还是道别之情，用右手来握都是比较恰当的，不建议用双手与顾客握手。

在送别顾客时，应由顾客先伸手告别，避免由服务人员先伸手而产生逐客之嫌。

3. 握手的时间与力度

握手的力度、姿势不同与时间的长短往往能够表现握手者双方的不同礼节与态度，我们应该根据不同的场合以及对方的年龄、性格、地位等因素正确把握。

握手的时间以 1 ～ 3 秒为宜，不可一直握住别人的手不放。男士之间或女士之间行握手礼时，只要遵从一般规范即可，握手时间及握手的力度都比较随意。与长者或者贵宾握手或者男士与女士握手，时间不宜过长，以1秒钟左右为原则。

握手时的力度要适当。男女握手时，女士只需要轻轻地伸出手掌，男士稍稍握一下女士的手指部分即可，不宜握满全手，不能握得太紧，更不要握得太久。男士之间握手力度可以重一些，可以握满全手。久别重逢的朋友握手，力度可大一点，还可上下摇动，但也不必太使劲，以免把友人的手握疼。如图3-3所示。

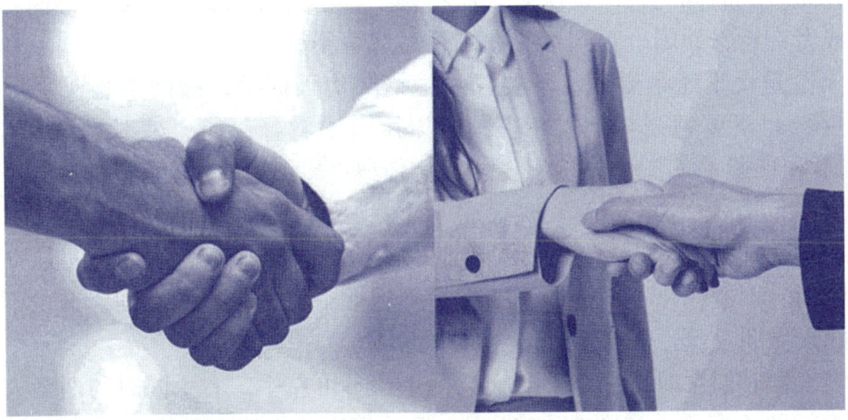

图3-3　握手时的力度

特别提醒

有些女性与人握手，总是轻轻伸出手指，浅浅一握，甚至整个手掌都是直的，她们自以为这个动作优雅，其实却是对对方的不尊重。而有些男士握手又太用力，看似表达浓厚的感情，但很可能已经握疼了对方，而对方又有苦说不出。握手是一个礼节，这一点一定要明白，所以过重过轻都不好，能够稳妥地握住对方的手就可以了。

如果下级或晚辈与你的手紧紧相握，上级和长辈一般也应报以相同的力度，这容易使晚辈或下级对你产生强烈的信任感，也可以使你的威望、感召力在晚辈或下级之中得到提高。

4. 握手的身体姿势

一般情况下，一个良好得体的握手礼一定是身体略微前倾，脸上带着微笑，右手与对方右手相握，左手自然垂放，说着“很高兴见到你”之类的寒暄语。如果身体硬邦邦地直立不动，则显得过于傲慢和轻视对方。在握手时，非常忌讳握手的人左顾右盼或者心神不定，这样很容易让别人产生不愉快的感觉。如果想要表达对对方格外尊重，身体前倾的幅度可以稍微大一些。如果对方心情比较沉痛，与之握手时表情要凝重。

（二）握手时的要点

在握手时，除要了解握手的时机、伸手的次序、握手的时间、握手的力度以及握手的身体姿势之外，还要注意以下几个方面的要点。

（1）除特殊情况外，通常应站着握手，而不要坐着握手。

（2）在握手时，如果拿有物品，在条件允许的情况下应该暂时放下，不要右手和别人热情相握，左手拿着报纸、公文包等东西不放，或是插在口袋里。

（3）握手要脱掉手套，比如有些酒店门童在工作场合都戴着手套，如有顾客主动伸手，一定要先脱掉手套再握手，以示尊重。女士可以在社交场合戴着薄纱手套与人握手，男士无论何时都不能在握手时戴着手套。

（4）在条件和时间允许的情况下，应将帽子、墨镜等物品摘下以后再握手。除非眼部有疾病或者有特殊原因，否则不要在握手时戴着墨镜。

（5）无论是女士还是男士，不要轻易拒绝与他人握手，确因手脏或手湿不方便与他人握手时，也不要勉强与他人相握，可以用言语解释，如"对不起，手有点脏（或手湿），就不和您握手了"，这样就不会失礼，但要早一点说，不能等对方的手伸出良久才说。

（6）握手时，不要过分客气，不能点头哈腰或是唯唯诺诺，要大大方方坦诚地做动作。不敷衍、不造作、不扭捏、不莽撞是实施握手礼很重要的原则，谁也不喜欢与虚伪、蛮横的人做朋友。

（7）多人同时握手时，注意不要交叉握手，不可左手、右手同时与两个人相握，也不宜隔着中间的人握手，如图 3－4 所示，不妨等别人握完再伸手。在来者较多的聚会场所，可只与主人和熟人握手，向其他人点头致意就行了。

图 3－4　隔着中间的人握手

四、介绍礼仪

在交际礼仪中，介绍是一个非常重要的环节，甚至可以说，人际交往始自介绍。介绍是交际之桥，意在说明情况。从礼仪的角度来讲，我们可以把介绍分为四类：自我介绍、为他人做介绍、集体介绍和业务介绍。在日常生活和工作交往中，几乎每个人都有这方面的经历，但是未必每个人都能够做得规范而得体。

（一）自我介绍

自我介绍是最重要的一种介绍方式。自我介绍意在向他人说明自己的具体情况。自我介绍的基本程序是：先向对方点头致意，得到回应后再向对方介绍自己的姓名、单位和身份，同时递上事先准备好的名片。我们对一个人的好感、好印象，常常是从他时机恰当、大方得体、内容适宜的自我介绍开始的。

1. 介绍的场合

必须做自我介绍的情况可以分为以下三种：（1）你想了解对方情况之时。（2）你想让别人了解你的情况。（3）在社交活动中，你应其他人的要求，将自己某些方面的情况进行一番介绍。前两种是主动型自我介绍，最后一种是被动型自我介绍。

自我介绍的场合一般都是有陌生或不熟悉的人在场，抑或是大型的、比较正式的场合，需要介绍自己以显示对这个活动的重视和对对方的尊重。在为顾客服务之前介绍下自己也是很正常的，以方便顾客需要服务时及时找到自己。具体来说，需要做自我介绍的场合主要有以下几种：

（1）与人结识时。遇到你希望结识的人，又找不到适当的人介绍。这时自我介绍应谦逊、简明，把对对方的敬慕之情真诚地表达出来就行。

（2）电话约人时。电话约某人，而又从未与这个人见过面。这时要向对方介绍自己的基本情况，还要简略谈一下约见对方的事由。

（3）演讲发言时。在演讲、发言之前，面对听众或观众做自我介绍，最好既简明扼要，又要有特色，要利用“首轮效应”（又称“首因效应”），给听众和观众一个良好的第一印象。

（4）求职应聘或参加竞选时。这时既要有书面介绍材料（个人简历），还要有口头的自我介绍，内容可详可简，风格可严肃庄重，也可风趣幽默等。

（5）提醒他人时。担心交往对象忘记自己时可通过自我介绍加深其印象。

2. 介绍的顺序

自我介绍时，谁先主动应遵循以下原则：

（1）先低后高原则。由地位低的人先做介绍，尊者有优先知情权。即一个长者和一个年轻人见面，年轻人要主动向对方介绍自己，长者后回应。

（2）先主后客原则。在服务场合，服务人员应先向顾客介绍自己，以便于与顾客进行服务交流。

（3）先男后女原则。男士与女士在一起的时候，男士应该先主动做介绍，然后再由女士进行介绍。都是女性时，未婚者先介绍，已婚者后介绍。

3. 介绍的形式与内容

自我介绍的具体形式通常包括以下几种：

（1）应酬式（寒暄式）。应酬式适用于某些公共场合和一般性的社交场合，不得不做介绍，但是又不想跟对方深交之时。这种自我介绍最为简洁，往往只包括姓名一项即可。如“你好，我叫×××”。

（2）工作式。工作式适用于工作场合。一般而论，这种自我介绍需要包括以下四个基本要素，缺一不可：单位、部门、职务、姓名。如“你好，我叫 ×××，是 ×× 酒店的大堂经理”。

（3）交流式。交流式适用于社交活动中希望与交往对象进一步交流与沟通时。它大体应包括介绍者的姓名、工作、籍贯、学历、兴趣及与交往对象的某些熟人的关系。如“我叫 ×××，是 ××× 的同事，也在 ×× 酒店工作，我负责西餐部”。

（4）礼仪式。礼仪式适用于讲座、报告、演出、庆典等一些正规而隆重的场合。它包括姓名、单位、职务等，同时还应加入一些适当的谦辞、敬辞。如“各位来宾，大家好！我叫 ×××，我是 ×× 酒店的大堂经理。我代表 ×× 酒店热烈欢迎大家的光临，希望大家……”

（5）问答式。问答式适用于应试、应聘和公务交往。问答式的自我介绍，应该是有问必答，问什么就答什么。如主考官问：“请介绍一下你的基本情况。”应聘者答：“各位好！我叫 ×××，现年 25 岁，江苏省淮安市人，汉族，……”

由此可见，不同的自我介绍形式其包含的基本内容也是不一样的。

如果是一些比较正式的场合，介绍的内容应尽可能规范、全面，要挑选对方最感兴趣、最想了解的内容做口头介绍，较为复杂的内容可以借助书面加以表达。另外，一些不太好意思说的话，还可以利用名片来完成，递送名片给对方时，名片上有的内容就不需要口头重复介绍了，养成长话短说的自我介绍习惯。

素养专栏

九牛一毫莫自夸，骄傲自满必翻车

“九牛一毫莫自夸，骄傲自满必翻车”出自陈毅的诗《七古·手莫伸》。意思是，取得九牛一毛的小成就不要自己夸自己，骄傲自满的人早晚会失败。

作为当代大学生，我们要始终保持一个谦逊的心态，趁自己还年轻，刻苦钻研业务知识和专业技能，持续、全方位提升自己，为未来的自己不断地积蓄力量。要记住：年轻是本钱，但不努力就不值钱。努力做好自己，终会让你与众不同。

如果是私人聚会或者偶尔碰面，在做自我介绍时，就要区分一下情况。双方若只是偶然碰到，礼节性地打个招呼，简单说一下姓名就可以了，没有必要详细介绍，因为对方也许急着离开或是以后也很难再见，过于详尽的介绍就浪费彼此的时间了。若是对方有兴趣深交，他会表露出交往的意愿，并且会提问，比如“在哪里高就”“您从事什么职业”等，这时再进行详细介绍也不迟。

自我介绍的最后要说一下结束语。在介绍完自己的简单情况后，一定要说一句“很高兴认识你”之类的结束语，它有两个含义：一是表达结识对方的愉快心情；二是给对方一个暗示——我已经介绍完我自己了，你可以说话了。因此，一个完整有礼貌的自我介绍至少有两个内容：自己的姓名和结束语。

案例

有一家有名的火锅店，主打健康品牌，宣称所有的菌类都是从云南空运过来的，当然价格不菲。为了让顾客对自己的健康更加重视，也为了更好地呈现餐厅的食品特色，该餐厅所有雅间的服务员在火锅端上之后，会利用等待火锅沸腾的时间对菜品做一个介绍。每次服务员都会首先介绍一下自己，之后介绍餐厅的起源和由来，最后将顾客所点的菌类做一下营养介绍。这个环节颇受好评，因为服务员所介绍内容的时间掌握得非常好，从火锅端上到火锅沸腾，几乎不差分毫。这令很多顾客啧啧惊叹，并因此而兴致勃勃，倒不是因为服务员的口才有多好，关键是每次来点的食物不同、数量也不同，但是服务员却都能够把握时间，绝对不会出现火锅已经“哗哗”地开了，服务员还在滔滔不绝地讲着的尴尬状况。

原来这家火锅连锁店邀请专业的培训机构为他们专门设计了这样一个介绍环节，对于如何进行自我介绍才能既不显唐突又突出亲切感，从语言到姿态、表情都经过反复的演练之后才最终确定，餐厅的介绍也是言简意赅、风趣幽默，至于菜品，他们都要求服务人员按照固定的语言和顺序介绍，所以，这个环节如同一辆准点行驶的列车，从不出错。什么时候说、说什么、介绍几道菜、先介绍哪个后介绍哪个及最后如何结尾，所有的服务人员在之前都会经过专业的训练。难怪，这样一个介绍服务会让顾客津津乐道。

（二）为他人做介绍

当服务人员遇到其他顾客，顾客之间不认识，而服务人员与他们认识，则服务人员是第三方，由第三方出面为不相识的双方做介绍，说明情况，此即为他人做介绍。在一般情况下，第三方对被介绍的双方都要做一番介绍。有些情况下，也可只将被介绍者中的一方向另一方介绍，但是前提是前者已知道、了解后者的身份，而后者不了解前者。

1. 介绍的顺序

在为他人做介绍时，谁先谁后，是一个比较敏感的礼仪问题。根据规范，必须遵守“尊者优先了解情况”的规则。即在为他人介绍前，先要确定双方地位的尊卑，然后先介绍位卑者，后介绍位尊者。也就是说，要先把“相对不重要的人”介绍给“相对重要的人”。这样，可使位尊者先了解位卑者的情况。具体情况如下：（1）介绍年长者与年幼者认识时，应先介绍年幼者，后介绍年长者。（2）介绍长辈与晚辈认识时，应先介绍晚辈，后介绍长辈。（3）介绍职位、身份高者与职位、身份低者认识时，应先介绍职位、身份低者，后介绍职位、身份高者。（4）介绍女士与男士认识时，应先介绍男士，后介绍女士。（5）介绍已婚者与未婚者认识时，应先介绍未婚者，后介绍已婚者。（6）介绍同事、朋友与家人认识时，应先介绍家人，后介绍同事、朋友。（7）介绍来宾与主人认识时，应先介绍主人，后介绍来宾。（8）介绍社交场合的先至者与后至者认识时，应先介绍后至者，后介绍先至者。（9）介绍上级与下级认识时，应先介绍下级，后介绍上级。(10)介绍老师与学生认识时，应先介绍学生，后介绍老师。(11)介绍非官方人员与官方人员认识时，应先介绍非官方人员，后介绍官方人员。

特别提醒

(1)一人介绍多人的时候，一般从左侧开始一一介绍。

(2)如果男方是年长者而且较女方有社会地位，则先把女方介绍给男方比较自然。

(3)如果是两个单位的人员会面且双方人数较多时，要按照“先主后客”的原则，先从主人一方的职位高者开始依次介绍。主人一方介绍完之后，再从客人一方的职位高者开始依次介绍。如果来的是贵宾，一般应该由主人一方职务最高者出面做介绍，礼仪上称之为规格对等。

(4)如果两位领导相遇，两位领导级别、地位相同，应遵循“先客后主”原则，即一般是先把客场领导介绍给主场领导。这样可以快速解决双方“信息不对称”的问题，双方接触也会更加融洽。

2. 介绍的形式与内容

为他人做介绍的具体形式通常有以下几种：

(1)标准式。标准式适用于正式场合，内容以双方的姓名、单位和职务为主。

特别提醒

在介绍时，最好加上对方的头衔，因为这是他自己不好意思说出但又希望被别人知道的事情，所以，介绍者应善解人意地为其说出。

(2)简介式。简介式适用于一般的社交场合，内容只有双方姓名一项，甚至只有姓氏。

(3)强调式。强调式适合于各种场合，其内容除姓名等信息之外，往往还会刻意强调其中一位被介绍者与介绍者之间的特殊关系。

(4)推荐式。推荐式适合于比较正规的场合，介绍者会做精心的准备，目的就是将某人推荐给某人。

(5)引见式。引见式适合于各种普通场合，介绍者所要做的就是将被介绍者双方引到一起。

(6)礼仪式。礼仪式适用于正式场合，是一种最为正规的他人介绍，与标准式差不多，只是语气、表达上更为礼貌、谦恭。

特别提醒

如果要使被介绍双方在介绍后能单独长时间待在一起，就要为他们接下来的时间做一些话题的铺垫，或为他们寻找一个共同的兴趣或爱好，避免介绍人离去后双方无话可说陷入尴尬或因不了解对方而说出冒犯的语言。

3. 介绍的手势和表情

为他人做介绍时，介绍哪一方就要手心向上指向哪一方。具体动作是四指并拢，拇指打开，手心朝上指向被介绍一方，介绍时应面带微笑，以示尊重。被介绍的人都应面带微笑，眼睛正视对方，认真倾听，表现出想要结识对方的热情，如图 3－5 所示。除年长或位尊者外，被介绍双方最好站起来点头致意或握手致意，同时应该说些得体的礼貌语言。

图 3－5　介绍的手势和表情

特别提醒

介绍男方时女方可以不站起来，但是在女性为主人的聚会上即使对方是男性，主人也应站起来。另外，介绍比自己职位高的人时无论男女都要站起来（患病者和老年者除外）。

当被介绍与顾客认识之后，服务人员首先要进行问候，之后要主动与顾客进行适当的寒暄。在被介绍之后与顾客进行适当的寒暄是为了打破初次见面彼此完全不熟悉的尴尬，同时向顾客表达主动结识的意愿，缩短彼此的心理距离。

（三）集体介绍

在大型活动的社交场合，需要把某一个单位、某一个集体的情况向其他单位、其他集体或其他人说明，这便属于集体介绍。集体介绍，实际上是介绍他人的一种特殊情况，它是指被介绍的一方或者双方不止一人的情况。

1. 集体介绍的形式

集体介绍的形式很多，要根据活动的内容、参加人员的多少、活动的时间长短，以及介绍的必要性决定介绍的形式，主要有以下几种：

（1）由一位主持人或熟悉各方人员的人出面为大家互相介绍。如果人数多，而且活动的时间不长，就没有必要逐个介绍，介绍一下各方的所属部门或单位即可。如果人数不多，则可以逐个介绍。在介绍时应注意介绍的顺序，应先把本方人员介绍给他方人员，以表示对他方人员的尊重；在介绍本方人员时应按尊长在前的顺序进行。

（2）各方出一人为本方人员逐个介绍。

（3）各方人员依次自我介绍。

在集体介绍中，即使需要每个人都做自我介绍，也要十分简短，通常只是报一下姓名与职务即可。

2. 集体介绍的规范

（1）集体介绍的时机。在进行集体介绍的时候，时机的把握是首要因素。正式大型宴会、大型的公务活动、涉外交往活动、举行会议或接待参观者和访问者等场合，参加者不止一方，各方也不止一人，应进行集体介绍。

（2）集体介绍的顺序。集体介绍的顺序，可参照他人介绍的顺序，也可酌情处理。但应注意，越是正式、大型的交际活动，越要注意介绍的顺序。

1）单向介绍。在演讲、报告、比赛、会议、会见时，往往只需要将主角介绍给广大参加者。

2）笼统介绍。若一方人数较多，可采取笼统的方式进行介绍，例如，“这是我同事”。

3）双向介绍。当被介绍者双方地位、身份大致相似时，应遵循“少数服从多数”的原则，先介绍人数较少的一方；如被介绍者双方地位、身份存在差异，应遵循“位高者有优先知情权”的原则，即先把单位级别低的介绍给级别高的。即使地位高者人数较少或只有一人，也应将其放在尊贵的位置，最后加以介绍。在商务活动中把主方（东道主）先介绍给客方，也是遵循这一原则。

4）多方介绍。若被介绍的不止两方，需要对被介绍的各方进行位次排序，排列的顺序可以是：以座次顺序为准；以抵达时间的先后为准；以其负责人身份为准；以单位名称的英文字母顺序为准；以其单位规模为准；以距介绍者的远近为准。

（四）业务介绍

业务介绍，也可以称为商业性介绍。这种介绍目的在于建立某种贸易性的往来关系，以发展自身的业务。在进行业务介绍时，礼仪方面需要注意以下三个要点：

第一，把握时机。在消费者或者目标对象有兴趣的时候做介绍，见机行事，这时效果才可能比较好。拉郎配的促销方式不适合现代人的观念，此为理智消费者所不取。所以介绍业务时，首先要注意的是一定得掌握时机。

第二，讲究方式。一般来说，做业务介绍需要注意四点：其一，人无我有。你要把你的业务、产品、服务的独特之处跟他人说出来。其二，人有我优。有些产品、有些服务大家都有，但是要让别人知道你的产品和服务质量好，技术能保证，后续服务比较到位。其三，人优我新。现代技术日趋成熟，在一般情况下服务都是比较优质的。在这样的情况下，你要把你的产品、服务中那些新奇之点给介绍出来。其四，诚实无欺。既不自欺，也不欺人，让消费者或者目标对象信赖是非常重要的。

第三，尊重对手。在介绍自己的业务时，千万不要诋毁他人。毁人者乃自毁也。任何讲究职业道德的人，都不会在介绍自己业务时诽谤他人。尊重竞争对手，既是一种教养，也是一种风度。

特别提醒

介绍业务时，不分男女老少，只以社会地位的高低作为衡量的标准，要遵从社会地位高者有了解对方的优先权的原则，在任何场合都是将社会地位低者介绍给社会地位高者。如“李总经理，请允许我将我的秘书张小姐介绍给您”，然后才说“张小姐，这位是××公司的李总经理”。在商界，当男士被介绍给比他地位低的女士时，无须起立。

思考与练习

一、礼仪实训

按照表3-1所列内容进行礼仪实训。

表3-1 礼仪实训项目和内容

实训项目	实训内容
称呼礼仪	以小组为单位，分别在给定特定顾客的情况下进行称呼礼仪训练，然后进行小组互评和老师点评，同学们互相取长补短，在互评和点评中规范称呼礼仪
名片礼仪	以小组为单位，分别在给定特定情景的情况下进行名片的递接训练，然后进行小组互评和老师点评，同学们互相取长补短，在互评和点评中规范名片礼仪
握手礼仪	以小组为单位，分别在给定特定情景的情况下进行握手训练，然后进行小组互评和老师点评，同学们互相取长补短，在互评和点评中规范握手礼仪
介绍礼仪	以小组为单位，分别在给定特定情景的情况下进行自我介绍、为他人做介绍、集体介绍和业务介绍训练，然后进行小组互评和老师点评，同学们互相取长补短，在互评和点评中规范介绍礼仪

二、案例分析

1. 被拒绝的生日蛋糕

有一位先生要为一位外国朋友定做生日蛋糕。他来到一家酒店的餐厅，对服务员说“小姐，您好！我要为我的一位外国朋友定一份生日蛋糕，同时定一张贺卡，你看可以吗？”服务员说：“请问先生，您的朋友是小姐还是太太？”这位先生也不清楚这位外国朋友有没有结婚，从来没有打听过，他为难地抓了抓后脑勺，想了想说：“小姐？太太？一大把岁数了，太太。”生日蛋糕做好后，服务员按地址到酒店客房送生日蛋糕，敲门后，一位女子开了门，服务员有礼貌地说：“请问，您是怀特太太吗？”女子愣了愣，不高兴地说：“错了！”服务员丈二和尚摸不着头脑，抬头看看门牌号，再回去打电话问了那位先生，房间号码没错。于是服务员再敲了一遍门：“没错，怀特太太，这是您的蛋糕。”那女子大声说：“告诉你错了，这里只有怀特小姐，没有怀特太太。”“啪”一声，门被大力关上。

问题：这个案例给我们什么启示？

2. 放在名片上的杯子

某酒店张经理约见一个重要的客户方经理。见面之后，客户就递上了名片。张经理看完名片就将名片放到了桌子上，两人继续商谈。过了一会儿，服务员将茶水端上桌，请两位经理慢用。张经理喝了一口，将杯子放在了名片上，自己没有察觉，客户方经理皱了皱眉头，没有说什么。

问题：这个案例给我们什么启示？

3. 如何合理地为他人做介绍

在为他人做介绍时谁先谁后，是一个比较敏感的礼仪问题。根据商务礼仪规范，在为他人做介绍的问题上必须遵守“尊者优先了解情况”的规则。据此分析表3-2所示案例中的介绍顺序具体遵循的是什么规则。

表3-2　合理地为他人做介绍

	为他人做介绍案例	遵循的规则
1	——王经理，这是我的秘书李明 ——李明，这是销售部的王经理	
2	——周医生，这是我儿子马明，他刚刚从 ×× 大学毕业 ——马明，这是周医生	
3	马丽，我给你介绍一下，这是我的同学李涛	
4	——王总经理，请允许我将我的助手王小姐介绍给您 ——王小姐，这位是 ×× 公司的王总经理	
5	——李刚，这是 ×× 公司通信部的朱伟 ——朱伟，这是我们酒店通信部的李刚	

任务二　宴请礼仪

学习目标

知识目标

1. 了解宴请礼仪的基本内涵。
2. 掌握宴请礼仪的基本礼仪规范。

能力目标

能够在日常交际中熟练地运用宴请的基本礼仪规范。

素养目标

确定"诚信、服务"为本任务课程学习的素养教育主题，通过教学实施，让学生明白诚信待客是宴请之本，要把服务意识贯穿于宴请服务过程的始终。

一、宴请原则

每桌宴席的每一细节都有规则，纷繁复杂的宴请礼仪，使我们一边品味食物，一边展示自己的修养。举办一场宴会之前，需要考虑的细节问题有很多，其中，中餐宴请的原则即"5M"原则，如图 3－6 所示。

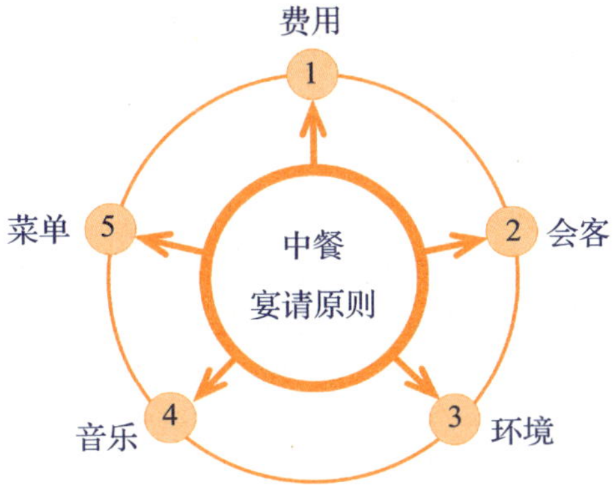

图 3－6　中餐宴请的原则

（1）费用（money）。在筹备一场宴会之前，对此次宴会必定有一个预算，费用是控制宴会整体档次的一个因素，无论是场地选择，还是菜肴搭配、参与人数，都应根据预算来决定。中国的传统惯例是由主办方，也就是主要宴请人来承担宴请费用，因此，应提前做出统筹安排，以避免结账时的尴尬。

客人在赴宴之后也应避免询问饭菜的价格，这是主人的心意，不要以价格作为衡量和比较的标准，应尊重主人的安排。有教养的客人不会用花费的多少来度量主人的诚意，所以，安心享受宴会美食即可，而不要打听花了多少钱。

（2）会客（meeting）。邀约谁来出席、谁是主角、谁是配角等也是需要考虑的问题，甚至主宾和陪客之间的关系也是筹划宴请名单时需要斟酌的。如果邀约的是朋友、同事，话题就比较充分，而且邀约时的名单也不会太费周折。但如果因酬谢或致歉而宴请，可能在邀约时就需要考虑谁来作陪更合适，更能让主宾开心。

如果宴请的是少数民族朋友或外国友人，那么最好再邀约一两位熟悉他们的风俗习惯或者有共同语言的客人，这样餐桌气氛会比较融洽。

（3）环境（milieu）。宴请地点的选择直接决定宴请的成功与否，正式宴会来不得丝毫马虎。成熟的餐厅或酒店会有比较丰富的接待经验，私人性质的聚餐强调特色，有独特魅力的餐厅往往在开餐之前就会为客人带来惊喜。宴请时，选择环境要有以下几方面的考虑：第一，卫生条件要好，这是首选因素；第二，环境要有特色，要么隆重，要么幽静，要么有档次，总之应该有打动人心之处；第三，确保安全，如果是大型宴会，一定要确保餐厅的各项安全措施是到位的，在宴会中不能发生任何意外。

（4）音乐（music）。吃饭时讲究气氛，有时欢乐的气氛就是被音乐渲染出来的。大型的宴会，主人也通常会安排乐队参与，有时一曲老歌会唤起在场所有客人的热情。当然，音乐的选择需要注意一点：不要影响其他桌次的客人，在雅间或是包场可以稍微自由一些，如果是在大厅中，则应考虑不使其他就餐客人受到过多影响。

（5）菜单（menu）。菜单体现了主人对菜式的安排能力，吃什么也是非常重要的一项内容，毕竟宴请是以“吃”为主题的，菜肴是否可口、搭配是否合理都会直接决定客人的胃口。当然，能够让客人喜欢是最重要的，不过还有一点也应考虑：尽量点安全的菜肴，不要点容易冒犯别人禁忌的菜肴。大型宴会的菜肴没有给人惊喜不是错误，但如果冒犯了客人的职业、宗教、健康等方面的禁忌则是最大的错误。

二、邀请技巧

一个令人难忘的邀约理由是一场成功的宴会的开端。它一定是一个完美的开篇，才能让一个宴会情趣盎然，否则，干瘪勉强的主题很难使宴会愉快融洽。要知道不是所有的宴请别人都会欣然前往，现代人很少会为吃而吃，更多的是为情谊而吃、为感觉而吃。

（一）邀约原则

（1）态度诚恳自信。你有多自信，对方就有多难拒绝，相反，如果邀约之人发出的邀请含糊其词，给人以犹豫试探的感觉，那么大多不会邀约成功，不是因为理由不充分，而是因为态度不坚决、不肯定、不自信，使人对邀约的诚意产生疑问。

（2）理由充分，不容易被拒绝。邀约的理由充分就不容易被拒绝，人们通常会因为什么而请客呢？表达感谢、表示歉意、联络感情、有事相求、分享喜悦等都可能成为宴请的理由，但前提是你要把这个理由描绘得很充分、很得体。理由越充分，越彰显诚意，被接受的可能性自然就越大。

如果选择的邀约理由自己听起来都觉得勉强，那么成功的可能性自然就大大降低。所以，理由要足够充分，让客人觉得这个宴请应该接受才行。一件事情总有很多种表达方法，而你要做的是选择客人最愿意接受、最难拒绝的那一种。

邀约要选择时机，比如，你想宴请某人，就不要选择他正和其他人聊天时发出邀约，你若只邀约其中一个人，就会有厚此薄彼之嫌，而他为了避嫌自然要婉拒。如果你想邀约某人用餐，最好选择在餐前，此时身体也有这方面的生理需要，若再能选择合适的缘由，那么就很容易邀约成功。

（二）宴请的理由

正所谓无功不受禄，没有正当合理的缘由，客人不会贸然赴约。所以，一定要找到合适的宴请理由，让用餐者没有负担，一定不要过分强调餐厅有多高端，菜肴有多丰盛，陪同的人有多尊贵，如果是非官方、非正式的宴请，这样的理由恐怕会吓退很多人。

钱锺书在《吃饭》一文中写道："吃饭有时很像结婚，名义上最主要的东西，其实往往是附属品。吃讲究的饭事实上只是吃菜，正如讨阔佬的小姐，宗旨倒并不在女人。这种主权旁移，包含着一个转了弯的、不甚朴素的人生观。辨味而不是充饥，变成了我们吃饭的目的。舌头代替了肠胃，作为最后或最高的裁判。"在宴会上，我们反复咀嚼和回味的有时是餐桌上的语言和表现，而并非食物的味道。吃饭的名义也就是宴请的理由，当然是至关重要的，因为它引领饭局的主题和谈话的走向。

（1）分享喜悦。分享喜悦是所有宴请理由当中最让人难以拒绝的理由之一，分享别人的喜悦是一件令人愉快的事，而喜事作为用餐的主题，无疑是受人欢迎的。

分享喜悦当然也包括共同庆祝某些事情取得成功，比如部门通过验收，取得良好成绩，部门领导宴请团队成员，或是宴请给予协助和帮助的客户，共同分享喜悦之情。

（2）感恩和感谢。表达感谢是一个非常合理的宴请理由，感激的话语在吃饭这种轻松愉悦的氛围中表达出来既不显得过分刻意，又能把感情恰到好处地传达出来。懂得感恩和感谢的人也是受人欢迎的人。感恩和感谢的邀约，可以正式一些，比如登门邀请就比电话邀约显得更隆重而有礼。

但在事情完成之前不要轻易地隆重答谢，以免使人产生要挟之感。表达感谢的宴请最好在事情完成之后进行，此时大家都有愉快和坦荡的心情。

（3）表达歉意。有时候一顿宴请也有表达歉意的功效和作用。道歉有哪些方式？可以通过言语致歉，也可以通过小礼物表达心意，还可以通过宴请来当面致歉，餐桌上推杯换盏之际，误会、失误、怒气都有可能烟消云散。

（4）联络感情。朋友常走动才亲密，而餐桌无疑是联络感情的最佳场合，选个轻松惬意的餐厅，三五知己，浅酌几杯，分享一下最近的心情和工作，感情也就在餐桌上不断升华。

（5）求人帮忙。这是与利益相关的一种宴请，也是最容易被拒绝的一种宴请，由于将一桌饭赋予了太多现实意义，因此宴请者小心谨慎，受邀者也不敢贸然赴约。

宴请成功与否取决于邀请者给予这顿饭的含义，说得轻松，应者轻松，说得隆重，应者犹豫。

（三）邀约技巧

请客吃饭不仅是为了享受美食美酒，在很多时候也会变成一种交际手段，甚至是生意投资，因此宴请也是需要技巧的。

（1）直接邀约。不加遮掩、不做铺垫，直接登门隆重邀约，不失为一种率性并且较难让人拒绝的方法。登门邀约需要勇气，也就带有必须成功的信念。这样的邀约直接坦诚，有时会令邀约成功率大大提高。

（2）间接邀约。间接邀约是指以其他的事情或物品作为桥梁顺理成章地提出邀约用餐的请求。比如，最近新得了一些好茶、新发现了一家不错的餐厅等。

（3）利用时间。利用时间是指想要邀约某人，可将拜访拖延至用餐时间，说一句"反正你我都要吃饭，不如我们一起吃顿便餐吧"。这样的邀约方式不太容易被拒绝，反正大家都要吃饭，这是非常合情合理的事情，那么一起吃也无不可。但这需要邀约者非常自信并且有预先的判断，否则邀约失败也很尴尬。

（4）巧妙设局。在打算邀约某人之前，先邀约其他客人或陪客，而这些人中有被邀约人非常在意或者正要相见之人，巧妙地借用设置好的饭局，来邀请被邀约人。吃饭吃的就是情谊，若都是交流愉快、谈话投机的人，被邀约人应邀也是在预料之中的事情。

另外，进行宴请邀约时，应表现出足够的诚意，这是最能打动人心的。诚意并非一句话可以描述清楚的，但是透着坚持和毅力，具有足够的耐心和勇气会使邀约格外具有分量。总之，邀约有术，诚意为先。

三、选择餐厅

中国有一句古语“民以食为天”，饮食既是为了满足人的基本生理需求，也承载着中国的传统习俗。

中国人设宴的原因可以是庆贺、祝贺，也可以是哀痛、消愁。因此在选择餐厅上也会有所不同，每逢农历新年、中秋节等，中国人便会一家老少聚在饭桌前共贺佳节，因此很多餐厅推出了年夜饭、团圆饭；有时为了欢庆一些重要事情，比如考上大学、职位高升、乔迁之喜等，餐厅会推出状元宴、谢师宴等。此外，在中国若有人离世，丧家也会在葬礼完成后设解慰酒，宴请出席葬礼的亲戚朋友，向他们表示谢意。可见，中国人十分重视在饭桌前分享喜乐与表示感谢。

选择一个好的餐厅，让宴会在优雅的环境、细致的服务、诱人的美食中进行，这是事半功倍的好方法。

（1）契合主题。选择餐厅时，应首先考虑餐厅的氛围是否符合此次宴请的主题，如果是喜庆的主题，那么餐厅的装修、环境、餐具和氛围就要有红色调、暖色调或者是有喜庆的感觉。如果是比较私人的宴请，则应考虑餐厅的私密性，安静优雅的餐厅更适合聊天。如果是为了祝贺“高中”或是“高就”，则可以选择有乐队的餐厅，以更好地烘托气氛。

（2）菜品优良。归根结底，宴请还是以吃为主题，因此一定要选择菜品质量有保证的餐厅，再好的主题，如果菜品糟糕就很难烘托出气氛和感觉。而且宴请大多在用餐时间进行，基本生理需求不能得到很好满足就无法推进主题。

（3）富有特色。一个有特色的餐厅，往往能给用餐者带来惊喜，这种惊喜也许来自可口的食物，也许来自殷勤的服务，也许来自用餐的环境。吃饭是重要的，但用餐过程中每一个细节都可能带来愉悦或糟糕的感受。

案例

很多人来北京都愿意去品尝一下全聚德的烤鸭，更享受的是烤鸭师傅当着客人的面一下下片烤鸭的样子，这便是独一无二的全聚德味道。

全聚德和平门店是宴请国内外政要首脑的重要场所，因此该店以名人、名店效应为出发点，环境风格以高雅祥和为特色。其中“名人苑”突出龙凤呈祥、群贤毕至的意境，寓意中华民族振兴，“全聚德”事业兴旺；由众多国家元首在全聚德用餐时留下的珍贵照片组成的“名人墙”以及一百多个国家的大使签名留言组成的“百名大使签字墙”更是引得顾客驻足观赏，赞叹全聚德独特的人文景观；金碧辉煌的四楼“金色大厅”运用现代多媒体技术和舞台灯光效果，集演出、会议、聚餐等功能为一体，更显名店风范。在全聚德和平门店，客户感受到的是尊贵和重视。

（4）交通便利。交通也是选择餐厅时要考虑的要素之一，交通应以主要客人越便利越好为原则，并考虑是否有停车场。有的餐厅位于小巷深处，虽说“酒香不怕巷子深”，但是对于不熟悉当地路况的客人来说，左拐右拐才能找到，这不仅会耽误客人的时间，也会造成不必要的麻烦。

（5）有备无患。宴请客人最安全的方法是：请熟悉的客人，尝试不熟的餐厅，可以探路考察、寻访美食；请不熟悉的客人，要去熟悉的餐厅，各方面的情况比较了解，这样可以避免意外或尴尬的情况发生。

选择一个优质的餐厅，不仅给人视觉与味觉的享受，更是一个人品位与能力的体现，于细微处见功夫。让客人进入与身份和主题对等的餐厅，宴请也就成功了一半。

思考与练习

一、礼仪实训

以小组为单位，分别进行宴会邀约、选择餐厅（情况汇报）训练，然后进行小组互评和老师点评，同学们互相取长补短，在互评和点评中提高宴会邀约和选择餐厅技巧。

二、案例分析

1. 空降而来的领导

作为空降而来的领导，张局长一直觉得找个理由和大家联络一下感情是非常必要的，他希望自己被认可的是能力而不是职位。

在和新同事都不十分熟悉的情况下，儿子考上大学这件事作为庆贺的理由显然是非常合适的，当然在邀请的时候也包括了和他关系微妙的副局长李乾，因为此前副局长被看作理所应当的局长接任者，没想到却空降来了张局长，所以，李乾最近情绪低落，和张局长的交流也非常少。

张局长率先邀请的就是李乾：“李局长，晚上一起吃顿饭吧，还有赵科长、徐处长。”

李乾刚要婉拒，张局长继续说：“别拒绝，今天，我有特别高兴的事要和大伙一起高兴高兴，虽然是私事，却是我这么多年最重要的一件事，儿子考上了北大，今天特别高兴，说什么也得出来喝两杯。”

这下，李局长不好再说什么了，这么高兴的事若不给面子，显然不近人情。

问题：这个案例给我们什么启示？

2. 海底捞的知己聚餐

三五知己好友聚餐，海底捞就是许多人的首选，那里殷勤的服务真的会让每位客人都有宾至如归的感受，服务员大多如朋友般友好，可以与他们聊天或者开开玩笑。他们也不把服务当作劳累的职业，而是享受其中，这种阳光的感受也很容易影响顾客，所以，比较亲密的朋友在海底捞这样的餐厅聚会是颇为惬意的。

问题：这个案例给我们什么启示？

任务三　馈赠礼仪

学习目标

知识目标

1. 了解馈赠礼仪的基本内涵。
2. 掌握馈赠礼仪的基本礼仪规范。

能力目标

能够在日常交际中熟练地运用馈赠的基本礼仪规范。

素养目标

确定“真诚”为本任务课程学习的素养教育主题，通过教学实施，让学生明白馈赠礼品重要的是体现真情实意。

馈赠即赠送礼品，它是人际交往中一种表达友情、敬意与感激的形式。真诚、正当的馈赠应该是馈赠者真情实意的体现，同时也能够给受礼者带来欢乐。馈赠作为一种非语言的重要交际方式，是以物的形式出现，以物表情，礼载于物，起到寄情言意的“无声胜有声”的作用。得体的馈赠，恰似无声的使者，可以给商务活动锦上添花，给人们之间的感情和友谊注入新的活力。

一、馈赠的目的和原则

馈赠的目的多种多样，通常馈赠的目的不同，馈赠的方式、礼品的选择、遵循的礼节也会不同。商务人士应该根据实际需要，得体礼貌地送礼，避免做一些“无用功”。

另外，商务人士还要掌握馈赠的原则，以免达不到送礼的目的，反而事与愿违，“赔了夫人又折兵”。

（一）馈赠的目的

一般而言，馈赠的目的主要表现在交际、酬谢、公关和维系关系等方面。

（1）以交际为目的的馈赠。无论是个人还是组织机构，都可以对关键人物和部门赠送礼品，以促使交际目的达成；选择礼品的重要原则是让礼品既能反映送礼者的心意和感情，又能将其与送礼者的形象有机结合起来。

（2）以酬谢为目的的馈赠。在商务场合中，答谢礼品的价值大小，取决于他人帮助的性质（物质上还是精神上）、帮助的目的（慷慨无私的还是另有所图的）、帮助的时机（通常，危难之中见真情）。表示谢意要及时，但并不是任何帮助都要送物质礼品。高品位的“精神礼品”也是很多商务人士的选择。

（3）以公关为目的的馈赠。这种馈赠多发生在商界之间对经济利益的追求和其他利益的追逐活动中。表面上看来，馈赠是无偿的，不求回报的，其实回报往往更深地藏在其后的交往中，是一种为达到某种目的而用礼品的形式进行的活动。这种馈赠的目的不纯，甚至别有用心，是不被提倡的。

（4）以维系关系为目的的馈赠。这类馈赠，即人们常说的“人情礼”，重在巩固和维系人际关系和感情，强调礼尚往来，大多以“来而不往非礼也”为基本行为准则，因此，所选礼品不一定贵重，对等即可，重在送礼的方式上。

（二）馈赠的原则

但凡送礼之人，都希望自己所送礼品能寄托和表达对受礼者的敬意和祝颂，并使交往锦上添花。然而，有时所赠礼品非但达不到这种目的，反而会事与愿违，造成不良后果。为了使馈赠达到预期的目的，馈赠必须遵循以下几个方面的原则。

（1）轻重原则。一般情况下，礼品的厚薄，往往是衡量交往人的诚意和情感浓烈程度的重要标志。然而，礼品的厚薄与其物质价值并不一定总成正比。礼品既有其物质的价值含量，也有其精神的价值含量。物有价，情无价。“千里送鹅毛”的故事，在我国妇孺皆知，常被人们作为“礼轻情意重”的楷模和学习典范。

特别提醒

精美的包装不仅可以使礼品的外观更具艺术性和高雅情调，显现出赠礼人的文化艺术品位，而且还可以使礼品保持一种神秘感。这既有利于交往，又能引起受礼人的探究兴趣和好奇心，使双方愉快。

（2）时机原则。中国人很讲究“雪中送炭”，即十分注重馈赠的时效性，因为只有在最需要时得到的才是最珍贵的，才是最难忘的。因此，商务人士在赠送礼品时要把握好馈赠的时机。馈赠的时机包括时间的选择和机会的择定。一般来说，时间贵在及时，超前或者滞后都达不到馈赠的目的；机会贵在事由、情感以及其他需要的程度。“门可罗雀”时和“门庭若市”时，人们对馈赠的感受会有天壤之别。

特别提醒

一般情况下，不在公开场合送礼。当众只给一群人中的某一个人赠礼是不合适的。因为那会使受礼人有受贿和受愚弄之感，而且会使没有受礼的人有受冷落和受轻视之感。给关系密切的人送礼也不宜在公开场合进行，只有那些能表达特殊情感的特殊礼品，方可在公众面前赠送，因为这时公众已变成你们真挚友情的见证人，如一本特别的书、一份特别的纪念品等。另外，如果可以，尽可能当着受礼人的面赠送礼物，便于观察受礼人的表情，并可适时解答礼品的功能和特性等，还可有意识地向受礼人表明自己选择礼物时独具匠心的考虑，激发受礼人的感激之情和喜悦。

（3）效用原则。当礼以物的形式出现时，礼物本身也就具有了实用价值。就礼品本身的实用价值而言，人们的经济状况不同、文化程度不同，对于礼品的实用性要求也就不同。一般来说，在物质生活水平较低时，人们多倾向选择实用性的礼品；在生活水平较高时，则倾向于选择艺术价值较高、纪念性或思想性较强的礼品。

（4）投好避忌原则。由于民族、生活习惯、生活经历、宗教信仰以及性格、爱好的不同，不同的人对同一礼品的态度是不同的，或喜爱、或忌讳、或厌恶等，因此我们要把握住投其所好、避其禁忌的原则。馈赠前一定要了解受礼者的喜好，尤其注意要避其禁忌。禁忌是一种不系统的、非理性的、作用极大的心理和精神倾向，对人的活动影响强烈。当自己的禁忌被冒犯时，无论是有意的还是无意的，心中的不快不满，甚至愤恨是不言而喻的。

特别提醒

为了更好地达到送礼的目的，根据送礼对象的不同选择一件理想的礼品尤为重要。一般情况下，富有者，以精巧为佳；家贫者，以实惠为佳；同事朋友，以趣味为佳。而在挑选赠送外国友人的礼品时，一般应以特色为佳，在指导思想上应恪守以下四项准则：

（1）突出礼品的纪念性。在涉外交往中，送礼依然要讲究“礼轻情义重”。因为在许多国家里，都不时兴赠送过于贵重的礼品。但是，礼品具有纪念性，往往更受对方欢迎。

（2）体现礼品的民族性。最有民族特色的东西，往往是最好的。中国人司空见惯的风筝、剪纸、真丝丝巾、唐三彩、景泰蓝、书画等，往往会备受外国人青睐。

（3）明确礼品的针对性。即挑选礼品时应当因人、因事而异。因人而异，指的是选择礼品时，务必充分了解受礼人的性格、爱好、修养与品位，尽量使礼品得到受礼人的欢迎。因事而异，则指的是在不同的情况下，向受礼人所赠送的礼品也应当有所不同。比方说，出席家宴时，宜向女主人赠送鲜花、土特产和工艺品，或是向主人的孩子赠送糖果、玩具等；探望病人时，则宜向对方赠送鲜花、水果等。

（4）重视礼品的差异性。向外国人赠送礼品，绝对不能有悖对方的风俗习惯。要解决好这一问题，就要充分了解受礼人所在国的风俗习惯，主动回避对方有可能存在的下述几个方面的禁忌：与礼品有关的禁忌；与礼品色彩有关的禁忌；与礼品图案有关的禁忌；与礼品形状有关的禁忌；与礼品数目有关的禁忌；与礼品包装有关的禁忌；等等。

二、馈赠的技巧

送礼不单讲究时机和场合，有时还要讲究一下送礼的技巧。

（1）借花献佛。如果你送的是土特产，你可以说是老家来人捎来的，分给朋友尝尝鲜，东西不多，又没花钱，不是特意给他买的，请他收下。一般来说，受礼者那种因盛情无法回报的拒礼心态可望缓和，会收下你的礼物。

（2）暗度陈仓。如果你送给比较要好的朋友的是茶叶一类的东西，不妨避谈“送”字，假借说是别人送你两盒茶叶，来和朋友一起分享，既提升了兴致，也增进了友情。

（3）借马引路。有时你想送礼给人，而受礼者又跟你有些过节，不便直接去送。你不妨选择受礼者的生辰婚日，邀上几位熟人一同去送礼祝贺，那样受礼者就不会拒绝了。事后会改变对你的看法，使关系和好如初。

（4）移花接木。老李有事要托小张去办，想送点礼物疏通一下，可是又怕小张拒绝驳了自己的面子。老李的爱人跟小张的对象很熟，于是，老李便搞起了夫人外交，让爱人带着礼物去拜访，结果事也办了，礼也收了，两全其美。

（5）醉翁之意。假如你是给家境困难者送些物品，但又怕他自尊心强，不肯轻易接受，不妨说，这东西在我家搁着也是闲着，不如你拿去先用，日后买了再还。受礼者会觉得你不是在施舍，日后又还，会乐意接受的。

（6）顺水人情。在某种情况下，人情也是一种礼物，比如，你能通过某些渠道买到出口转内销、出厂价、批发价、优惠价的东西，当你为朋友买了这些东西后，他们在拿到东西的同时，已将你的那份情当作礼物收下了。你分文未花，而收到的效果与送礼一般无二。受礼者因花了钱，收东西时心安理得；送“情”者也会自得其乐。

（7）借鸡生蛋。一位学生受老师恩惠颇多，一直想回报，但苦无机会。一天，他偶然发现老师家红木镜框中镶的字画感觉是一幅拓片，跟家里雅致的陈设不太协调。正好，他的叔父是全国小有名气的书法家，他把叔父写的一幅字放到红木镜框里送给老师，老师不但没有拒绝，反而十分喜爱，送礼的目的就达到了。

三、商务人士如何受礼

“礼”，绝不仅仅只是指钱和物，它还具有敬意、祝贺、友情等精神方面的内涵。所以，商务人士在接受他人馈赠礼品的同时，应注意以下几点：

（1）礼貌谦让。当他人有礼相赠时，不管自己在做什么事，都应立即中止，起身站立，面向对方，在对方取出礼品，预备赠送时，不应伸手去抢，开口相询，或者双眼盯住礼品不放，但求“先睹为快”。

（2）双手捧接。在送礼者递上礼品时，受礼者要尽可能用双手“迎接”。不要只伸出一只手去接礼品，特别是不要单用左手去接礼品。在接受礼品时，勿忘面含微笑，双目注视对方的双眼。如果接过来的是对方所提供的礼品单，应立即从头至尾细读一遍。

（3）表示感谢。在双手接过他人礼品的同时，应向对方立即道谢。如果有条件的话，还应该即刻与对方握手，以示感谢之意。同时，要诚恳地向送礼者表示以后请不要这样客气等。你还可以说一些令人开心的话，比如，“你能想到我真是太好了”。

（4）当面拆封。如果对方送来的礼品不涉及受贿嫌疑，但包装相当考究，且在场的人少而纯，时间也比较充裕，那么，在接过他人礼品之后，可以当着对方的面，将礼品包装当场拆封。这表示自己看重对方及其所赠礼品。

（5）表示欣赏。受礼者应在赞美和夸奖声中收下礼品。如当面拆开包装，要以适当的动作和语言，表示对礼品的欣赏。比如，别人送了一条围巾给自己，你可以马上把它围上，照一照镜子，并告诉赠送者及其他在场者：“这条围巾真漂亮，它很适合我”，或是“我很喜欢它的花色”。

（6）不要攀比。无论对方送你的是什么样的礼物，礼物的价值大小如何，它都有一种象征性的意义，并非“礼轻情意轻，礼重情意重”，因此，受礼者都应该欣然接受。而若是以礼品的价值大小来衡量友谊的深浅，无疑就会使人情变味，情谊扭曲。

在商务场合中，必要的送礼是人与人之间感情的纽带，但是，不能以礼品的价值大小看待情谊的深浅，这是庸俗的礼仪观。“礼轻情意重”是我们的优良传统，在破旧俗、倡文明的今天，我们需要的是一个更加文明的礼仪观。

四、商务人士如何拒礼、还礼

在商务场合中，有人馈赠我们礼物是他人对我们的尊重、欣赏或赞扬，但也不能一见礼物就照收不误，来多少就收多少。古人言：“来而不往，非礼也。”在人际交往中，礼尚往来，互赠礼品，是人之常情。

（一）拒绝礼品的技巧

对于对方馈赠的礼品，到底该不该接受？如果是一些土特产，不妨欣然接受，如果不接受，反而会使对方感到扫兴和尴尬。然而，假如对方所馈赠的是昂贵的物品，而且你们之间的关系又不够深，一般应该婉言拒绝。但拒绝收礼也要注意分寸，讲究礼仪。

（1）婉言相告法。即采用委婉的、不失礼貌的语言，向赠送者暗示自己难以接受对方的礼品。比如，当对方向自己赠送手机时，可告知：“我已经有一台了，谢谢。”

（2）直言缘由法。也就是直截了当地向赠送者说明自己之所以难以接受礼品的原因。在商务人员的公务交往中拒绝礼品时，此法尤其适用。比如，如果是比较贵重的礼品，可以说：“按照有关规定，您送我的这件东西必须登记上缴，您还是别破费了。”

（3）事后归还法。回绝礼品时不仅可以当面谢绝，还可以采用事后归还法。有时，拒绝他人所送的礼品，若是在大庭广众之下，往往会使赠送者尴尬异常。遇到这种情况，可采用事后归还法加以处理。但是一定要注意别破坏包装，另外，事后要尽快归还，通常情况下不超过 24 小时要把礼品退还给赠送者。

（二）还礼的技巧

通常接受他人礼品之后，应在适当的时刻，以适当的方式，向对方回赠礼品。依照规范，在人际交往中选择还礼时，主要应注意还礼的时间和还礼的形式两个问题。

（1）还礼的时间。还礼的时间必须慎重选择，因为还礼过早，就好像“等价交换”，又好像要与对方划清界限，互不相欠。但若时间拖得过久，则又跟无此打算没有什么不同。一般来讲，较好的还礼时间选择有：适逢与对方馈赠自己的相同的机会还礼；在对方及其家人的某一喜庆活动中还礼；在此后登门拜访之时还礼。

（2）还礼的形式。还礼是很讲究具体形式的，还礼的形式要是不合乎礼仪，“还”还不如不“还”。比较合乎礼仪的还礼形式有以下几种：

1）以对方相赠之物的同类物品作为还礼。这里所说的“同类”是指大的种类。比如，你送我书刊，我可还以影碟，因为它们均为文艺类礼品。但要注意，在具体品种上，还礼尽量不要与赠礼完全相同。

2）以对方相赠之物的等价物品作为还礼。一般来讲，还礼与赠礼的价格相仿即可，没有必要有过之而无不及。即使还礼在价格上较赠礼低一些，也未见得不可。

3）以某种表达尊重的方式来代替还礼。实际上，受礼以后不必非要还礼。可代之以其他形式，例如，在受礼之后，在口头上或书面上向对方致谢；或是在再见对方之时，使用对方的赠礼，以示不忘等，同样是可行的好办法。

若礼品是由他人代为转交的，最好在一周之内写信或打电话给送礼人，向对方正式致谢。以后有机会再与送礼人相见，应再次当面向对方表示自己的谢意。或者告诉对方，他送给自己的礼品，自己不仅十分喜欢，而且经常地使用。

思考与练习

一、礼仪实训

以小组为单位，分别进行针对特定对象的商务馈赠、受礼、拒礼及还礼（情况汇报）训练，然后进行小组互评和老师点评，同学们互相取长补短，在互评和点评中提高商务馈赠、受礼、拒礼及还礼技巧。

二、案例分析

1. 别让你的礼品“裸奔”

一次，某知名品牌服装公司为新款服装做推广，邀请了某位著名女演员做嘉宾。公司特别为这位女演员量身定做了一套漂亮的晚礼服，让女演员在活动当天穿上，配合公司现场讲解的宣传计划。礼服做好后，公司派刚入职不久的李女士将精心包装好的礼服送给女演员。不料因为下雨路滑，李女士在下车时不慎跌倒，弄脏了礼服包装。李女士就把晚礼服取出来，随手装在了一个袋子里送给女演员。活动当天，女演员所穿的服装不是该服装公司为她量身定做的那件礼服，自然那个独特的宣传手法也没能用上。后来，李女士联系那位女演员才知道：女演员看那衣服随便装在一个袋子里，以为不过是件寻常衣衫，随手扔在了一个角落里。

问题：这个案例给我们什么启示？

2. 不盲信“礼轻情意轻”

国内某知名企业接待了美国某知名研究所前来进行交流的工程师。在欢送美国工程师的仪式上，知名企业送给他的礼物是一盒价值2 000元左右的名贵茶叶，这盒茶叶经几十道工序加工，包装精美。而美国工程师回敬的礼物则是价值2美元的印有美国研究所名字的签字笔。那么，企业接待方吃亏了吗？

问题：这个案例给我们什么启示？

任务四 电话礼仪

学习目标

知识目标

1. 了解电话礼仪的基本内涵。
2. 掌握电话礼仪的基本礼仪规范。

能力目标

能够在日常交际中熟练地运用电话的基本礼仪规范。

素养目标

确定“礼貌、服务”为本任务课程学习的素养教育主题，通过教学实施，引导学生把热情、周到的服务贯穿于电话服务过程的始终。

对现代人而言，电话已成为一种生活必需品。在日常生活中，人们通过电话可以粗略判断对方的人品、性格。因而，掌握正确的、礼貌待人的打电话的方法是非常必要的；在使用电话时，务必要自觉维护好自己的“电话形象”。打电话看起来很容易，其实不然，打电话大有讲究，可以说是一门学问、一门艺术。

一、拨打电话的礼仪

（一）择时通话

通话时机的选择看似平常，实际上很重要。设身处地地考虑对方的情况，是选择通话时机的基本原则。拨打电话要选择通话效率高的时间，换句话来讲，就是人家不会厌烦的时间。

一般情况下，上班后的前 30 分钟以及下班前 30 分钟、中午休息时间、晚上 10 点以后以及就餐时间都不应该打电话，除非是紧急事情非打不可，但是接通电话后应先为打搅别人休息而道歉。还有，每周一的上午一般单位都比较忙，尽量不要打电话。

公务电话应尽量打到对方单位（固定电话），若确有必要打对方手机，也应注意避开以上不宜打电话的时间。

给海外人士打电话，要先了解一下时差，不要不分昼夜，打扰他人。

一般来讲，私人电话是在家里打的，公务电话是在办公室打的。在工作场合，拨打私人电话应该尽量用自己的手机。

（二）简短通话

电话打多长时间好呢？在日常生活中拨打电话，有多少事就说多长时间，说清楚为止。但是，在工作中，通话时间是宜短不宜长，要遵守电话礼仪中的“3 分钟原则”，即每次通话的时间应该有效地控制在 3 分钟之内。当然，这里的“3 分钟”并非绝对的只能通话 3 分钟，而是指要长话短说、废话少说、没话不说。

特别提醒

对于重要的电话，应当提前对通话内容有所准备。在进行重要的电话通话之前，最好是备好一份通话提纲，先讲重要的事情，后讲次要的事情。这样在正式通话时既可以节约时间，又可以抓住重点，条理分明，不易遗漏。

做好通话前的准备工作很重要，不管是接听或打出电话，其内容都要做到“六何”清楚，即何人（通话对象姓名）、何时（通话时机）、何地（待约会场所）、何事（电话内容）、何因（电话理由）、如何做（如何表达）。

（三）通话中礼仪

（1）先问候，后找人。接通电话后，要先向对方致以问候，再自报家门，问一下对方是谁，说你要找的人。比如：“您好！我是 ×××，请问您是 ××× 吗？请您帮我找一下 ×××。”打电话时如果对方不在，一定要使用敬语：“请（麻烦、劳驾）您帮我找一下 ×××。”

（2）控制好音量和语速。通话时的音量以对方听得清楚而又感觉舒适为宜。声音太大会让对方感觉不舒服，而且也会影响其他人的正常工作。与面对面的交谈相比，通话时的语速应适当放慢，不然就可能产生重音，而且还会令人厌烦。

另外，力求使对方听清楚自己的声音。通话时要吐字清楚、发音标准、口齿清晰。这样，对方才能听清、听懂。

（3）适时终止，礼貌挂机。依照惯例，应由拨打电话的一方终止通话。需要终止通话的情形一般有两种：一种是本次通话目的已经实现；另一种则有可能是对方对谈话内容不感兴趣，或对方有结束谈话之意。尤其是感觉到第二种情形出现时，不宜延长谈话时间，需选择适当时间终止通话。但是，通话结束不应太突然，当谈话内容接近尾声，主叫方应适时地给出结束语，例如“打扰您了”“拜托您了”“谢谢”“再见”。

挂断电话时，要将话筒轻轻放下。切忌用力过大，使对方产生误解。如果对方是长辈、身份较高者或者是女士，无论是谁打出电话都应等对方先挂电话。

（4）其他通话礼仪。拨打电话时还要注意以下几个方面的礼仪：

1）通话时应站好或坐好，不要随意走动，或是兼做其他事情。

2）要见机行事，注意对方的反应。倘若感到对方反应不够及时，可询问一下对方此刻通话是否方便。必要时，可等一会儿再打。

3）不能在通话中发牢骚、发脾气，训斥、讽刺或挖苦他人，甚至恶语相向。

4）不能随意中断通话，或者在通话过程中保持沉默、不理不睬。

5）拨通电话后，需要叫人回电话的，至少在一刻钟内要恭候在电话机前。

6）需要保守业务秘密的电话一般不宜在大庭广众之下拨打。

7）拨错号码应向接电话者表示歉意，比如："对不起，我打错了。"或"打扰您了。"

特别提醒

打电话前应确认通话对象的身份。给上级打电话请示或汇报工作时，不要过于拘谨，谈吐自然得体，讲话开门见山，条理清晰。给下级打电话时，态度应谦和、亲切、自然，不摆架子，不打官腔。

二、接听电话的礼仪

基本的接听电话礼仪与拨打电话的礼仪要求是一致的，如通话要简短，要控制好音量和语速，发音标准、口齿清晰，挂电话时要礼貌，不能随意中断通话等。除此之外，在接听电话时，还要注意以下几个方面的礼仪。

（一）及时接听

当电话铃声响起之后，服务人员应在铃响三次左右时及时接听，左手拿电话，右手拿笔，随时准备做记录。如果有其他特别要紧的事情，电话铃响三声以后才接电话，应首先向对方致歉："您好，对不起，让您久等了。"在通话中如请对方稍等，不宜长于一分钟。

（二）通话中礼仪

（1）自报家门。接电话者应首先问好，使用"您好！""早上好！"等问候语，避免以"喂"开头。随后告知公司名称、部门以及个人姓名（三者并非需要同时告知）。若是公司内部电话，告知部门及个人姓名即可；若是公司外部来电，则以公司名称、部门名称为主。例如："您好！ ×× 公司人力资源部，请问有什么可以帮助您？"

（2）礼貌服务。当对方说明要找的人后，应说"请稍等"，然后尽快找到受话人。如果受话人虽在，但距离较远或有事无法分身，可礼貌地向对方解释并提出建议，以免浪费对方时间，如"××× 刚走，估计 5 分钟内能回来，您过一会儿再来电话？"如果对方要找的人不在，可以礼貌地解释并提出建议，如"对不起，××× 不在，请问您可让我替您转达吗?”

特别提醒

电话中的敬语一般有“您”“您好”“请”“劳驾”“麻烦您”“多谢您”“可否”“是否”“能否代劳”“有劳”“效劳”“拜托”“谢谢”“请稍候”“对不起”等。

（3）确认信息。当交谈内容结束后，要及时与对方确认沟通信息，避免信息漏记与错记，尤其是替他人留言或转达时，务必做到逐条确认信息。如果对方要找的人不在，且对方愿意请你转达，要将电话号码、对方姓名、单位等作详细记录，然后重复一遍。

（4）热情交流。接听电话忌讳声音冰冷。由于电话交流无法看到表情与肢体语言，信息的传递完全依靠声音，而冰冷、懒散的声音容易产生距离感，因此，电话交流过程中，应面带微笑、声音柔和、彬彬有礼，这样可以给对方愉快、亲切、可以信任的感觉，也可以让对方感觉到电话那头的热情。

（5）其他通话礼仪。接听电话时还要注意以下几个方面的礼仪：

1）尽量不失礼节地设法辨明对方身份、姓名、工作单位和电话号码。

2）应避免打断对方的讲话。为了表示自己在专心聆听，应视情况用“嗯”“是的”“对”“知道了”等作答。没有听清听懂的话，应致歉后再请求对方重复。对重要的内容应记录，并请求对方重复或自己重复确保无误。

3）通话无故中断后，应立即拨打电话给对方，并说明通话中断的原因。

4）因故不能接听电话时，须先向对方道歉并讲明原因，然后在双方约定的时间里，主动而准时地打电话给对方。请对方过一会儿再打进来的做法，未必适当。

5）若不想将通话继续下去，一般不宜直言相告。一个巧妙的方法是告诉对方有客人到访，需为其提供服务，或者又有一个电话打了进来。但是，务必要向通话对象道歉，并告诉对方，希望以后有机会再继续畅叙。

6）对方拨错电话时，要耐心地告诉对方“对不起，您拨错电话了”。有可能时，不妨协助对方核实或查找一下对方所要拨打的电话号码。

7）在上司面前、在游客面前或者其他较为重要的场合，不能随意接打电话。

特别提醒

如在办公室接听到找上级的电话而上级又不在场时，应避免答复对方“没有来”“一直未见到”“还未来上班”等，而应答复“××暂时不在办公室，有什么事可以代劳吗?”等。

8）如需传呼他人，则应请对方稍候，然后轻轻放下电话，去传呼他人。

9）当对方要找的人正在开会或会客，首先要把情况告诉对方，然后，问对方有何交代或吩咐，可否留下电话号码等开完会或会客后回复。假如对方执意要与要找的人通话，应先将对方的基本资料记下，然后告诉对方“请稍候”或“请五分钟后再打来”，随后将对方资料写在便条上，送到会议室或会客厅。

特别提醒

如果受话人正在参加非常重要的会见，难以确定可否接电话，则要向对方表示“实在抱歉，可否等会议或会见结束后，再回复您电话”，道歉时的语气要婉转。

三、移动电话的礼仪

如今手机使用的频率越来越高，手机礼仪也越来越受到关注。使用手机时应注意以下几个方面的基本礼仪：

（1）遵守公共秩序。在公共场合，特别是图书馆、电梯、公交车、会议室以及医院等地方，不可以旁若无人地使用手机，更不要开启“免提”功能。在会议中和别人洽谈业务的时候，最好的方式是把手机关掉，或者调到静音状态。这样既显示出对别人的尊重，又不会打断讲话者的思路。在餐桌上，关掉手机或是把手机调到振动、静音状态也是很必要的，避免扫大家的兴。

特别提醒

在没有使用手机时，都要将其放在合乎礼仪的常规位置。不要在没有使用的时候将手机放在手里或是放在上衣外袋里。放手机的常规位置有：随身携带的公文包里（这个位置最正规）；上衣的内袋里；不起眼的其他地方（如手袋里等）。最好不要放在桌子上，特别是不要对着对面正在聊天的客户。

（2）适度使用手机。在地铁、公交车等公共场所处处可见“低头族”，甚至在家里、在亲友聚会上也经常出现盯着手机少与周围人交流的现象。我们应适度使用手机，避免因为手机的不当使用而疏远了与周边亲人、朋友的感情。

（3）安全使用手机。从人身安全的角度考虑，切勿在飞机上、加油站等手机禁用场所拨打电话。

（4）方便他人为先。保持电话畅通，及时回复他人短信、微信和漏接电话。

特别提醒

一边和别人说话，一边查看手机短信或微信，是对别人的不尊重。如果有特别重要的短信或微信非要回复的话，一定要和正在说话的对方先打个招呼，表达一下歉意。在征得对方同意后再去回复短信或微信。

思考与练习

一、礼仪实训

以小组为单位，分别进行拨打电话和接听电话训练，然后进行小组互评和老师点评，同学们互相取长补短，在互评和点评中提高拨打电话和接听电话技巧。

二、案例分析

1. 您都忘了我的声音了

小张：请问李经理在吗？

李经理：我是李经理，请问您是哪位？

小张：李经理，您猜呢？

李经理：是王明吗？

小张：不是！

李经理：是刘丰吗？

小张：不是！李经理您都忘了我的声音了。

问题：打电话者采用的方式是否合适？存在什么问题？

2. 不和谐的手机声

公司的年终会议如期举行。本次会议邀请了不少外宾参会，也来了不少中外记者。组委会为了保证会议顺利召开，在会议室门前专门竖有明显标志：请关闭手机。嘉宾讲话时，有记者的手机响了，招来周围人的嘘声和众多不满的目光。在公司领导总结讲话时，又有记者的手机响了……

问题：这个案例给我们什么启示？

项目四

商务交往礼仪

任务一 拜访礼仪

任务二 接待礼仪

任务三 会议服务礼仪

在旅游业的商务交往过程中，旅游从业人员需要掌握的礼仪包括拜访礼仪、接待礼仪和会议服务礼仪等。其中，接待礼仪又包括迎客礼仪、引导礼仪和送客礼仪等诸多方面。

任务一 拜访礼仪

学习目标

知识目标

1. 了解事先预约、准时赴约和适时道别等拜访礼仪规范。
2. 掌握精心准备、礼貌做客等拜访礼仪规范。

能力目标

能够在公务拜访过程中熟练地运用基本的拜访礼仪规范。

素养目标

确定“礼貌、敬业”为本任务课程学习的素养教育主题，通过教学实施，引导学生做文明人、说文明话，把热情、周到变成一种本能和习惯；树立敬业精神，对待工作兢兢业业、忠于职守。

拜访是指亲自或派人到朋友家或与业务有关系的单位去拜见访问某人的活动。拜访包括家庭拜访和公务拜访。但不管哪种拜访，都应遵循一定的礼仪规范。

一、事先预约

拜访之前必须预约，这是最基本的礼仪。一般情况下，应提前三天与对方联系，简单说明拜访的原因和目的，确定拜访时间、地点以及前去拜访的大致人数等。

预约的语言、口气应该是友好、请求、商量式的，而不能是强求命令式的。拜访时间的选择，最好能考虑到双方的便利，一般应尽量避开主人可能不方便的时间。公务拜访的时间最好在上班半小时后、下班半小时前。

如果是家庭拜访，在选择拜访时间时要考虑到双方关系的亲密程度。一般选在下午或晚饭后较好，这个时间主人一般都有接待来访者的思想准备。

特别提醒

如果因故不能如期赴约，必须提前通知对方，以便被访对象重新安排工作。通知时一定要说明失约的原因，态度诚恳地请对方原谅，必要时还需约定下次拜访的日期、时间。

因事急或事先并无约定，但又必须前往时，则应尽量避免在休息时间或深夜打搅对方；如万不得已非得在休息时间约见对方，则应在见到主人时立即致歉，说“对不起，打搅了”，并说明打搅的原因。

二、精心准备

（一）形象准备

肮脏、邋遢、不得体的仪表，是对被访对象的轻视。被访对象会认为你不把他放在眼里，对拜访效果有直接影响。为了表达敬重之意，拜访前，要根据拜访对象、场合、目的等，对个人仪容、仪表进行修饰。仪表要端庄，衣着要整洁。工作拜访要注意着职业装。注意不要把脏物带进主人办公室或家里。

特别提醒

最好的着装方案是“客户 +1”，即只比客户（被访对象）穿得好“一点”。这既能体现对客户的尊重，又不会拉开双方的距离。着装与被访对象反差太大反而会使对方不自在，无形中拉开了双方的距离。

（二）礼品准备

根据拜访的性质判断是否需要准备礼品。若需要送礼，就要送到对方的心坎里，所以，要了解对方的喜好、身份及品位等，有针对性地选择礼物，尽量让对方满意。礼物不要过于昂贵或过于简单，要根据对方的身份和双方的关系来决定。如果是送给长辈或上司，可以适当增加礼物的价值，以表达自己的敬意。如果是送给朋友或同事，可以适当降低礼物的价值，以避免给对方带来不必要的压力。礼物的数量也是如此。

如果是家庭拜访，又恰逢是节假日上门或初次做客，最好选择一些礼品，以增进感情；工作场所的拜访，除了公司要求或节假日外，一般无须准备礼物。

（三）资料准备

如果是公务拜访，并且有明确的洽谈内容，则需要提前准备好相关资料与客户需要的样品或东西，以保证洽谈顺利进行。首次拜访应先了解拜访对象的基本情况，如其所在单位的情况、担任的职务、分管的工作、性格特征等。

（四）流程准备

在正式拜访之前，拜访者除了对形象、礼品和资料等做好精心准备之外，还要对拜访流程进行精心设计，拜访流程的设计应该以拜访目的的实现为标准，主要包括开场白的结构、询问术和下次拜访的约定等方面。

（1）开场白的结构。在公务拜访中，开场白的结构大概包括以下几个方面的内容：提出议程；陈述议程对客户的价值；时间约定；询问是否接受。如：“李经理，今天我是专门来向您了解贵公司对 ×× 旅游产品的需求情况，知道贵公司明确的计划和需求后，我可以为贵公司提供更方便的服务，我们谈话的时间大约需要五分钟，您看可以吗？”

（2）询问术。在公务拜访中，询问术的运用很重要，要想办法让客户一次说个够。

首先，要设计好问题漏斗。在询问客户时，问题面要采用由宽到窄的方式，渐进式探寻。如：“李经理，您能不能介绍一下贵公司今年总体的旅游安排？”“贵公司在哪些方面有重点需求？”“贵公司对 ×× 旅游产品的需求情况，您能介绍一下吗？”

其次，要设计好询问方法。询问方法主要分两种：扩大询问法和限定询问法。采用扩大询问法，可以让客户自由地发挥，让他多说，让我们知道更多的东西。如：“李经理，贵公司的旅游产品需求计划是如何报审的呢？”采用限定询问法，则是让客户始终不远离会谈的主题，限定客户回答问题的方向。如：“李经理，贵公司的旅游产品需求计划，是需要通过您的审批后才能在下面的部门去落实吧？”在询问客户时，千万不要采用封闭话题式询问法来代替客户作答，以造成对话的中止，如：“李经理，你们今年全年的旅游计划安排大概是 80 万元，对吧？”

特别提醒

拜访时一定要把时间花在决策者身上。在公务拜访中，拜访客户的目的是与客户达成有效的协议，而达成协议的决定权一般掌握在决策者手中。在拜访中，谁有决定权就在谁身上多花些时间。当然，也不排除其他人员的辅助作用，但主要精力还是要放在决策者身上，这样拜访的效率才会大大提高。

再次，要适时总结会谈要点，并请客户确认。在会谈结束前，要对客户谈到的重点内容进行简单总结，并请客户进行确认，确保双方在对问题的理解上达成一致。如：“李经理，今天很高兴从您这里听到了这么多宝贵的信息，真的很感谢您！您今天所谈到的内容一是关于……，二是关于……，三是关于……，是这些，对吗？”

（3）下次拜访的约定。在本次拜访结束时，应该确认一下本次来访的主要目的是否达到，必要时应向客户叙述下次拜访的目的、约定下次拜访的时间。如：“李经理，今天很感谢您给我提供了这么多宝贵的信息，根据您今天所谈到的内容，我回去好好做个方案，然后再来向您汇报。”

三、准时赴约

知识链接

韵律法则

准时赴约是拜访的最高礼节，它表现了对主人的尊重。一般可提前 5 分钟左右到达约定地点等候，以示尊重，同时还可以整理一下拜访需要用到的资料，并正点出现在约定好的地点。如因故迟到，应向主人道歉。在对外交往中，更应严格遵守时间，有的国家安排拜访时间常以分钟为计算单位，如拜访迟到 10 分钟，对方就会谢绝拜会。

如果是家庭拜访，提早 5 分钟或准时到达是符合礼仪规范的。

不能太早到，以免主人未做好准备，更不能迟到，以免主人久等。如果因为意外而迟到，先电话致歉告知主人，见面后要再次向对方道歉，并说明原因。

四、礼貌做客

拜访时应始终坚持礼貌做客原则，做到登门通报、进门有礼、举止有方。

（一）登门通报

（1）敲门或按门铃。如果办公室外有接待员，那么请接待员通报后引领到办公室；如果没有接待员，在办公室门外要先轻轻敲门，待主人有回应或开门后，方可进门。不打招呼就擅自闯入，即使门原来就敞开着，也是非常不礼貌的。如果是家庭拜访，同样要先按门铃或轻轻敲门，待主人开门并按要求换鞋后方可进门。万不可大声呼喊主人的名字作为通报。

特别提醒

如果被拜访者因故不能马上相见，可以在接待人员的安排下在会客厅、会议室等场所，安静地等候。如果接待人员没有说“请随便参观”之类的话，就不要随便地东张西望，甚至伸着脖子好奇地往房间里“窥探”，这都是非常失礼的。

按门铃的方式是按一下（有的门铃就会连续响几声），敲门的方式是用食指和中指一次持续敲三下，每敲门一次或按门铃一次要停留几秒钟，给主人走到门口的时间。如果没有动静，再继续敲门或按门铃。

（2）问候并自报家门。主人听到敲门或者门铃声出来，要相互问候，即使门口大开也不能直入屋内，要待主人招呼进屋后方可进屋。进入办公室或主人家中后，若初次见面，要做简单的自我介绍，并递上名片，说明来意。

（二）进门有礼

（1）进门寒暄。进门后要与主人及其家人握手、问好。倘若主人一方不止一人，则对对方的问候与行礼，必须在先后顺序上合乎礼仪惯例。标准的做法有二：其一，先尊后卑。其二，由近而远。

（2）进门换鞋。进入主人家后，应该主动向主人要求换拖鞋；如果主人已经准备好拖鞋，要及时换上拖鞋并把自己的鞋摆放整齐（提前要把脚洗干净，换上干净的袜子，防止有脚臭或破洞的袜子）。

（3）注意物品的搁放。拜访时如带有物品或礼品，或随身带有外衣或雨具等，应该放到主人指定的地方，不应当乱扔、乱放。

（4）第一时间奉上礼物。礼物应在进门互道安好后第一时间向主人奉上，并加以说明。在送礼时，要注意礼物的递送方式。如果是送给长辈或上司，要用两手递上礼物，并说明自己的心意。如果是送给朋友或同事，可以用一只手递上礼物，并表示自己的祝福。

（三）举止有方

（1）注重仪态，客随主便。无论是办公室还是家庭拜访，都要做到客随主便，不要过于随意，也不要过于拘谨，不失礼节，自然为宜。主人没有让坐不能随便坐下。如果主人是年长者或上级，主人不坐，自己不能先坐。主人让坐之后，要说声“谢谢”，然后采用规范的礼仪坐姿坐下。即使是主人十分熟悉的朋友，架二郎腿、双手抱膝、东倒西歪也都是不礼貌的行为。

（2）适度照顾好其他客人。如果主人家里还有其他客人，要表示尊重，友好相待。不要在有意无意间冷落对方，置之不理。若遇到其他客人较多，既要以礼相待，又要做到一视同仁。和其他客人打招呼要适可而止，不要本末倒置地将主人抛在一旁。

后来的客人到达时，先到的客人可以站起来，等待介绍或点头示意。在拜访过程中，当遇有其他人也来拜访时，应尽快谈完所要谈的话，向主人告辞。

（3）要懂得茶饮礼节。主人端茶时要起身道谢，双手相接，同时别忘了“喝茶要赞茶”的礼节。端上的点心、水果要等年长者先动手后，自己再取。果皮果壳不要乱扔乱放，也不要边走边吃水果或糕点。

（4）要尊重主人的生活习惯。到别人家拜访，应尊重主人的生活习惯。如果主人客厅里没有摆放烟缸，说明主人没有吸烟习惯，应尽量克制不吸烟。

与主人关系再好，也不要翻动主人的物品和工艺品。在别人家里做客，是有一定的活动区域限定的，最大的禁区就是主人的卧室，不能随意进入参观。

如果是短时间拜访，尽量避免使用主人家里的卫生间。如果主人家里有两个卫生间，在必须使用的情况下，也要避免使用主卫。

（5）要懂得交谈礼节与技巧。交谈时要专心，不要左顾右盼，不可随意打断别人的话，更不能在长辈面前自以为是地乱发表议论。

如果与接待者的意见相左，不要争论不休，更不能抓住不放，一定要有个结果。对接待者提供的帮助要致以谢意，同时注意观察接待者的举止表情，适可而止，当接待者有不耐烦或有为难的表现时，应转换话题或口气。

（6）交谈中尽量不接电话。即便在接电话之前形式上经过主人允许，但对方难免会有想法，所以，在初次拜访或重要的拜访场合，不要接电话。如果有的电话非接不可的话，也要在接通后简单寒暄几句后迅速挂断，等拜访结束后再打过去（接电话前经主人允许，接电话后方便的话可以向主人说明一下为什么接电话）。

（7）保持与主人相同的谈话方式。假如你思路敏捷、口若悬河，说话像打机关枪般快节奏，如果被拜访对象年纪比较大，思路就会跟不上，根本不知道你在说什么，容易引起被拜访对象反感。

五、适时道别

（一）适时告辞

拜访的时间不宜过长，当拜访目的已达到，或当接待者有结束会见的表示时，应立即起身告辞。辞行要果断，不要“走了”说了几次，却口动身不移。办公室拜访时间一般以半小时为宜，应在简单寒暄后直入主题，简明扼要。

如果来客较多，自己有事需要早走，应悄悄地先向主人告辞，并表达歉意，必要的情况下再向其他来客礼貌地说声：“我有事，先走一步，你们慢慢谈。”

（二）礼貌告辞

告辞时，应礼貌地说“打扰了”“谢谢您”等感谢语，并握手告别。走出门后，应把门轻轻带上，如果主人站起相送，应及时请主人留步，并再次表示感谢。

特别提醒

拜访结束后，对新认识的重要客户或合作伙伴，要第一时间发送信息，对自身情况再具体介绍一下，说明可以为对方提供哪些更为具体的服务，表达认识对方的高兴心情，并期待今后能够合作愉快，敬祝对方工作顺利、幸福美满等。

思考与练习

一、礼仪实训

以小组为单位，分别进行针对特定对象的商务拜访训练（包括事先预约、精心准备、礼貌做客、适时道别等方面的实训或情况汇报），然后进行小组互评和老师点评，同学们互相取长补短，在互评和点评中提高商务拜访技巧。

二、案例分析

是什么让他失去了合作的机会？

张先生是一名旅游用品公司的经理，这个星期他要去日本一家知名公司拜访这家公司的社长，他直接给这位社长打了电话并说明他明天要去其公司拜访的目的。在第二天的拜访中张先生因为旅途劳累竟然穿着便装去了公司。在一番谈论之后，日本公司的社长拒绝与张先生合作，而张先生还不知道被拒绝的原因。

问题：这个案例给我们什么启示？

任务二 接待礼仪

学习目标

知识目标

1. 了解接待礼仪的基本内涵。

2. 掌握接待礼仪的基本礼仪规范。

能力目标

能够在商务接待过程中熟练地运用基本礼仪规范。

素养目标

确定"服务、专注"为本任务课程学习的素养教育主题，通过教学实施，引导学生把服务意识贯穿于商务接待过程的始终；服务要专注细节，要有耐心、有恒心，"小"礼仪成就"大"事情。

一、迎客礼仪

旅游业服务人员在迎接顾客时，不仅要具有丰富的专业知识和技能，还要懂得合理地分配精力，始终保持服务意识，掌握好迎客服务的重点，控制好迎客服务中的关键环节。旅游业服务人员每天要迎接的顾客有的是不特定的，有的则是特定的，面对不同的顾客，旅游业服务人员所要做的准备工作是不同的。

（一）迎接顾客的基本礼仪

旅游业服务人员在迎接顾客时的基本礼仪主要体现在以下几个方面。

1. 良好的态度——微笑

热情相迎是中国人好客传统的体现，"有朋自远方来，不亦乐乎"。来者都是客，因此我们对所有顾客都要热情相迎、以礼相待。但所有的态度都需要通过某种形式去体现，比如语言、表情、行为等。

微笑是全世界共通的语言，它所传达的问候、欢迎之情远远超越一般的言语，由衷的微笑所散发出来的魅力不是一两个词语能替代的，同时，这种视觉上给予顾客的美好感受往往是令人印象最为深刻的。顾客一进门就看到一张热情的笑脸，会在心里留下美好的印象。之后即便服务当中有些疏漏或误会，服务人员也是极易获得顾客谅解的。

2. 专业的素质——问候

无人搭理是对顾客最大的伤害，顾客最不能原谅的理由是服务人员推托工作繁忙或声音小没听见等，顾客关注的重点就是没有人来招呼自己。

旅游业服务人员在与顾客目光接触或是碰面时有责任首先问候顾客，用具体的行为传递出"全心全意为顾客服务"的理念。而仅有热情还不够，旅游业服务人员想要获得理想的问候效果，还需要一些小技巧。

（1）争取主动。一般来说，主动的问候会给对方一种温暖的感觉，也会使服务人员在接下来的谈话中占有主动的地位。问候服务是最容易赢得顾客好感的一项服务，最得体的方法是见面后主动问候，具体的礼仪规则是：一般地位低者、年纪轻者先开口，或是后进入者主动开口问候大家，然后大家再回应问候。在工作场合，服务人员与顾客见面主动招呼顾客，不仅是对顾客的一种尊重，同时也表达欢迎之情。

（2）响亮明确。在与顾客交流之前，顾客的心态我们不可能预知，但一声响亮的问候也许就会将气氛和心情调动起来，就像阴沉多日的天空，阳光突现，令人不由欢喜起来。如果声音过小，对方虽然听到你说话了，但又没听清楚，还要再追问一声“你说什么”，岂不尴尬？原本诚恳的问候倒变成了一种解释。而且对方若没听清楚，只看见你的嘴在嘟哝，也许还会误认为你在说什么不好听的话，不敢让他听到。因此，问候的声音要响亮明确，将发自内心的热忱传达给对方，才能起到良好的沟通作用。

（3）形神兼具。问候的时候要注视对方的眼睛，明确而又坦诚地表达对顾客的欢迎。要微笑着点头、致意，这样的问候才能起到传达情意的作用。不要让问候流于程序、流于形式，问候必须是发自内心的诚恳态度的表达。

（4）因人而异。问候的时候要注意区别顾客的年龄、性别、身份、场合等因素。问候不是一件随意的事情，问候的对象不同，内容和方式也就要因人而异了。

（5）简洁明了。问候与寒暄应当删繁就简，无须过分渲染。并且问候不要过于程式化，像背诵似的。比如，与顾客初次见面，一个说“久仰久仰，您的大名可是如雷贯耳，今日得见真乃三生有幸”，另一个则答“岂敢，岂敢”，就显得太过客套了。

问候是简单却又不容易做好的事情，因为它的根基在你的内心，只有发自内心的热情问候才能感染和打动别人。问候同时又是一件看似渺小却又重大的事情，因为一个简单的问候，可能会使你多一位良师益友，会使你和同事的关系越来越融洽、友好，会将你与顾客的关系变得熟络而亲热，使你的工作事半功倍。

3. 体贴的服务——寒暄

在迎接顾客之时要有适当的寒暄，比如“今天天气有点冷”“您好！我有什么能帮您”等。仅一句“您好”，无法传递内心的关怀，只有多一些寒暄，并且始终从关怀顾客的角度切入，才能获得良好的迎宾效果。

在服务行业，顾客最怕接受的就是无声服务。无声意味着没有交流的意愿，意味着心情极差，连话都不想说，同时意味着这个顾客、这个工作完全激发不出服务人员讲话的欲望。当然，有些服务人员由于经验少、年纪小不敢与顾客寒暄，但对顾客而言，无声就意味着怠慢。比如，如果酒店前台工作人员默默地将一杯茶水无声地放在桌上后即转身离去，顾客就可能会有些茫然，不知是否是给自己的，并且有受到冷落的感觉，即便是给自己的也有施舍之嫌。但是，如果工作人员将茶水放在桌上的同时，能够用斜下摆式手势做示意并说“请您用茶，刚刚沏好，请小心”，就会让顾客倍感舒服。

4. 服务的品质——程序

流畅的节奏和规范的程序，最能体现服务的品质。让顾客感觉良好的不仅仅是某个服务细节做得多么好，更重要的是所有细节串起的这条服务链是完美的。如果某个细节做得不好或是流程出现断裂，就可能给顾客留下糟糕的印象，因为人们的记忆是有选择的，而那个令人感慨最深的往往是令其不满意的环节，好的服务行为对于顾客而言是理所应当的。

因此，服务讲究的是程序严谨、配合流畅。如果希望达到良好的服务品质，就需要对服务流程进行认真的梳理，减少不必要的环节，对重要的服务环节精益求精，并且将服务流程细化，使所有旅游业服务人员能够依据规范进行操作，不让服务变形、走样。服务规范制定得越严谨，服务也就越有品质保证。

严谨的工作程序往往是服务效率的体现，这一点在迎宾环节同样非常重要。每个旅游企业都有一定的接待程序，不同的就是程序的规范和细致程度不同，导致服务的品质有所不同。没有流程就意味着缺乏一条服务流水线，那么服务的随意性就会增加，对于顾客而言这就像是碰运气，运气好碰到一个好的服务员，就能获得满意的服务；运气不好碰到一个心情不好、技能不熟的服务人员，服务可能就会令人失望。

素养专栏

职业精神——严谨

严谨，形容态度严肃谨慎、细致，就是对一切事情都有认真、负责的态度，一丝不苟、精益求精，于细微之处见精神，于细微之处见境界，于细微之处见水平；就是把做好每件事情的着力点放在每一个环节、每一个步骤上。严谨是一种工作态度，反映了一种工作作风。

当代大学生在平时的学习和实践中要养成严谨的态度和作风。记住：举大事必慎其终始，机会往往隐藏在细节之中，认真对待方有作为。

5. 迎宾的方式——特色

迎宾的方式其实是最能体现旅游业服务特色的，可以加以利用和精心设计。不同的旅游企业有不同的顾客群体，不同的旅游企业也有不同的企业文化，需要有机融合，让其既呈现出一致的服务氛围，又具有自己的特色。比如，在某个港式茶餐厅，顾客光临时，会有迎宾人员专门在门口恭候："中午好，请问几位有预订吗？"之后迎宾人员会引导顾客进餐厅，进去之后，迎宾人员会高声说："中午好。"里面的服务人员听到后，会齐声说："欢迎您。"在以"家文化"为主题的某餐厅，你会听到这里自始至终都是以家人相称呼。凡是用餐的顾客都会感受到浓浓的家庭味道，甚至连雅间的名字、菜肴的名称都透着家的关怀和温暖。进门听到的第一句迎宾语就是"您好，欢迎回家"，餐厅对顾客的热情从服务人员淳朴诚恳的表情和声音中传递出来，使顾客感动不已。

（二）迎接特定顾客的礼仪

旅游业服务人员在与特定顾客事先有约的情况下，应该派专人按照事先约定的时间和地点恭候对方的到来，为了表示对顾客的尊敬和重视，在迎宾地点要举行一定的欢迎仪式。在举行这种欢迎仪式时，必须遵循特定的礼仪规范。

1. 迎宾的先期准备

在迎宾工作之中，要进行必要的先期准备，以求有备而行，有备无患。

（1）掌握基本状况。一定要充分掌握迎宾对象的基本状况，尤其是主宾的个人简况，如单位、职务、职称、学历、学位、姓名、性别、年龄、籍贯、民族、专业、专长、偏好、知名度等。必要时，还需要了解其婚姻、健康状况，以及政治倾向与宗教信仰。在了解来宾的具体人数时，不仅务求准确无误，而且应着重了解对方由何人负责、来宾之中有几对夫妇等。查阅此前有无来宾正式来访的记录，如果来宾尤其是主宾此前来访过，则在接待规格上要注意前后一致。无特殊原因时，一般不宜随意在迎宾时升格或降格。来宾如果报出自己一方的计划（如来访的目的、行程、要求等），则应当在力所能及的前提之下，在迎宾活动中兼顾其特殊要求，尽可能地对其多加照顾。

素养专栏

职业精神——有备而来

有备而来，指参与某个事情以前，事先有充分的准备，不打无准备之仗。也就是说，面对所有的事情都要事先做好准备，这样才能让自己有一个万全之策，获得一个好的结果。当代大学生在平时的学习和实践中要养成有备无患的习惯。记住：机会总是留给有准备之人，机遇只垂青懂得怎样追求它的人。我们必须不断地完善自己，才不会与机会失之交臂。把今天的工作做得尽善尽美，这就是你能应付未来的唯一方法。

（2）制订具体计划。为了顺利完成迎宾工作，一定要制订详尽的迎宾计划，尽量避免疏漏，减少波折。迎宾计划中需重点考虑的事项如下：

1）迎宾方式。包括要不要筹备迎宾活动、如何安排迎宾活动、怎样进行迎宾活动。

2）迎宾人员。一定要精心选择迎宾人员，数量上要加以限制，身份上要大致相仿，职责上要划分明确。在迎宾工作中，现场操作是否得当，乃是关键的一环。

3）迎宾时间。要预先与来宾约定好时间，而且要在来宾启程前再次予以确认。为了防止来宾提前到达无人接站，一定在约定的时间之前到达迎宾地点。

4）迎宾地点。迎宾地点可以是交通工具停靠站、来宾临时下榻之处、迎宾的常规场所（如广场、大厅等）、东道主的办公地点门外等。前三类地点多用于迎接异地来访的顾客（其中的广场，主要用于迎接贵宾），第四类地点则大多用于迎接本地来访的顾客。

5）交通工具。根据来访顾客数的多少及来访顾客的职务等信息，合理安排迎接顾客的交通工具的数量和档次，并事先把来访人员的有关信息告诉司机。

知识链接

乘车的座位安排

对于双排四座车，一般情况下，无论是主人驾驶还是司机驾驶，都应以前排右座为尊，后排右侧次之，后排左侧为末席，如图 4-1 所示。

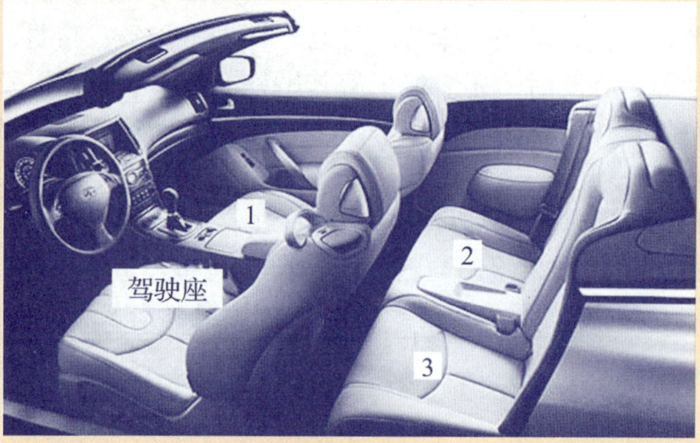

图 4－1　乘车的座位安排 1

对于双排五座车，要根据驾车者的不同确定座位的尊卑座次。

（1）车主亲自驾驶。这种情况很难遇到，一般会出现在贵客、朋友、同事来访或是家庭聚会当中。

对于旅游业接待贵客来说，在主人或领导亲自驾驶五座车时，以副驾驶座为首位，后排右侧次之，左侧再次之，而后排中间座为末席，如图 4－2 所示。根据情况有的时候后排的座位顺序也可能是后排右座、后排中座、后排左座。

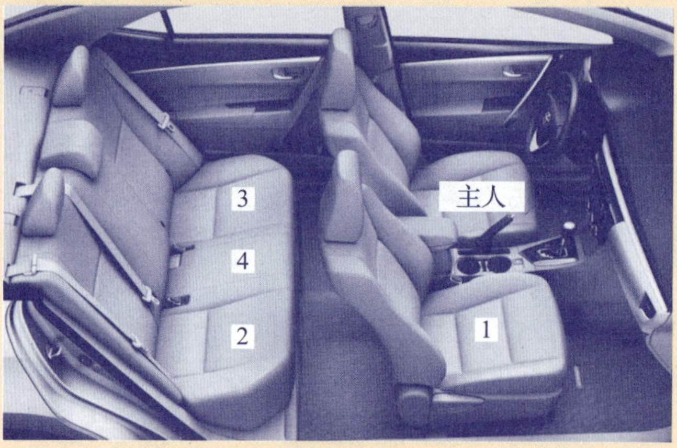

图 4－2　乘车的座位安排 2

如果是主人夫妇相迎，则主人夫妇坐前座，宾客夫妇坐后座，男士要服务自己的夫人，宜开车门让夫人先上车，然后自己再上车。

对于朋友、同事来访或是家庭聚会场合，就相对随便一些。如果正好坐满，一般较胖者或女士坐在副驾驶座。

任何情况下，如果只有一人乘坐，那就坐在副驾驶座；若同坐多人，中途坐前座的顾客下车后，在后面坐的顾客应改坐前座，此项礼节最易被疏忽。

（2）专职司机驾驶。一般来说，轿车内的座位是后排为上，前排为下，后排的三个座位又以右为上，左为下，也就是说，与司机成对角线的位置是车内最尊贵的位置。之所以这样安排，是因为我国的交通规则是靠右侧行驶，这样坐在右侧的人上下车就相对方便一些。单从方便的角度讲，作为乘车者上下车比较方便的位置有两个，即前排右座和后排右座。而前排右座通常被视为不安全的位置，所以后排右座就通常被尊为上座了。

对于旅游业接待顾客来说，在专职司机驾驶五座车时，以后排右侧为首位，左侧次之，中间座位再次之，副驾驶座为末席，如图 4－3 所示。这是一般的礼仪规则，但实践中还要看地位最高的成员的选择。因为满员时，舒适度最高的还是前排的副驾驶座。

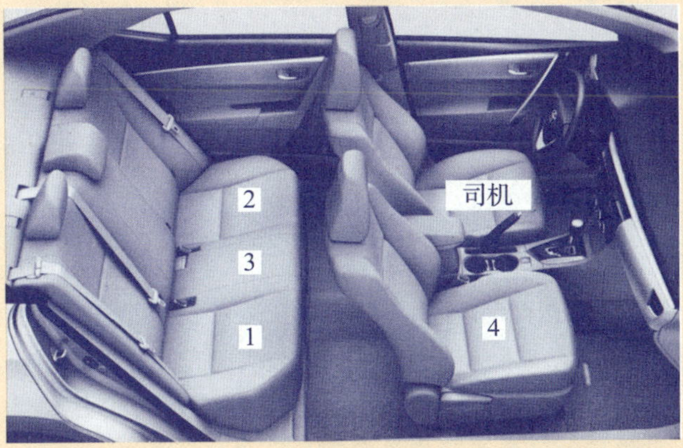

图 4－3 乘车的座位安排 3

对于三排七座的商务车，座次礼仪安排的一般规则是：以后排为主座，中排为次座。另外，也要根据驾车者的不同确定座位的尊卑座次，具体的座次礼仪要求同上述双排五座车，如图 4－4、图 4－5 所示。

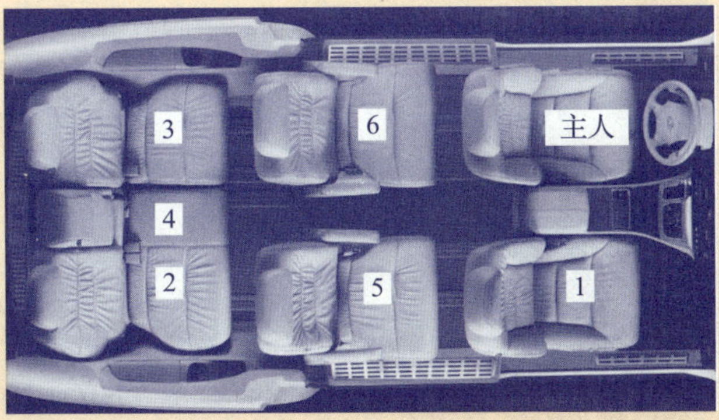

图 4－4 乘车的座位安排 4

乘坐四排座或四排座以上的中型或大型车时，以驾驶员身后的第一排为尊，其他各排座位由前而后依次排列。而各排座位又讲究“右高左低”，即座次的尊卑应当从右向左依次排列。

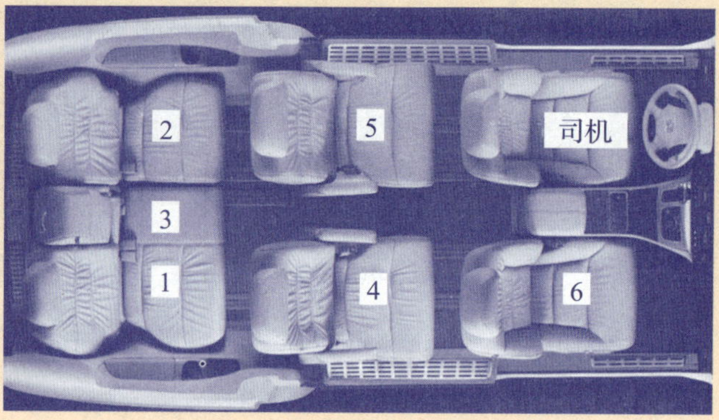

图 4－5 乘车的座位安排 5

特别提醒

出入轿车时，如果主客同车，则大都讲究顾客先登车、后下车，引导者后登车、先下车。

2. 迎宾仪式的内容

在一般情况下，迎宾仪式的主要内容包括：主人与主宾的热情见面和宾主双方其他人员的见面。依照惯例，应当首先由主人陪同主宾来到东道主方的主要迎宾人员面前，按其地位的高低，由高而低，一一将其介绍给主宾。随后，再由主宾陪同主人行至主要来访人员的队列前，按其地位的高低，由高而低，一一将其介绍给主人。

特别提醒

接回顾客后，通常应在安排顾客入住并适当休息之后，再安排其他活动。

二、引导礼仪

对顾客的引导是指在接待来宾时，为之带路或是陪同对方一道前往某一目的地。在迎接顾客的时候，简短的问候之后一般会说“里边请”“这边请”“您请”之类的引导语言，并且通过一系列细微的肢体语言进行明确引导。

微课视频
引导礼仪

知识链接
酒店服务人员的“界域”

（一）引导位置

在引领顾客时，一般应在顾客左侧前方 1 米左右的距离行走，传达“以右为尊、以客为尊”的服务理念，并不时回头示意顾客。要随着顾客的步伐轻松地前进，顾客人数越多，引导的距离也应该越远。

特别提醒

需要带领顾客参观时，应走在顾客的左前方做指引。

在主客双方并排行进时，引导者应主动在外侧行走，而请顾客行走于内侧（通常要让顾客走在右侧，陪同人员走在左侧）。若三人并行时，通常中间的位次最高，内侧的位次居次，外侧的位次最低。

在出入房门时，让先为敬，即应该让顾客先入先出。引导者应先行一步，主动替顾客推开或拉开房门，让顾客首先通过。随后再轻掩房门，赶上顾客。

乘坐自动扶梯时，所有人员应靠右侧站立。

（二）引导语言

引导语言的作用是问候、引导、提醒，确保顾客心情舒畅、安全到达。引导顾客时要使用明确而规范的引导语言，如“您好，这边请”“您好，请向左转”。在引导过程中要尽量使用敬语，以表达对顾客的尊重，还要始终注意语言的交流，并且要关注顾客的表现，及时做出提醒。比如当发现有台阶时要及时提醒“请小心台阶”，或者发现地板刚刚擦拭过也要提醒顾客“请小心脚下”等。

微课视频

服务语言艺术

在引导时千万不要小看语言的提醒作用，在安全方面，及时的语言提醒是最关键的。尤其是在遇有拐弯、楼梯、开门等情形时，更是要小心保护顾客的安全。

（三）引导手势

引导顾客时，接待人员要言行并举。引导的目的不同，手势也不同，可以使用的手势有横摆式、曲臂式、直臂式和斜摆式等。具体要求参见项目二相关内容。

（四）其他引导礼仪

1. 走廊处

行进于走廊时，引导人员应走在顾客一两步之前，让顾客走在道路的中央线，自己则走在走廊一侧，要时时注意后面。走到拐角处，一定要先停下来，转过身说“请向这边来”，并使用横摆式手势为顾客做出方向引导，然后继续行走。

素养专栏

职业精神——细节

俗话说，细节决定成败，态度决定一切。细节在我们生活中很容易被忽略，但是一个“微不足道”的小细节却最能让我们看清一个人的人品。一个人品好的人，一定是一个注重细节的人。老子曾经说过：“天下大事，必作于细。”所以，我们要认真去做工作中的每件事，有的时候，可能就因为一个小误差导致工作不能顺利展开，更可能导致出现很大的错误，或是因此让顾客产生一个不好的印象，继而影响到企业的形象。

2. 楼梯处

旅游业服务人员在引导顾客上下楼梯时，出于尊重和保护顾客的角度，应遵循以下礼仪规则：当引导顾客上楼时，应该让顾客走在前面，接待人员走在后面；下楼时，应该由接待人员走在前面，顾客走在后面，如图 4 - 6 所示。上下楼梯时，接待人员应该提醒顾客注意安全。走到每一楼层时一定要先停下来说“这是第 × 楼”，然后再继续引导前行。

图 4 - 6　上下楼梯的引导

特别提醒

在上下楼梯时，均应单行行走，如果楼梯较宽，并排行走最多不要超过两人。注意要靠右侧行走，左侧是留给有急事的人通过的。上下楼梯时，要注意姿势和速度，前后人之间要保持一定距离。

遇到特殊情况，传统的礼仪规则亦可有所变通，如让穿比较短的裙子的女士或不认识路者上楼时行进在前，即为不妥。

3. 电梯处

电梯处引导有两种情况：

（1）引导至电梯口。如果只有一位顾客，引导人员用靠近电梯按钮一侧的手指按动按钮，请顾客进入，顾客进入后道别。如果有两位以上的顾客，引导人员与电梯门成 90 度角站立，用靠近电梯门一侧的手护梯，另外一只手用曲臂式手势邀请顾客进入电梯。

（2）陪同进入。如只有一位顾客，陪同人员应后进后出，即让顾客先进先出，在上电梯时引导人员用靠近电梯按钮一侧的手指按住按钮，请顾客进入，然后紧随进入后，站到电梯内控制钮附近，身体背对电梯壁，与电梯门成 90 度角；下电梯时，等顾客都走出后再走出去继续引导。如有两位以上顾客上下电梯，陪同人员应先进后出，首先对顾客说“不好意思，请稍等”，然后走进电梯，一手按“开门”按钮，另一手按住电梯侧门，礼貌地说“请进”，请顾客进入电梯轿厢；下梯时，按住按钮开关说“您先请”，等顾客都走出去后，再走出去继续引导。

特别提醒

若电梯行进间有其他人员进入，可主动询问要去几楼，帮忙按下按钮。在电梯内可视状况决定是否寒暄，如没有其他人员时可略做寒暄，有其他人员时，可斟酌是否有必要寒暄。电梯内尽量侧身面对顾客。

4. 会客厅里

在会客厅门前过道处，引导人员要用斜下摆式手势提醒顾客小心行走，以免顾客滑倒。当顾客走入会客厅后，接待人员用斜摆式手势指示，请顾客坐下，看到顾客坐下后，才能行点头礼后离开。如果顾客错坐了下座，应请顾客改坐上座。比如说指示给顾客某个固定的座位，说明之后，要用手势引导，在固定的位置加以停顿，同时观察顾客有没有理解。这个过程就体现出肢体语言的美，同时要说“请这边坐”等敬语。

5. 开门和关门

在引导顾客时，如果是手拉门，引导人员应先拉开门说“请稍等”，再用靠近把手的手拉住门，站在门旁，用曲臂式手势请顾客进门，自己最后进屋把门关上。如果是手推门，引导人员推开门说“不好意思，请稍等”，然后先进屋，握住门后把手，用横摆式手势请顾客进来。这时身体的一半应露在门外，而不应仅从门后探出头来。

特别提醒

引导人员的步调要适应顾客的速度，避免让顾客一溜小跑跟着引导人员，也不能太慢，导致顾客步伐犹豫磕绊。

三、送客礼仪

在接待礼仪中，有一种说法叫作“迎三分，送七分”，因此在迎来送往的礼节中，我们不能只重视“迎接”，而忽视了“送别”这一环节。对于旅游业服务人员来说，送别顾客既包括正常营业期间的送别，也包括正式接待场合中的送别。

（一）送别顾客的重要性

在很多旅游企业，从服务管理者到服务执行者都非常关注迎接顾客环节和营销环节，却常常忽视送别环节。其实，服务是从接收到顾客信息开始直至顾客离开才结束，甚至离开都不能算结束，还需要有一段顾客维护期。顾客希望获得的是稳定的服务品质，希望在整个服务过程中都能感受到无微不至的服务。因此，在设计服务流程的时候要避免给顾客“来的都是客、走的只是人”的糟糕感觉，应把送别顾客的流程设计得与迎宾流程一样饱满和丰富，只有自始至终将服务理念融入服务行为和工作流程中，才能够给顾客以满意的服务感受。

案例

王小姐和自己的好朋友周末去某五星级酒店的西餐厅用餐，还未走进富丽堂皇的酒店大门，就看见了门童微笑的脸庞，走近之后门童鞠躬30度问候："您好！欢迎光临！"然后门童用规范的手势邀请她们进入，王小姐感到很开心，这种待客礼遇绝对与五星级酒店这个档次相匹配。她和朋友从旋转门稳步进入大堂，还未打量大堂里的环境，就看到旋转门两侧的六七位工作人员齐刷刷地鞠躬问候："中午好！欢迎光临！"这让王小姐和朋友很愉快，这么隆重的欢迎礼节让她们觉得这顿饭值了，而且有这样的服务，想必菜的味道也差不了。

事实上，这顿饭的确吃得很舒心，西餐做得很地道，价格也没有想象中那么贵。只不过，用餐完毕离开时却让她们倍感失望。来餐厅时，路上遇到的所有工作人员都会点头微笑或是问候，礼数周到却不感多余。然而离开时似乎无人关注她们，仅有为她们服务的服务员说了句"再见"，之后就忙着收拾餐盘，酒店的门童、大堂经理全部都在迎接顾客，像她们这些消费完毕的顾客似乎再无人搭理。出门以后，王小姐愤愤地表示再也不会来这里了。

在旅游业服务中，一定要重视"末轮效应"。末轮效应强调服务结尾的完美，即要"功德圆满"。末轮效应是指在人际交往之中，人们所留给交往对象最后的印象通常是非常重要的。它往往是一个单位或某个人留给交往对象的整体印象的重要组成部分。有时，它甚至直接决定着该单位或个人的整体形象是否完美，以及完美的整体形象能否继续得以维持。

末轮效应理论的核心思想，是要求企业在为顾客提供服务时，以及人们在塑造单位或个人的整体形象时，必须有始有终、始终如一。

素养专栏

职业精神——善始善终

善始善终，意思是做事情有好的开头，也有好的结尾，形容办事认真。

九层之台，起于累土；千里之行，始于足下。做什么事都得从头做起，逐步进行。善始考验的是勇气和果断，善终考验的是耐力、恒心与智慧。所以，善终较之于善始更加重要。当代大学生是未来的职场人，一定记住：任何时候，做任何事情，不仅要追求一个好的开始，更要通过耐力、恒心与智慧努力做到善终。

（二）送别顾客的方式

1. 语言

顾客到来时有问候声，顾客离开时同样需要有道别声，声音的热情度、情感的饱满度要一如迎接顾客之时，甚至要更加积极热烈，以给顾客留下一个深刻的记忆。有声语言是最容易被顾客接收到的信息，即使和顾客没有目光接触，也要用清晰响亮的告别声送别顾客，顾客听到后也会予以回应。

2. 表情

顾客离开时礼貌道别，此时目光应注视顾客，做到“目中有人”，千万不要把送别流于形式，不冷不热、没有任何感情色彩的送别服务反而会伤害顾客。因此，无论服务人员在做什么工作，当有顾客离开时应暂停手边的工作，面带笑容地注视着顾客说声“再见，请走好”。

3. 姿态

端正站好送别顾客与歪着身子看着顾客说声“再见”，效果会完全不同。端正站好其实是对客态度和服务理念的呈现，而不仅仅是一个站立的姿态而已，如图 4－7 所示。歪着身子斜着脑袋看着顾客其实就是对顾客的一种不尊重，顾客最直观的感受就是不被重视。因此，无论工作多么繁忙，也要暂停工作并且端正站好向顾客道别。总有些服务人员抱怨工作太忙，如果每个细节都注意，那几乎就没有时间干活了，而事实上，这些细节恰恰比眼前的工作更为重要。

图 4－7　送别顾客的姿态

（三）正式接待场合中的送别礼仪

在正式接待场合送别顾客时，应把握以下几个原则。

1. 关注需求，随机应变

接待人员在与顾客的交谈中，要时刻关注顾客的反应，尽可能地掌握顾客的需求与想法，再结合顾客的实际情况确定符合规格的能够被顾客接受的送别方式，不能简单地按照接待前的准备工作中预定的迎送计划行事。

2. 严格遵守，见机行事

正式的来宾接待一般有严格的时间控制，接待人员要严格遵守，认真执行。接待人员一定要知晓送别顾客的具体时间和地点，同时还要讲究主随客便的原则，必要的时候要让顾客去确定具体的时间和地点。

时间确定好之后，接待人员在执行送别任务时，要保证提前到场、最后离场，在发生特殊情况时能够见机行事。负责接待工作的人员不得以任何借口迟到、早退或拖延时间，更不允许擅自改动时间，如果确实必要，要与顾客及时沟通并在获得顾客同意后再执行。

3. 精心准备，热情话别

现在倡导简洁的迎送接待礼仪，不提倡前呼后拥、人海战术。在送别规模上要加以限制，重点突出、体现热情，严格限制参加人数、车辆档次与数量等，不能铺张浪费。服务人员应事先安排好送别来宾所要使用的交通工具，并做适当的突发事件准备，以备不时之需。

为了表达对顾客同事的友好感情，临别时别忘了告诉顾客你向他们问好；如果顾客来访时带有礼品，那么在送别时也要准备一些物美价廉且有象征意义的礼品回馈。

送别顾客既可以在大门口进行，也可以在停车场、车站、码头或机场进行。在大门口送别，如果顾客有行李，服务人员应替顾客拿着，在即将分别时再交给对方。与顾客握手告别以后，千万不要在顾客刚一转身后就匆忙往回走，而应目送顾客远去，直到看不见对方的身影为止。在停车场送别，送达停车场时，应将对方的行李送到车上。然后，先为对方打开车门，当顾客坐好后再将车门关上。此时，也应目送对方的车子开走，直到看不到为止。如果送客到车站、码头，最好是等车、船开动并消失在视线以外再返回。送客到机场，要等顾客通过安检处之后再返回。

思考与练习

一、礼仪实训

根据表 4－1 所列项目进行礼仪实训。

表 4－1　实训项目与内容

实训项目	实训内容
迎客礼仪	以小组为单位，分别进行问候、寒暄等迎客礼仪训练，然后进行小组互评和老师点评，同学们互相取长补短，在互评和点评中规范迎客礼仪
	以小组为单位，分别在给定特定顾客的情况下，设计迎接礼仪方案，然后进行小组互评和老师点评，同学们互相取长补短，在互评和点评中规范迎客礼仪
引导礼仪	以小组为单位，分别进行引导位置、引导语言、引导手势和其他引导礼仪的训练，然后进行小组互评和老师点评，同学们互相取长补短，在互评和点评中规范引导礼仪
送客礼仪	以小组为单位，分别在给定特定情景的情况下进行送客训练，然后进行小组互评和老师点评，同学们互相取长补短，在互评和点评中规范送客礼仪

二、案例分析

1. 令人欣慰的迎宾服务

谢先生带着朋友来到一家酒店用餐。在一楼的迎宾处有人招呼："欢迎光临，几位先生中午好，请问有预订吗？"谢先生说："是的，我预订了一个雅间，我姓谢，手机尾号是8997。"迎宾人员在记录本上查找到后愉快地说："谢先生，您好，您预订的是216房间，请上二楼，在楼梯口会有人迎接您。"

谢先生和朋友一起上二楼，由于又有顾客进来，楼下的迎宾员并没有送他们上去，只是礼貌地与他们道别。这个餐厅谢先生是第一次来，考虑到离朋友住处比较近，但对服务和菜品质量心里没底。

一上二楼，谢先生就看到一个服务员迎在楼梯口。看到他们到来，服务员趋前一步鞠躬问候："谢先生，欢迎您，几位先生中午好，216房间在左侧，您这边请！"

当时，谢先生一愣，一家看上去普普通通的餐厅，信息传递竟是如此迅速，让他惊讶，他看过太多的餐厅一人戴一个对讲机，但做起事来效率却很低。可是这家餐厅，居然顾客刚上楼便已经开始享受服务，并且服务信息传达得及时准确。这令他开始有些欣慰，并且对接下来的服务和菜肴有些期待。

问题：这个案例给我们什么启示？

2. 五星级酒店的引导员

某五星级酒店召开北方区客户大会，王先生应邀参加。会议是在酒店会议中心举行，王先生到达后有礼宾人员专门迎接，并引导至会议室。从迎接、签到、佩戴鲜花和胸牌到引导前行，让王先生非常感慨：不愧是五星级的会议中心，与一般的酒店相比，会议承接能力确实较强。

可是接着发生的一件小事却让王先生没有了称赞的欲望，原本他还打算向其他客户推荐这里，此刻也没有了这个想法。原来礼宾人员在引导他去会议室时，他一路跟得挺紧，快到达门口时手机响了，他正在低头翻包找手机，没想到礼宾人员一拉门把，他撞了个正着，鼻子酸疼酸疼的，他半天说不出话来，而且眼泪顿时就流下来了，倒不是他娇气，而是撞到鼻子后的自然反应，此刻刚好又遇上参会人员陆续到达，泪流满面的样子让他十分尴尬。

他有些气急败坏地说："你开门也不回头看看，也不说一声啊！"

礼宾人员一个劲儿地道歉，可场面仍是让王先生很难堪。

问题：这个案例给我们什么启示？

3. 网友分享的送客体验

某餐厅的服务始终被顾客称道，在许多网站的点评中名列前茅，被许多旅行者和食客推荐。究其原因，菜品出色是一定的，但在一些食客点评网上大家更为推崇的是他们的服务。有网友写道："顾客结账后，服务员会随时留意其离桌，帮助拉座椅；顾客准备离去时，所有服务人员，尤其是该桌服务员或是贵宾厅的服务员，都会暂时停止工作站在门口或桌边，楼面主管或领班也会于出口处欢送顾客，真诚地向顾客表示欢迎再来的热忱。服务员会站在路边光线较好的位置，向顾客远离的车子和身影挥手致意，一旦顾客回头，会立即说‘欢迎您下次再来’等令顾客倍感温暖的话。”

问题：这位网友的点评给我们什么启示？

任务三　会议服务礼仪

学习目标

知识目标

1. 了解旅游会议服务礼仪的特点。
2. 掌握旅游会议服务流程礼仪规范。

能力目标

能够熟练掌握会议服务中的座次安排、合影的站位安排及自助餐服务礼仪。

素养目标

确定“诚信、服务”为本任务课程学习的素养教育主题，通过教学实施，引导学生在旅游业服务中要诚实、守信，认识到规范的会议服务礼仪是旅游工作人员必须掌握的硬技能之一。

会议服务礼仪是旅游工作人员在会议上为客户服务的礼仪，是客户在开会时员工的服务标准。旅游会议服务礼仪可以规范员工的会议接待行为，保证其持续稳定地为客户提供良好的会议接待服务，提升旅游业形象。

一、旅游会议服务礼仪特点

旅游会议服务礼仪具有规范性、灵活性和时间性等特点。

（一）规范性

（1）布置规范。具体体现在座次摆放、鲜花摆放、便笺摆放、茶杯摆放等方面均应按礼仪规范布置，要体现礼宾次序及会议档次。

（2）程序规范。具体体现为会议服务的各项程序、流程都是事先确定、事先计划的，重要的部分还要通过主办方反复审核。在接待服务中，礼仪服务人员要有合理的分工，接站、签到、引领等各个环节都有规范安排，并根据经验以及主办方的要求提供相应的预案，这样才能做到会议服务有序。

素养专栏

职业精神——规范做事

俗话说，规矩做人，规范做事。规范就是约定俗成或明文规定的标准。

规范做事是一种境界，是做事的尺度和行为准则。规范做事绝对不等于“我尽自己最大努力”去做事，而是应该有既定的目标或既定的标准。只有有了既定的目标或既定的标准，才有可能全身心地投入，做事才可能成功。规范做事还是责任心的最好体现。只有对一件事情心存敬畏，由此产生强烈的责任感、使命感，才能把事情做好。

（二）灵活性

（1）突发情况处理。会议服务虽是按计划进行，各项流程都有条不紊，但也会出现一些突发情况，服务人员要灵活处理。若会场上因工作不当发生差错，工作人员应不动声色，尽快处理，不能惊动其他人，更不能慌慌张张、来回奔跑，以免影响会议气氛和正常秩序。

（2）温、湿度调整。要根据季节变化灵活调整会议室的温度和湿度，为会议创造一个舒适的环境。会议室中的温度，夏天一般宜控制在24℃～25℃，冬天控制在20℃～22℃为宜。

（三）时间性

（1）服务方案的时间性。一般会议的时间性都很强，强调准时开始，准时结束。由此制定的服务方案也应体现出这样的特点。每一个会议阶段都要有相应的服务方案，要保证专人定时服务到位。要按计划准时优质地做好会议前的各项准备工作，如会议资料的准备、会议场所的布置、会议设备的调试等。

（2）要做好各种预案。一方面强调会议的时间性，另一方面又要对会议的延时、会议的改期等做各种相应的预案。

二、旅游会议服务流程礼仪

旅游会议服务流程礼仪包括会前服务礼仪、会中服务礼仪和会后服务礼仪三个方面。

（一）会前服务礼仪

微课视频

会议服务礼仪规范

会前准备是服务工作中的重要环节，会前准备工作比较多，具体涉及会议情况了解、人员调配、物品及设备准备、会场布置、签到、引导等方面。有的时候可能还会涉及接站、接车等服务。

1. 了解会议基本情况

接到会议通知单后，首先要掌握以下情况：出席会议的人数；会议类型、名称；主办单位；会议日程安排；会议的宾主身份；会议标准；会议的特殊要求及与会者的风俗习惯等。

2. 物品准备和会场布置

（1）按照主办方要求，摆放好座签、茶杯、矿泉水、湿纸巾或抽纸、会议记录本、笔以及其他会议要求提供的物品或材料。

（2）会场桌椅、座签、茶杯等物品摆放要求整齐、规范。茶杯放在参会人员的正前方，杯把向右侧。摆放矿泉水时，商品标识一律朝向参会人员，如图4－8所示。

图4－8 会场座签、茶杯等物品的摆放

（3）提前30分钟打开会议室的门，进行室内通风。提前10分钟站在会议室门口一侧，进行礼仪迎宾，并引导参会人员按位置坐好。

（4）提前30分钟打好开水备用。

3. 会场签到和会场引导

（1）负责签到的接待人员需提前到岗，做好准备。

（2）负责签到的接待人员应训练有素，服务周到。

（3）负责签到的接待人员应热情、主动、规范地迎接参会嘉宾。

（4）签到时间、签到地点、签到流程和需携带物件需提前告知参会嘉宾。

（5）电子签到的，需提前准备好电源、笔记本等，要熟悉软件的操作与使用方法。

会场签到后，需要第一时间为参会嘉宾提供登记、入住等引导服务。

4. 会议的座次安排

（1）主席台座次安排。

主席台座次的排列方式，要看领导或嘉宾的人数是奇数还是偶数。奇数和偶数的具体排列方式是不同的。

1）领导或嘉宾人数为奇数时的座次安排。

领导或嘉宾人数为奇数时，主席台座次排列原则是：1号领导居中，2号领导在1号领导左手位置，3号领导在1号领导右手位置；其他依次类推，如图4－9所示。需要特别强调的是，此时的左右，是根据面向门口站立的方向来确定的（下同）。

2）领导或嘉宾人数为偶数时的座次安排。

领导人数等于2时，将1号领导安排在左侧，2号领导安排在右侧，如图4－10所示。

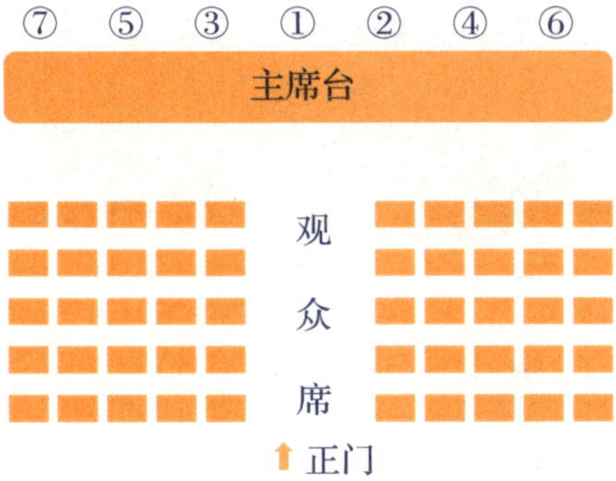

图 4－9 主席台座次安排 1

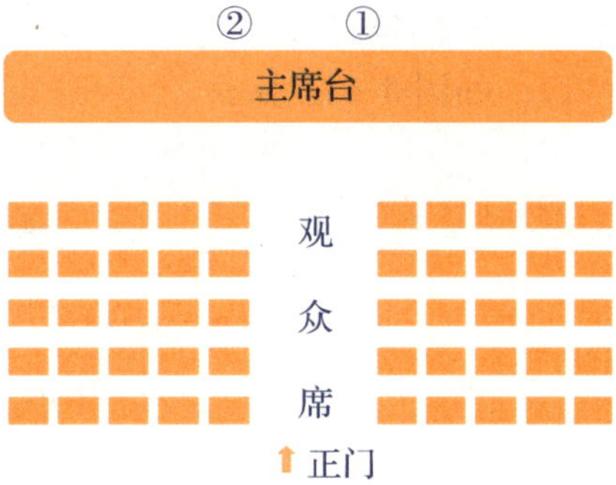

图 4－10 主席台座次安排 2

领导人数大于 2 且为偶数时，主席台的座次排列方法在实践中有争议，不同的时期有不同的排列方法。目前，比较主流的座次排列原则是：1、2 号领导同时居中，2 号领导在 1 号领导左手位置，3 号领导在 1 号领导右手位置，其他依次类推，如图 4－11 所示。

图 4－11 主席台座次安排 3

领导在观众席听汇报时的座次排列同在主席台上的座次排列。

（2）长桌会议座次安排。

1）长条桌横对门时（对中间一门或两边两个门），主方在靠近门的一边，客方（官方或上级领导）在远离门的一边，如图 4－12 所示。

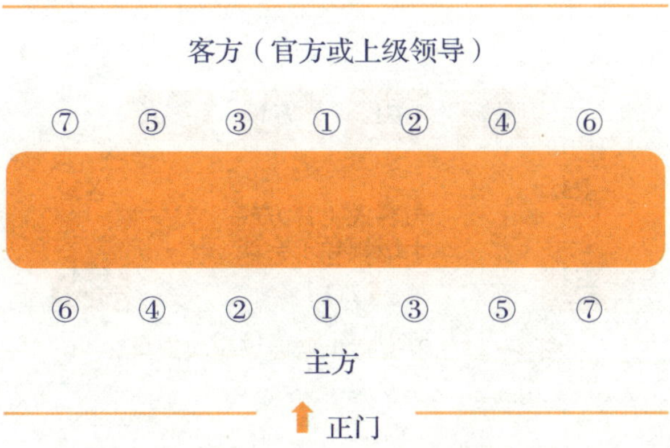

图 4－12 长桌会议座次安排 1

2）长条桌竖对门时，主方在进门靠左的一边，客方（官方或上级领导）在进门靠右的一边，如图 4－13 所示。

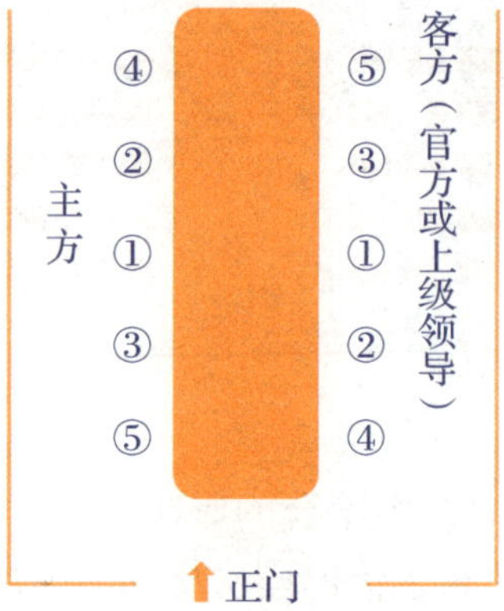

图 4－13　长桌会议座次安排 2

（3）沙发室小型会议座次安排。

1）与外宾会谈。应遵守国际惯例，讲究“以右为尊”，主方居左，客方（外宾）居右，其他双方人员分主左客右依次排开。即主方依次排在进门靠右的一边，客方（外宾）依次排在进门靠左的一边，如图 4－14 所示。

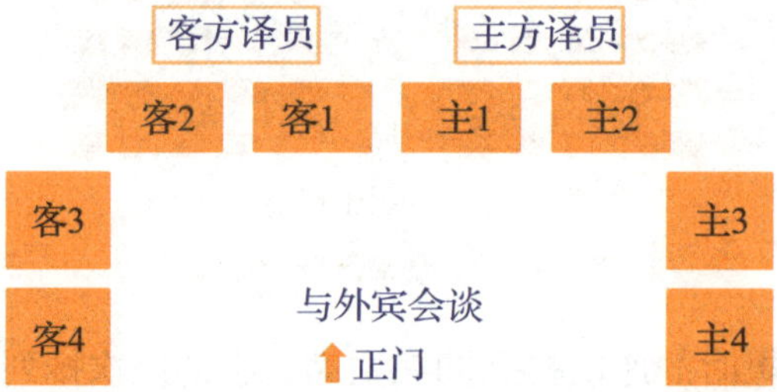

图 4－14　沙发室小型会议座次安排 1

2）与客人（官方或上级领导）会谈。应遵守国内惯例，讲究“以左为尊”，即主方依次排在进门靠左的一边，客方（官方或上级领导）依次排在进门靠右的一边，如图 4－15 所示。

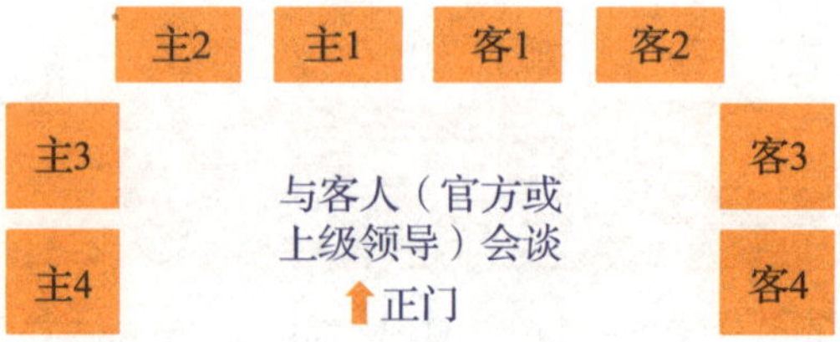

图 4－15　沙发室小型会议座次安排 2

特别提醒

不管是主席台的座次安排，还是长桌会议或沙发室小型会议的座次安排，对领导能否出席会议，在开会前务必逐一落实。领导到会场后，要安排其在休息室稍候，再逐一核实，并告之上台后所坐方位。如果主席台人数较多，最好打印座位图。如有临时变化，应及时调整座次、电子会议桌牌，预防出现领导位置空缺等现象。还要注意认真填写电子会议桌牌，避免出现错别字。

5. 会议的接站或接车

（1）做好准备。掌握拟接客人的人数、身份、职务、级别、年龄、性别等情况；了解所乘交通工具，包括航班号、班次、抵达日期和具体时间等信息；根据确定好的接待规格提前安排好接待人员和接待车辆。

（2）提前到达。到车站、高铁站或机场去迎接客人，应提前到达，恭候客人的到来，决不能迟到让客人久等。在接站现场高举醒目标志，让客人辨识。

（3）问候客人。接到客人后，应主动问候“一路辛苦了”“欢迎您来到 ××”等，然后向对方作自我介绍。

（4）行李服务。接到客人后应该主动询问客人是否需要帮助提行李等物品。

（5）做好引导。在接到客人到上车之前或下车到办理入住之前，要为客人做好引导工作。

（6）乘车服务。应为客人打开车门请客人先上车，坐在客人旁边或司机旁；在车上主动与客人交谈，告知客人接下来的安排，并听取客人的意见。

（7）做好交接。把客人接到宾馆后，应帮助客人找到负责安排住宿的人员，帮助客人办理入住。待客人办理入住完毕，方可离去。

素养专栏

职业精神——闭环思维

别人要求我们做一件事，在一定时间内，不管我们完成的效果如何，都要认真地反馈给发起人，这就叫闭环思维。即事事有回音，件件有着落。

职场做事，团队协同、默契、配合是一件非常重要的事情。针对分内工作，无论是针对上级领导，还是协同办公的同事，在执行的过程中需定期去反馈，便于对方清晰了解进度，更好协同配合和给出建设性意见。职场人一定要让做事的闭环思维变成一种习惯，做事以终为始既是一种职业素养，也是一种智慧。

（二）会中服务礼仪

会中服务具体涉及会场迎宾服务、会议茶水服务、会议餐饮服务等方面。

1. 会场迎宾服务

在会议开始前 30 分钟，服务人员各就其位准备迎宾。如果与会者住在本酒店，只需在会议室入口处设迎宾员；如果与会者不在本酒店住宿，还应在酒店大厅门口处设迎宾员欢迎宾客，并为宾客引路。

宾客到来时，服务人员要精神饱满、热情礼貌地站在会议厅（室）入口处迎接宾客，引领宾客就座，然后送上香巾、茶水。

特别提醒

有的贵宾可能会由于各种原因到会时间比较早。此时，会议室可能还没有完全准备到位，不方便把宾客引到会议室就座，即便会议室已经准备得差不多，此时若把宾客引到空无一人的会议室坐下，也会让宾客比较尴尬。所以，最好事先准备一个贵宾室，并预备好茶水，把提前到会的宾客引到贵宾室休息一下，喝点茶水，时间到了再把宾客引到会议室。

2. 会议茶水服务

微课视频

会务茶水服务礼仪

不管会议的时间有多长，都会牵涉茶水服务问题。茶水服务一般涉及茶叶及茶具的准备、会场倒茶及续茶等方面。会议茶水服务要注意以下几个方面：

（1）沏茶礼仪方面。冲泡前，一定要把茶具清洗干净，用开水烫一下茶壶、茶杯；使用竹制或木制的茶匙取茶，不要用手抓；泡茶讲究高冲低泡，头冲茶必须冲后倒掉；倒茶不宜倒得太满，以倒七分满为宜。

（2）上茶礼仪方面。尽量使用敬语；使用双手给宾客端茶，手指切莫触及杯口；使用茶盘上茶时，用右手端茶，从宾客的右方奉上；摆放位置为宾客右前方，有柄的则将其转至右侧。

（3）续茶礼仪方面。用左手夹住杯盖，并将杯子取起，用右手将茶水续满，再按照原位摆放即可。服务动作要轻、稳，按服务规范进行。

会议如设有主席台，应有专人负责主席台的茶水服务。在主讲人发言时，服务员要随时为其添茶续水、送香巾等。

特别提醒

做好迎宾和茶水等服务是会中服务的重要环节，但是，对于某次会议的某个特别环节一定要做到：落实到位、跟踪到位，确保在会议期间万无一失。

会议进行中，如果有电话找人，服务员应问清被找人的单位、姓名，然后走到客人身边，轻声转告；如果要通知主席台上的领导，最好用字条传递通知，避免工作人员在台上频繁走动和耳语而分散他人注意力，影响会议效果。

3. 会议餐饮服务

会议餐饮服务分两种情形：自助餐服务和桌餐服务。桌餐服务礼仪参见项目五任务四“酒店餐饮服务礼仪”部分。本处重点讨论一下自助餐服务礼仪。

自助餐，就是在布菲台上摆放各种精美的菜品、饮料和餐具，布菲台周围配有餐桌和桌椅，就餐者在用餐时随意选择菜品、饮料，然后或立或坐，自由地与他人在一起或独自一人用餐。自助餐由用餐者自己动手，自主选用喜欢的菜肴和饮料。自助餐的服务主要注意以下几个方面：

（1）餐前准备。

1）物品准备。将布菲台、餐桌餐椅、杯架等清理干净，托盘、餐巾、餐具备足，按规定码放在布菲台的一侧或下方。

2）菜品准备。将菜品放在布菲台上，冷盘、热菜、点心、水果、酒水要分类依次摆放好，其中热菜要放在布菲炉里保温，使菜品始终保持一定温度，另外准备好客人取菜品用的布菲夹和其他必备用具。调料、调味品、餐巾纸和牙签等放在适当的地方。冷盘、热菜、点心、水果、酒水等要精心装饰后展示。

（2）餐中服务。

1）当客人进入餐厅时，要面带微笑主动与客人打招呼，并向客人问好，为客人递送餐盘。帮助年老、伤残或带小孩的客人入座。

2）随时整理好布菲台，撤下空菜盘，及时添加菜品、餐具，使布菲台上面的菜品始终保持丰盛、整洁、美观。

3）服务好客人单点的食品，如面条、牛排和煎饼等。

特别提醒

随时与厨房保持联系，细心观察布菲台上的菜品，当菜品剩下不多时就要通知后厨加菜品，要避免出现空档，影响客人用餐。

4）客人每次离座取菜品时，要将客人的餐位整理好。

5）及时回应客人的服务需求，反馈务必快速到位。

6）及时撤换客人用过的餐具，随时保持桌面的整洁。

（3）餐后服务。

1）客人用完餐离开时，主动拉开餐椅，面带微笑礼貌送客，并表示感谢。

2）听取客人的意见与建议，向领导和后厨反映，以便今后更好地服务客人。

3）快速收台和复台，打扫桌子周围的地面并把椅子放回原处。

（三）会后服务礼仪

1. 送客和检查

（1）会议结束后，提前站在门口，顺门把方向站立，送宾。

（2）及时提醒客人带好自己的物品。如发现客人的遗留物品要及时与会务组联系，尽快转交失主。

2. 合影服务

在正规的会议活动中，无论是接待单位，还是被接待的来访人员，都对合影相当重视，因为合影可以加深宾主双方的友谊。所以，在会议服务中一定要重视合影服务的礼仪。会议合影服务要注意以下几个方面的问题：

（1）场所布置。场所选择分为室内和室外两种情况。在室内照相时，要注意场地的大小和光线的明暗等问题。在室外照相时，则要重点考虑天气和位次等问题。如果因为拿不准天气的情况而事先不好做决定时，必须做好两手准备。

在拍摄之前还要考虑到背景的布置或选择，比如是否要挂横幅、横幅上如何书写等。同时，如果合影人数较多，还要考虑来宾在拍照时所用座椅的摆放问题。

（2）合影组织。正规的合影，要事先向所有参会者通报具体的时间，使大家有所准备。在拍照过程中，要抓紧时间，讲究效率，要用最快的速度组织参与拍照的人员排好位次。拍合影最忌讳组织不力，拖拖拉拉，这样不但耽误大家的时间，还会显得主办方欠缺组织能力。

（3）合影排位。在合影时，所有的参会者一般均应站立。在必要时，可以安排前排人员就座，后排人员在其身后呈梯级状站立。但是，通常不宜要求参加合影者采用蹲姿。在正式场合拍摄的合影，前排人员应当进行排位。

会议合影的座次安排与会议室主席台的座次安排基本相同。国内合影时的排位，讲究“居前为上”“居中为上”“以左为上”。同时，也要考虑到“人数为单”与“人数为双”的区别。通常是主方人员居右，客方人员居左，即“以左为尊”。合影人数为奇数和偶数时，前排人员的站位安排，如图 4－16、图 4－17 所示。

图 4－16 合影人数为奇数时的站位安排

图 4－17 合影人数为偶数时的站位安排

在涉外场合合影时，应遵守国际惯例，讲究“以右为尊”，即主人居中，主宾居右，其他双方人员分主左宾右依次排开。

思考与练习

一、礼仪实训

以小组为单位，分别在给定的特定情景下进行会场引导、问候客人和茶水服务等训练，然后进行小组互评和老师点评，同学们取长补短，在互评和点评中规范介绍礼仪。

二、案例分析

1. 一次“自信满满”的会议筹办

小张工作一年多，主任第一次让她独立筹办一个会议。会议开始前，主任问她：“小张啊，会议都安排好了吧？没问题吧？”小张自信满满，拍着胸脯保证：“一切就绪，会场检查了好多遍，您放心吧！”

离会议开始还有半个多小时。有几位重要的参会嘉宾到得早，已站在会议室门口，小张满脸笑容地迎上去，想把嘉宾往会议室引导。这时站在旁边和她一起迎接嘉宾的主任却高声对小张说：“小张，你快把嘉宾带到贵宾室休息一下！”小张顿时懵了，她根本没有想到要准备贵宾室。随后，小张心急火燎地去找服务员打开贵宾室，沏上茶水，这时主任的表情才由阴转晴。

问题：这个案例给我们什么启示？

2. 音响设备失灵的尴尬

小李负责筹备的一次大会议程中有升国旗、奏国歌环节，在准备过程中主任专门交代小李：“小李啊，除了一般性会务，升旗环节你要认真盯一下，千万别出什么差错！”小李心想，这又不是什么难事，国旗是自动升降的，国歌是音响自动播放的，会场的技术人员对这个环节早已驾轻就熟。于是，小李只是在电话里对技术人员作了简单交代。

会议进行得很顺利，前面各项议程效果也非常好。但让小李万万没想到的是，到了升国旗、奏国歌的环节，主持人话音刚落，国旗开始升起，国歌配乐声音却小得几乎听不见。大家正站着行注目礼，都意识到出了问题。

小李就在控制室旁，赶紧冲了进去，示意技术人员把声音调大一些。但这个技术人员是专门负责升旗装置的，音响师竟然在关键时刻去洗手间了。小李彻底傻眼了，虽然自己在这个控制室里“盯”过无数次会议，但对音响设备操作一无所知，只好硬着头皮自己摆弄，可声音依然小得听不见。

问题：小李的会议筹备工作问题出在哪？

项目五

职业服务礼仪

任务一 导游服务礼仪

任务二 酒店前厅服务礼仪

任务三 酒店客房服务礼仪

任务四 酒店餐饮服务礼仪

任务五 酒店康乐服务礼仪

任务一　导游服务礼仪

学习目标

知识目标

1. 了解接待服务礼仪和送客服务礼仪。
2. 掌握安全服务礼仪和游览服务礼仪。
3. 掌握导游人员的语言技巧和非语言沟通。

能力目标

熟练掌握导游服务基本礼仪，合理运用导游人员的语言技巧和非语言沟通。

素养目标

确定“勤业”为本任务课程学习的素养教育主题，通过教学实施，帮助学生树立勤业精神，引导学生对待工作勤勤恳恳、兢兢业业。

一、导游服务的基本礼仪

（一）接待服务礼仪

接待是旅游服务工作的一个重要环节，接待服务水平直接影响旅游者对旅游服务人员的第一印象。因此，旅游服务人员要学好、用好接待服务礼仪，这对提高旅游服务质量有很重要的作用。

1. 准备工作

（1）在接团前应详细了解团队情况、接待计划及相关资料，包括人数、姓名、性别、年龄、国籍、民族及领队情况等，了解该团的费用标准和住宿情况，特别要注意了解游客的习惯、需求和禁忌。

（2）掌握团队的游览日程和行程计划，牢记团队抵达时间、航班车次和接站地点等。对服务项目、要求、特殊事项做到心中有数，有针对性地做好准备工作。

（3）导游要做好接待团队的物资准备，如领取和备齐各种票证、导游图、导游证、导游旗、扩音设备、接站牌等。导游还要对接待车辆、交通购票、就餐安排等情况进行落实，再确定与接待司机的接头时间和地点。

2. 接站服务礼仪

（1）至少提前两小时向机场、码头、车站询问旅游团所乘航班、车次的准确抵达时间。导游应提前半小时抵达接站地，再次核实旅游团所乘航班、车次的准确抵达时间以及车辆停放位置。

（2）接站时，导游应衣着整洁、得体，仪表端庄，正确佩戴导游证、旅行社徽章（铭牌）。

（3）游客抵达后，导游要主动持接站牌上前迎接，向游客打招呼并致以问候，核对团号、国别、组团社和所住酒店、实到人数等。导游手持导游旗，引导游客前往乘车处。导游应站在车门一侧，面带微笑，招呼游客上车，对老、弱、病、残者要给予必要的帮助。上车后，导游应礼貌地清点人数，检查行李是否安全放置，最后招呼司机开车。

（4）游客上车坐稳后，导游要向游客进行自我介绍，并介绍司机等相关陪同人员。随后向游客致欢迎词。欢迎词要力求简短、精彩，不可千篇一律，要根据不同国家、不同旅游团队的人员而定。致欢迎词时态度要热情，用词要恰当。

（5）在前往酒店的路上，不仅要介绍沿途风光，还要主动向游客发放导游图，介绍日程安排、游览项目等。在向游客宣布日程安排前，要主动与领队交换意见，并询问游客有无其他特殊要求等。

（6）在上车、下车、住店、离店时，应提醒游客注意自己的证件和行李物品。

3. 入住服务礼仪

（1）游客到达酒店后，导游要协助游客办理入住手续，分发房卡，安排游客休息。

（2）掌握游客的房间号，并将游客的房间号留给行李员，以方便行李员及时将游客的行李送到房间。行李送到游客房间后，要核对行李件数，如行李出现破损、丢失及被盗现象，要与有关方面交涉，及时处理。

（3）介绍酒店的相关设施和注意事项，包括餐厅、康乐设施等。

（4）团队入住酒店后，导游未经预约不得随便进入游客的房间。进门前要先敲门，游客同意后，方可进入。非特殊情况，不要在深夜或游客休息时打扰游客。除必要的提醒、建议外，不得随意干扰游客自由活动的时间和内容。

（二）安全服务礼仪

安全是保证旅游顺利进行的重要因素，游客只有在安全的环境下才能享受旅游带来的快乐。因此，旅游服务人员一定要有强烈的安全服务意识。

1. 乘车安全服务礼仪

在接待团体游客时，多采用旅游车接送游客，需要注意以下几个方面：

（1）上下车时照顾好游客。对特殊游客，在安排座位时要给予特殊关照。待游客到齐坐稳后才能示意司机开车。汽车在行驶过程中，不得停车让无关人员乘车。

（2）就座时应相互谦让。车内座位所处的具体位置有好有坏、有前有后或者座位不够时，即便对方不认识自己，也应当自觉地让座于人。让座时，要大大方方，不要虚情假意。倘若对方让座于自己，应尽量婉言谢绝，并立即向对方致谢。

（3）乘车时应律己敬人。在乘坐车辆时，必须自觉地讲究社会公德，遵守公共秩序。具体而言，要做到律己，就是在上下车时，与游客相互礼让，排队依次而行或等全部游客上车后再上车；乘车期间，不多占座位，放置私人物品不对他人构成影响，在车上不当众脱鞋，或是吸烟、吐痰、乱扔废弃物。要做到敬人，需要注意的问题则有：上下车时，如需别人让道，应当先说一声“对不起，请让一下”，之后，还须说一声“谢谢”；万一碰撞、踩踏了别人，要立即向对方道歉；如打算坐在他人身旁，应当先问一下对方“这里有没有人”或是“可以坐在这里吗”；在放置私人物品时，如有必要挪动他人之物，务必先征得对方的同意。

（4）及时提醒司机注意行驶安全。如发现司机身体欠佳、情绪不好或酒后开车时，要及时予以劝阻，并调换司机。如遇雨、雪、雾天或路况不好、道路狭窄、坡度较大等情况时，要劝告司机减速行驶，保证行车安全。

（5）下车安全及提醒。待汽车停稳后，再招呼游客下车，向游客讲清下次乘车的时间和地点，提醒游客携带好自己的随身物品，告知游览时的注意事项，并向司机交代好下次活动的乘车时间、地点和日程安排。

特别提醒

（1）旅行团乘汽车遇到重大交通事故并有游客受伤时，应立即组织现场人员抢救伤员，特别是重伤员。保护现场，尽快报告公安交通管理部门，查清事故原因，分清责任。就近将伤员送往医院后，立即向接待社报告、请示。除领队和伤员亲友及一名导游人员留在医院外，应尽可能使其他游客按原定日程继续活动。

（2）游览途中因天气原因交通失常而要改变原定计划时，首先将不得不变更计划的情况如实向领队做出解释，取得支持，然后商量好如何向游客做解释说明工作，安排落实好弥补措施，以取得游客的谅解。若需要旅行社继续为其提供导游服务，应重新签订合同。

2. 住宿安全服务礼仪

（1）要了解游客所住房间的位置、领队的房号和酒店的安全紧急通道位置等。一旦发生意外情况，要迅速组织游客安全撤离现场，尽量避免发生伤亡事故。

（2）要提醒游客锁好门窗，切不可贸然开门让陌生人进入房间。要告知游客晚上外出注意安全，在外应看管好自己的财物，防止发生被抢被盗和人身安全问题。

（3）导游人员要与游客同住一个酒店，如有事要离开，必须通知领队和游客。

（4）并不是所有的游客都熟悉应该怎样使用酒店的客房，导游人员应该有选择性地、有针对性地向游客说明使用客房的注意事项。例如：客房内的电话应该如何使用；怎样收看收费电视节目；有些酒店的客房内设有冰箱，饮用里面的饮料是要收费的等等。以免产生误会，让游客处于被动地位。

3. 用餐安全服务礼仪

（1）用餐前，检查餐具是否干净、完整，菜肴的质量和标准是否与订餐计划一致。如发现有饭菜不洁、变质、发霉等情况，要主动与餐厅主管进行交涉，要求其按标准重新提供，并向游客赔礼道歉。

（2）如发现游客就餐后出现头晕、头痛、恶心、呕吐等不适症状，应迅速护送游客前往医院就诊，同时尽快报告接团社，并妥善安排善后处理事宜。

（3）游客出门在外用餐速度一般比平时快，吃的也可能比平时少，所以，要提醒游客吃慢一点、多吃一点，还要提醒他们多喝一点水或者汤。如果有些游客吃饭比较快，应提示他们就近休息，不要离开餐厅太远，以免耽误集合。

（4）在游客用餐过程中要注意观察，照顾好那些需要特殊帮助的游客。

在游客用餐时，导游人员应注意处理好以下几种情况：

第一，一些外国游客由于第一次吃中餐，不会使用筷子。发生这种情况时，导游人员应为他们做出正确的示范，教会他们使用中餐餐具和食用中餐的正确方法。如果游客一时间难以掌握中餐餐具，应及时为游客换上刀叉，不要让游客由于不习惯中餐餐具而感到尴尬。

第二，游客因民族、信仰不同而产生不同的用餐习俗和用餐要求，如果处理不当，就会引起不良影响。导游人员一般可以通过制订合乎游客要求的订餐计划来保证游客用餐的满意度。

第三，在用餐过程中导游人员应关注和满足游客的特殊口味，并应该有针对性地予以满足。

第四，导游人员应该对游客中的老人和孩子予以格外的关照。例如，可以酌情安排一些适宜的食物，或是请求餐厅方面将食物再做一番加工，使其更容易咀嚼、消化。

特别提醒

（1）游客临时提出退餐、换餐时，导游人员应首先做好解释工作。按合同规定，用餐者必须在就餐前2～3小时提出退餐、换餐，否则餐厅方难以接受。若游客坚持换餐，可建议他们自己点菜，费用自理。不退综合费内的餐费。

（2）游客要求再加菜时，导游人员应首先向游客说明，这种形式的加菜，费用应由要求者现付，并协助游客与餐厅联系，尽量满足其要求。若不能满足，应向游客说明原因，表示歉意。

（3）游客自费外出用餐后，要求退还他们没有食用的午餐费用时，导游人员应耐心向游客说明，根据旅游合同规定，单项费用一般不退；团队用餐统一安排，不可能提供分餐服务，更不可能单独退还某一部分费用。

（4）旅游团客人闹矛盾提出分开用餐时，导游人员要耐心解释，说明己方难以照办的理由；请领队出面调解、协商，自行解决矛盾；如仍有人坚持分餐，可协助其与餐厅联系，但应讲清楚，不退综合费内的餐费，分餐后的餐费自理。

4. 游览安全服务礼仪

（1）适时提醒游客看管好自己的财物；随时提醒游客注意行路安全，特别是在登山游览时，要格外照顾好年老体弱者，并随同他们一起活动，给予充分的关怀和帮助。

（2）注意维持好活动秩序，经常清点人数，不能让与本团无关的人员随团活动。

（3）每天向游客公布当日或翌日的天气预报，提醒游客增减衣服。遇刮风、下雨、下雪造成路况危险时，要马上请示领导，变更活动计划，并向游客做好解释工作。

特别提醒

（1）在游览点突遇抢劫时，首先应挺身而出，保护游客；然后安抚游客的情绪，努力使旅游活动照常进行下去；迅速报警，协助破案；写出详细的书面报告。

（2）游客在游览活动中走失时，导游人员应了解情况迅速寻找，一般情况下是全陪人员、领队分头去找，地陪人员带其他游客继续游览；向游览地区的派出所和管理部门求助；与酒店联系，查看是否回到酒店；向旅行社报告，必要时请示领导，向公安部门报案；做好善后工作，找到游客后不应指责，而应对其表示安慰，提醒以后注意。

（三）游览服务礼仪

旅游过程中，导游人员应照顾旅游团全体成员，不要有亲疏之别。但是，对老弱病残者要给予特别的照顾。导游人员应尊重游客的信仰、语言和生活习惯，对有特殊生活要求的游客要给予满足或帮助。

1. 导游人员注意事项

（1）游览应按接待计划规定的路线、项目、要求实施，不得随意改动，尤其不能随意减少活动内容、降低服务标准、额外收费、变游览为购物。

（2）游览时，不得以种种借口让游客自行游览，自己躲到一旁休息。当游客遇到困难时，应想方设法帮助解决，不可故意推托、冷眼旁观。

（3）举止要得体，尽量不要因举止不当而引起游客的误会、不愉快。无论是在行车途中还是在景点讲解，应尽量面对全体游客，尽量避免背对游客。

（4）与游客交谈时，应注意选择话题，对不健康、不愉快、敏感、与隐私相关的话题不涉及、不参与。不议论旅游团成员，不随便与国外游客讨论宗教、政治等问题。交谈时应注意语言得体，不与游客乱开玩笑。

2. 带客购物服务

（1）带团购物必须去旅游定点商店，游客下车前，要向游客讲清停留时间和有关购物的注意事项。游客购物时，可陪同游客介绍商品，协助服务人员做好相关工作。

（2）如旅游团多数人要求增加购物次数，经与领队协商并告知接团社后应予以满足。如少数游客有特殊要求，一般自行前往，但必须经过领队同意。

（3）当商店不按质论价、抛售假冒伪劣商品时，导游人员有权维护消费者权益，向商店经理直接反映情况，要求商店向游客赔礼道歉，并退还、赔偿所购商品。

（4）导游人员本人不能向游客直接销售商品；不能从购物商店私拿回扣或变相索取小费；不能带游客去非旅游定点商店购物或向游客推销假冒伪劣商品。

3. 特殊情况的处理

（1）游客购物时丢了钱包。应详细了解并记录失窃经过、失物特征及价值；详细了解并分析失窃可能发生的时间与地点；立即通过旅行社向公安部门和保险公司报案；做好配合索赔、安慰失主、缓解其不快情绪等工作。

（2）游客游览中患病。游客患病要劝其及早治疗，并在游览中给予关照。如遇游客突患急病，导游人员要问清情况，进行急救，并妥善处理相关手续和事宜。患者如需住院，要做好探望、协助办理出院手续、订购机票或更改回程日期等相关事宜。

（3）游客有不当行为。在游览观光中，少数游客会做出一些不当的甚至违法的行为，导游人员必须对此予以高度重视并进行妥善处理。比如，有些游客会到未对旅游者开放的地区活动等。

（四）送客服务礼仪

越是到了旅游快结束的时候，导游人员越是要克服各种麻痹心理，要善始善终，认真做好送客服务工作。

1. 送客准备

（1）提醒游客和酒店结清账目，结账时应注意核对所住房间的长途电话、小酒吧饮料、洗衣费等一切消费费用，以避免临行前由于为个别游客结账而耽误出发时间。

（2）提醒游客提前把行李整理好，尤其是护照等重要证件要随身携带、妥善保管。

（3）准确通知游客次日的用餐时间、出发时间以及集合地点，并通知酒店提供次日的叫醒服务。同时，还要核实游客返程所乘交通工具的时间、地点等，如预订了国际机票，应提前 72 小时确认机位。

（4）核对行李件数，检查是否符合托运标准，与酒店办好行李交接手续，在行李卡上正确填写团名、国籍、日期、时间、目的地、数量等。

2. 送客服务

（1）表达对游客的惜别之情和感谢之意，真诚地对游览过程中出现的问题表示歉意。使感觉满意的游客能够留下更深一层的美好回忆，使感觉不满意的游客能够增加一份谅解和宽容。

（2）与司机配合好，尽量把每个细节和可能发生的变故提前想到，提前准备好应急方案，以便保证准时将游客送到机场或车站。务必将行李托运单交给领队或游客。

（3）如遇游客乘坐的航班、车次因故改变而推迟时，应主动关心游客，必要时，须留下与游客共同处理相关事宜，切不可一走了之。

3. 特殊情况的处理

（1）误机。提前做好离站交通票据的落实工作。不安排旅游团到范围广、地域复杂的景点参观游览；不安排旅游团到热闹的地方购物或自由活动。安排充裕的时间去机场（车站、码头），要求时间为：乘火车应提前 1 小时到达离站地点；乘国内航班应提前一个半小时到达离站地点；乘国际航班应提前 2 小时到达离站地点。

如遇误机情况，应立即向旅行社领导及有关部门报告并请求协助；地陪人员和旅行社尽快与机场（车站、码头）联系，争取让游客乘最近班次的交通工具离开本站，或采取包机（车厢、船）或改乘其他交通工具前往下一站；稳定游客的情绪，安排好在当地滞留期间的食宿、游览等事宜；及时通知下一站，对日程作相应的调整；向游客赔礼道歉；写出事故报告，查清事故的原因和责任。

（2）游客丢失行李、证件。首先导游人员要多做提醒工作。在热闹、拥挤的场所及购物的时候，要提醒游客保管好自己的钱包、提包和贵重物品；离开酒店时，要提醒游客带好随身行李物品，检查是否带齐了旅行证件。要切实做好每次行李的清点、交接工作。每次游客下车后，都要提醒司机清车、关窗并锁好车门。

遇到丢失行李的情况，首先请游客冷静分析情况，找出差错环节；帮助其解决因行李丢失而带来的生活方面的困难；经常与有关方面联系，询问查找进展情况。如果确定行李已经遗失，应由旅行社领导出面向失主说明情况并表示歉意，并帮助失主根据惯例向有关部门索赔。事后写出书面报告。

游客丢失证件时，应先请游客冷静回忆，详细了解丢失情况，尽量协助寻找。如确已丢失，应马上报告组团社或接待社，协助游客向有关部门报失，补办必要手续。

二、导游人员的语言技巧

导游服务礼仪涉及语言、姿态、妆容、神情。对导游人员而言，语言是必不可少的基本工具，导游服务效果的好坏在很大程度上取决于导游人员掌握和运用语言能力的强弱。导游人员应该练好导游语言这一基本功，并使自己的语言水平不断提高。

（一）导游语言基本要求

从广义的角度说，导游语言不仅包括口头语言，还包括态势语言、书面语言和副语言。其中，副语言是一种有声而无固定语义的语言，如重音、笑声、叹息、掌声等。导游语言在运用中有一定的方法和技巧。由于服务的对象是不同的游客，他们的性格、兴趣和爱好各异，导游人员的语言除了要符合语言规范之外，还要满足以下基本要求。

1. 导游语言的准确性

导游语言的准确性是指导游人员的语言必须以客观实际为依据，即在遣词造句、叙事上要以事实为基础，准确地反映客观实际。导游人员的语言要做到有准确性，必须做好如下几个方面：

（1）严肃认真的科学态度。这是做好导游语言准确性的前提。首先，要有竭诚为游客服务的思想，有不断提高导游服务质量的意愿。说话时，实事求是地用恰当的语言予以表达，不要信口开河、东拉西扯、言不由衷、词不达意。其次，要有锲而不舍、勤学苦练的科学精神。只有这样才能不断进取。

（2）熟悉所讲事物和内容。了解、熟悉所讲、所谈的事物和内容，是运用好语言的基础。如果导游人员对景点的情况，对自己要讲的内容不了解、不熟悉，很难想象其语言能表达得清楚、准确，更谈不上流畅、优美了。导游人员对所讲、所谈的事物和内容有充分的准备，讲起来才会侃侃而谈、旁征博引，遣词造句也会十分贴切，能准确地反映所讲、所谈事物的本来面貌，易于为游客所接受和理解。

（3）造句准确，搭配恰当。遣词造句准确，词语组合、搭配恰当是语言运用的关键。而词语用法不当、组合搭配不好，则会使信息失真。导游人员在选择贴切的词语基础上，还要进行词语的组合与搭配，使之符合规范、搭配相宜，这样才能准确地表达意思。例如，导游人员在向游客介绍了某一自然景观之后说："这里的景色真叫人心旷神怡。"这里的"叫"字同"心旷神怡"的搭配就不如用"令"字更好。

2. 导游语言的逻辑性

导游语言的逻辑性，是指导游人员的语言要符合思维的规律性。

（1）语言要保持连贯性。导游人员的思维符合了逻辑规律，就会使自己的思维具有确定的、前后一贯的、有条理的状态，从而在语言表达上保持首尾一致，并具有较强的逻辑性。

（2）语言表达有层次感。导游人员应根据思维逻辑，将要讲的内容分出前后次序，即先讲什么、后讲什么，使之层层递进、条理清楚、脉络清晰。

导游人员的语言要具有逻辑性，必须学习一些基本的逻辑方法。主要的逻辑方法有比较法、分析法与综合法、抽象法、演绎法与归纳法。

3. 导游语言的生动性

导游人员除了语音、语调、语速及语言要有准确性和逻辑性之外，生动性也至关重要。导游人员的语言表达要力求与神态表情、手势动作及声调和谐一致，使之形象生动、言之有情。如果导游人员的语言表达平淡无奇，单调、呆板，或者十分生硬，游客必然会产生不爱听、不耐烦或厌恶的情绪。反之，生动形象、妙趣横生、幽默诙谐、发人深省的导游语言不仅能引人入胜，而且会起到情景交融的作用。要使口语表达生动形象，导游人员除了要把握好语音、语调之外，还要善于运用比喻、比拟、夸张、映衬、引用等修辞手法，如表 5－1 所示。

表 5－1　导游语言的生动性

修辞手法	举例
比喻	土家族姑娘山歌唱得特别好，她们的歌声就像百灵鸟的声音一样优美动听
	如果说，云中湖是一把优美的琴，那么，喷雪崖就是一根撩人的琴弦
比拟	迎客松的主干高大挺直，修长的翠枝向一侧倾斜，如同一位面带微笑的美丽少女向上山的游客热情招手
夸张	相传四川、湖北两地客人会于江上舟中，攀谈间竟相夸耀家乡风物。四川客人说：“四川有座峨眉山，离天只有三尺三。”湖北客人笑道：“峨眉山高则高矣，但不及黄鹤楼的烟云缥缈。湖北有座黄鹤楼，半截插在云里头。”
映衬	太乙洞（咸宁）厅堂宽敞、长廊曲折，石笋耸立、钟乳倒悬，特别是洞中多暗流，时隐时现、时急时缓，水声时如蛟龙咆哮，闻者惊心动魄；时如深夜鸣琴，令人心旷神怡
引用	归元寺的寺名“归元”亦称归真，即归于真寂本源、得道成佛之意，取自佛经上的“归元性不二，方便有多门”的偈语
	东坡赤壁的西面石壁更峻峭，就像刀劈的一样。留在壁面上的层层水迹，表明当年这儿确乎有过“惊涛拍岸，卷起千堆雪”的雄奇景象

（二）导游口头语言表达技巧

在导游服务中，口头语言是使用频率最高的一种语言形式，是导游人员做好导游服务工作最重要的手段和工具之一。话说得好就会如实地达意，使听者感到舒服。导游人员要提高自己的口头语言表达技巧，必须在“达意”和“舒服”上下功夫。

1. 口头语言的基本形式

（1）独白式。独白式是导游人员讲、游客倾听的语言传递方式。如导游人员致欢迎辞、欢送辞或进行独白式的导游讲解等。独白式口头语言具有目的性强、对象明确和表述充分等特点。

（2）对话式。对话式是导游人员与一个或一个以上游客之间所进行的交谈，如问答、商讨等。在散客导游中，导游人员常采用这种形式进行讲解。对话式口头语言具有依赖性强（对语言环境有较强的依赖性）和反馈及时等特点。

2. 口头语言表达的要领

（1）音量大小适度。导游人员在进行导游讲解时要注意控制自己的音量，力求做到音量大小适度。一般来说，音量的大小应以每位游客都能听清为宜。但在游览过程中，音量大小往往受到游客人数、讲解内容和所处环境的影响，导游人员应根据具体情况适当进行调节。譬如，在室外嘈杂的环境中讲解，音量应适当放大，而在室内安静的环境中则应适当放小一些；对导游讲解中的一些重要内容、关键性词语或要特别强调的信息，要加大音量，以提醒游客注意，加深游客的印象。

（2）语调高低有序。语调是指一个人讲话的腔调，即讲话时语音的高低起伏和升降变化。语调一般分为升调、降调和直调 3 种，高低不同的语调往往伴随着人们不同的感情状态。升调多用于表示兴奋、激动、惊叹、疑问等感情状态；降调多用于表示对游客的肯定、赞许、期待和同情等感情状态；直调多用于表示庄严、稳重、平静、冷漠等感情状态。

（3）语速快慢相宜。导游人员在导游讲解或同游客谈话时，要力求做到徐疾有致、快慢相宜。如果语速过快，会使游客感到听起来很吃力；如果语速过慢，游客容易分散注意力，导游讲解也不流畅；如果一直用同一种语速往下讲，像背书一样，会使人乏味。在导游讲解中，较为理想的语速应控制在每分钟 200 字左右。当然，具体情况不同，语速也应作适当调整。譬如，对中青年游客，导游讲解的速度可稍快些，而对老年游客则要适当放慢；对讲解中涉及的重要或要特别强调的内容，语速可适当放慢一些，而对那些不太重要或众所周知的事情，则要适当加快讲解速度。

（4）停顿长短合理。这里所说的停顿不是讲话时的自然换气，而是语句之间、层次之间、段落之间的有意间歇。其目的是集中游客的注意力，增强导游语言的节奏感。导游讲解停顿的类型很多，常用的有以下几种：语义停顿、暗示省略停顿、等待反应停顿和强调语气停顿。语义停顿是指根据语句的含义所作的停顿；暗示省略停顿是指不直接表示肯定或否定，而是用停顿来暗示，让游客自己去判断；等待反应停顿是指先说出令人感兴趣的话，然后故意停顿下来以激起游客的反应；强调语气停顿是指导游人员讲解时，每讲到重要的内容，为了加深游客内心的印象所作的停顿。

（三）导游体态语言运用技巧

体态语言，是通过人的表情、动作、姿态等来表达语义和传递信息的一种无声语言。同口头语言一样，它也是导游服务中重要的语言艺术形式之一，常常在导游讲解时对口头语言起着辅助作用，有时甚至还能起到口头语言难以企及的作用。

1. 首语

首语是通过人的头部活动来表达语义和传递信息的一种态势语言，它包括点头和摇头。首语有很多的具体含义，如点头可以表示肯定、同意、承认、认可、满意、理解、顺从、感谢、应允、赞同、致意等。另外，因民族习惯的差异，首语在有些国家和地区还有不同的含义，如印度、泰国等地某些民族奉行的是点头不算摇头算的原则，即同意对方意见用摇头来表示，不同意则用点头表示。

2. 表情语

表情语是指通过人的眉、眼、耳、鼻、口及面部肌肉运动来表达情感和传递信息的一种态势语言。导游人员的面部表情要给游客一种松弛、自然的感觉，要尽量使自己的目光显得自然、诚挚，额头平滑不起皱纹，面部两侧笑肌略有收缩，下唇方肌和口轮匝肌处于自然放松的状态，嘴唇微闭。这样，才能使游客产生亲切感。

微笑是一种富有特殊魅力的面部表情，导游人员的微笑要给游客一种明朗、甜美的感觉，微笑时要使自己的眼轮匝肌放松，面部两侧笑肌收缩，口轮匝肌放松，嘴角含笑，嘴唇似闭非闭。这样，才能使游客感到和蔼亲切。

3. 目光语

目光语是通过人与人之间的视线接触来传递信息的一种态势语言。导游人员常用的目光语应是“正视”(即视线平行接触)，因为正视表示“理性”“平等”等含义，会让游客从中感到自信、坦诚、亲切和友好。导游讲解是导游人员与游客之间的一种面对面的交流。游客往往可以通过视觉交流从导游人员的一个微笑、一种眼神中加强对讲解内容的认识和理解。在导游讲解时，运用目光的方法很多，常用的主要有：

（1）目光的联结。导游人员在讲解时，应用热情而又诚挚的目光看着游客，注意与游客目光的联结，切忌目光呆滞（无表情）、眼帘低垂（心不在焉）、目光向上（傲慢）、视而不见（轻视）和目光专注而无反应（轻佻）等不正确的目光联结方式。

（2）目光的移动。导游人员在讲解某一景物时，首先要用目光把游客的目光牵引过去，然后再及时收回目光并继续投向游客。这种方法可使游客集中注意力并使讲解内容与具体景物和谐统一，给游客留下深刻的印象。

（3）目光的分配。导游人员在讲解时，应注意自己的目光要统摄全部听讲解的游客，即可把视线落点放在位于后面、两端游客的头部，也可不时环顾周围的游客。但切忌只用目光注视面前的部分游客，使其他的游客感到自己被冷落，产生遗弃感。

（4）目光与讲解的统一。导游人员在讲解传说故事和逸闻趣事时，讲解内容中常常会出现甲、乙两人对话的场景，需要加以区别。此时，导游人员应在说甲的话时，把视线略微移向一方；在说乙的话时，把视线略微移向另一方。这样可使游客产生一种逼真的临场感，犹如身临其境。

4. 服饰语

服饰语是通过服装和饰品来传递信息的一种态势语言。一个人的服饰既是所在国家、地区和民族风俗与生活习惯的反映，也是个人气质、兴趣爱好、文化修养和精神面貌的外在表现。服饰语的构成要素很多，如颜色、款式、质地等。其中，颜色是最重要的要素，不同的颜色给人的印象和感觉也不一样。例如，深色给人深沉、庄重之感；浅色让人感觉清爽、舒展；蓝色使人感到恬静；白色让人感到纯洁。

导游人员的服饰要注意和谐得体。导游人员的衣着装饰要与自己的身材、气质、身份和职业相吻合，要与所在的社会文化环境相协调，这样才能给人以美感。譬如，着装不能过分华丽，饰物也不宜过多，以免给游客以炫耀、轻浮之感。在带团旅游时，男导游人员不应穿无领汗衫、短裤和赤脚穿凉鞋；女导游人员不宜戴耳环、手镯等。

5. 姿态语

姿态语是通过端坐、站立、行走的姿态来传递信息的一种态势语言，可分为坐姿、立姿和走姿 3 种。导游人员的坐姿要给游客一种温文尔雅的感觉；导游人员的立姿要给游客一种谦恭有礼的感觉；导游人员的走姿要给游客一种轻盈稳健的感觉。具体礼仪要求参见项目二。

6. 讲解时的手势

在导游讲解中，手势不仅能强调或解释讲解的内容，而且还能生动地表达口头语言所无法表达的内容，使导游讲解生动形象。导游讲解中的手势有以下 3 种：

（1）情意手势，是用来表达导游讲解情感的一种手势。譬如，在讲到“我们的中国式现代化建设一定会取得成功”时，导游人员用握拳的手有力地挥动一下，既可渲染气氛，也有助于情感的表达。

（2）指示手势，是用来指示具体对象的一种手势。譬如，导游人员讲到黄鹤楼一楼楹联“爽气西来，云雾扫开天地撼；大江东去，波涛洗尽古今愁”时，可用指示手势来一字一字地加以说明。

（3）象形手势，是用来模拟物体或景物形状的一种手势。譬如，当讲到“有这么大的鱼”时，可用两手食指比一比；当讲到“六千克重的西瓜”时，可用手比成一个球形。

导游讲解时，在什么情况下用何手势，都应视讲解的内容而定。在手势的运用上必须注意：一要简洁易懂；二要协调合拍；三要富有变化；四要节制使用；五要避免使用游客忌讳的手势。

（四）导游交际语言常用技巧

在导游服务中，导游人员要同游客和相关接待单位人员接触。在接触过程中，语言是最基本、最重要的工具，语言的表达方式、方法和技巧对接触效果都会产生直接影响。导游交际语言包含的内容很多，如见面时的语言，交谈时的语言，致辞的语言，导游人员同游客交往中对游客进行劝服、提醒、拒绝、道歉的语言，等等。

1. 称谓的语言技巧

一般情况下，导游人员对游客的称谓经常使用 3 种方式。

（1）交际关系型。主要是强调导游人员与游客在导游交际中的角色关系，如“各位游客”“诸位游客”“各位团友”等。这类称谓角色定位准确，宾主关系明确，既公事公办，又大方平和。特别是其中的“游客”这一称谓，是导游语言中使用频率最高的一种。

（2）套用尊称型。这在各种场合都比较适用，是对各个阶层、各种身份也比较合适的社交通称，如“女士们、先生们”“各位女士、各位先生”等。尊称意味浓厚，适用范围广泛，回旋余地较大。但一般用于涉外团，对国内团有点太正式。

（3）亲密关系型。多用于比较密切的人际关系之间，如“各位朋友”“朋友们”等。这类称谓热情友好，亲和力强，注重强化平等亲密的交际关系，易于消除游客的陌生感，建议在和游客熟悉了后再用此称谓。

2. 交谈的语言技巧

在导游服务过程中，虽然导游讲解占据主要的地位，但往往还有大量的时间是导游与游客自由交谈。在与游客自由交谈时，导游人员要注意讲究聊天的技巧。

导游交际中的聊天与一般社交场合的聊天不同的是，导游人员与游客的聊天意图是明确的，是以协调双方关系、缩短双方心理距离、建立良好的交际基础为基本目的的。因此，导游人员与游客聊天时应主要从对方感兴趣或对方关心的话题切入。另外，导游人员应注意创造聊天的条件，营造聊天的氛围，要根据游客的心理特征、语言习惯、文化水平、脾气秉性等各种因素，随机应变地引导聊天的过程，使交谈气氛融洽、交流愉快，达到与游客互相理解、有效沟通的目的。

3. 劝服的语言技巧

在导游服务过程中，导游人员常常会面临各种问题，需要对游客进行劝服，如旅游活动日程被迫改变需要劝服游客接受，对游客的某些越轨行为需要进行劝说等。劝服一要以事实为基础，即根据事实讲明道理；二要讲究方式、方法，使游客易于接受。

（1）诱导式劝服。即循循善诱，通过有意识、有步骤的引导，澄清事实，讲清利弊得失，使游客逐渐信服。运用诱导式劝服时，导游人员一是要态度诚恳，使游客感到导游人员是站在游客的立场上帮助他们考虑问题；二是要善于引导，巧妙地使用语言分析利弊得失，使游客感到上策不行取其次也是较好的选择。

（2）迂回式劝服。即不对游客进行正面、直接的说服，而采用间接或旁敲侧击的方式进行劝说，即通常所说的“兜圈子”。这种劝服方式的好处是不伤害游客的自尊心，而又使游客较易接受。如某旅游团有一位游客，他常常在游览中喜欢离团独自活动，出于安全考虑和旅游团活动的整体性，导游人员走过去对他说：“××先生，大家现在休息一会儿，很希望您过来给大家讲讲您在这个景点游览中的新发现，作为我导游讲解的补充。”这位游客听了会心一笑，自动地走了过来。

（3）暗示式劝服。即导游人员不明确表示自己的意思，而采用含蓄的语言或示意的举动使人领悟的劝说。如有一位游客在旅游车内抽烟，导游人员为了不伤这位游客的自尊，在其面向导游人员又欲抽烟时，导游人员向他摇了摇头（或捂着鼻子轻轻咳嗽两声），游客便熄灭了香烟。

总之，劝服的方式要因人而异、因事而异，要根据游客的不同性格、不同心理或事情的性质和程度，分别采用不同的方法。

4. 提醒的语言技巧

在导游服务中，导游人员经常会碰到少数游客由于个性或生活习惯的原因表现出群体意识较差或丢三落四的行为。对这类游客，应从关心游客安全和旅游团集体活动的要求出发，适时地予以提醒。由于导游人员处在为游客服务的位置，提醒时语言要委婉、富有情感，要体现对游客的关心，使提醒能在愉悦的气氛中被游客所接受。

（1）敬语式提醒。即导游人员使用恭敬的词语，对游客直接进行的提醒方式。敬语式提醒会使游客易于接受，如“请大家安静一下”。

（2）协商式提醒。即导游人员以商量的口气间接地对游客进行的提醒方式，以取得游客的认同。协商将导游人员与游客置于平等的位置上，导游人员主动同游客进行协商，是尊重游客的表现。一般来说，在协商的情况下，游客是会主动配合的。

（3）幽默式提醒。即导游人员用有趣、幽默而意味深长的词语对游客进行的提醒方式。导游人员运用幽默的语言进行提醒，既可使游客获得精神上的快感，又可使游客在欢愉的气氛中受到启示。如几位年轻游客在游览时，纷纷爬到一尊大石象的背上照相，导游人员见了连忙上前提醒他们：“希望大家不要欺负这头忠厚老实的大象！”这比一脸严肃地说“你们这样做是损坏文物，是要罚款的”效果好得多。

5. 回绝的语言技巧

在导游服务中，导游人员常常会碰到游客提出的各种各样的问题和要求。其中，有一些问题和要求是不合理或不可能办到的，对这类问题往往导游人员会予以回绝。但是，不便于直接回答“不”，这时必须运用好回绝的语言表达方式和技巧。

（1）柔和式回绝。即导游人员采用温和的语言进行推托的回绝方式。采取这种方式回绝游客的要求，不会使游客感到太失望，避免了导游人员与游客之间出现对立状态。如有游客向导游人员提出，能否把日程安排得紧一些，以便增加一些旅游项目。导游人员明知道这是计划外的要求，不可能予以满足，但还是采取了委婉的拒绝方式：“您的意见很好，大家希望在有限的时间内多看看的心情我也理解，如果有时间能安排的话我会尽力的。”这位导游人员没有明确回绝游客的要求，而是借助客观原因（时间），采用模糊的语言暗示了拒绝之意。

（2）迂回式回绝。即导游人员对游客的发问或要求不正面表示意见，而是绕过问题从侧面予以回应或回绝。

（3）引申式回绝。即导游人员根据游客话语中的某些词语加以引申而产生新意的回绝方式。

（4）诱导式回绝。即导游人员针对游客提出的问题进行逐层剖析，引导游客对自己的问题进行自我否定的回应方式。

6. 道歉的语言技巧

在导游服务中，会由于各种原因引起游客的不快或不满。不管造成游客不愉快的原因是主观还是客观的，也不论责任在导游人员自身还是在旅行社方面，抑或在相关接待单位，导游人员都应妥善处置，采用恰当的方式向游客致歉或认错，以消除游客的误会和不满情绪，求得游客的谅解，缓和紧张关系。

（1）微笑式道歉。微笑是一种润滑剂，微笑不仅可以对导游人员和游客之间产生的紧张气氛起缓和作用，而且微笑也是向游客传递歉意信息的载体。如某导游人员回答游客关于长城的提问时，将长城说成建于秦朝。经其他游客纠正后，导游人员觉察到这样简单回答是错误的，于是对这位游客抱歉地一笑，游客便不再计较了。

（2）迂回式道歉。即导游人员在不便于直接、公开地向游客致歉时，而采用其他的方式求得游客谅解的方式。如某旅游团就下榻酒店早餐的品种单调问题向导游人员表示不满，提出要换住其他酒店。导游人员经与该酒店协商后，增加了早餐的品种，得到了游客的谅解。在这里，导游人员运用行动语言表示了歉意。

导游人员除了采用迂回道歉方式改进导游服务外，还可请示旅行社或同相关接待单位协商，采用向游客赠送纪念品或免费提供其他服务项目等方式向游客道歉。

（3）自责式道歉。由于旅游供给方的过错，使游客的利益受到较大损害而引起强烈不满，即使代人受过，导游人员也要勇于自责，以缓和游客的不满情绪。不管采用何种道歉方式，道歉首先必须是诚恳的。其次，道歉必须是及时的，即知错必改，这样才能赢得游客的信赖。最后，道歉要把握好分寸，不能因为游客某些不快就道歉，要分清深表遗憾与道歉的界限。

三、导游人员的非语言沟通

非语言沟通在交往中的重要性是不容置疑的。研究表明，高达 80% 左右的沟通是非语言沟通，其中 50% 左右是通过面部表情、形体姿势和手势传递的，剩下的 30% 左右通过音调传递。导游人员学习如何更好地利用非语言与游客沟通是非常必要的。

（一）非语言沟通的基本内涵

1. 非语言沟通的定义

非语言沟通，是指通过面部表情、形体姿势、手势和语气语调等传递信息的沟通方式。非语言沟通和语言沟通存在着明显的区别。语言沟通利用声音一个渠道传递信息，能对词语进行控制，是结构化的，并且是被正式教授的。非语言沟通是连续的，通过声音、视觉、嗅觉、触觉等多种渠道传递信息，绝大多数是习惯性的和无意识的，在很大程度上是无结构的，并且是通过模仿学到的。

2. 非语言沟通的功能

（1）非语言暗示补充语言信息。通过增添语言信息的含义来补充语言信息。例如，当你向某人道歉时，可能说："真对不起！"并且拍对方肩膀或拥抱对方来加强这种信息。

（2）非语言信息调整语言沟通。你的老板或老师怎样暗示你该结束谈话了呢？从椅子上站起来，或者整理桌子上的文稿，这些都是向你传递谈话结束了的信息。

（3）非语言信息代替语言信息。老师抬起头，盯着班里一些正在说话的学生，直到所有的学生都安静下来他才继续讲课，他的表情说明："同学们安静下来，我们要开始上课了。"

（4）非语言信息加强语言沟通。在老师告诉班里的学生他将不收超过规定时间的论文时，他的声音是有力、坚定的。

3. 非语言沟通的特点

（1）无意识性。我们通常意识不到自己的非语言行为。例如，与自己不喜欢的人站在一起时，保持的距离比与自己喜欢的人站在一起时更远。

（2）情境性。与语言沟通一样，非语言沟通也发生在特定的语境中。相同的非语言符号，在不同的情境中会有不同的意义。同样是拍桌子，可能是拍案而起，表示怒不可遏；也可能是拍案叫绝，表示赞赏至极。

（3）可信性。当某人说他毫不畏惧的时候，他的手却在发抖，那么我们更相信他是在害怕。研究表明，当语言信息与非语言信息所代表的意义不一样时，人们更相信的是非语言信息所代表的意义。由于语言信息受理性意识的控制，容易作假，人体语言则不同，人体语言大都发自内心深处，极难压抑和掩盖。

（4）个性化。一个人的肢体语言，同说话人的性格、气质是紧密相关的，爽朗敏捷的人同内向稳重的人的手势和表情肯定是有明显差异的。每个人都有自己独特的肢体语言，它体现了个性特征，人们时常从一个人的形体表现来解读他的个性。

（二）非语言沟通的种类

1. 辅助语言

非语言沟通中的辅助语言，就是指一种说话的方式。它由伴随着口头语言的有声暗示组成。辅助语言体现在说话的速度（快慢）、音调（高低）、音量（响度）和音质（悦耳或令人不舒服）等方面。当这些因素中任何一个或全部被加到词语中时，它们能修正词语的含义。即一句话的含义往往不是其词语本身，而是其弦外之音。例如，语调的变化，可以使字面相同的一句话具有完全不同的含义。一句简单的口头语，“真好”“真棒”，当音调较低、语气肯定时，表示由衷的赞赏；而当音调升高、语气抑扬时，则变成了刻薄的讥讽和幸灾乐祸。

2. 形体动作

形体动作，也被称为形体语言，具有象征性、说明性、调整性、情感性和调适性。

（1）象征性。即那些能直接用语言解释的形体动作。如伸开手掌把拇指和食指连到一起成环状可被解释为“对”或“好”。

（2）说明性。动作加重和强调词语的含义，使沟通更加准确。如果某人告诉你他钓了一条大鱼并用手比画，你将对这条鱼的大小有一个比较清晰的概念。

（3）调整性。动作能控制说和听的流畅性，它包括点头、手势、变换姿势和其他表明开始和结束的形体动作。当你说话时，对方可能略微转开或看一下手表，这或许表明对方不喜欢听或不愿意继续交谈下去。

（4）情感性。通过面部和形体动作表明情感的激烈程度。如果某人走进办公室，领导说：“我知道你心情不好。”他是通过此人严肃坚定的表情、紧握的手和僵直的身体姿势看出，此人来这里是作好了一场争辩的准备的。

（5）调适性。根据沟通情景做出调整的非语言方式，它们能满足你的生理和心理需求。当你要控制自己的感情时，你会做什么（去洗手间）？当你感到紧张、放松、拥挤或受到侵犯时，你会做什么（摆弄首饰、敲桌子、挪动桌椅）？尽管这些动作是一种习惯，本意不是用来沟通的，但它们也传递很多信息。

3. 眼神信息

眼神信息包括所有由眼睛单独传递的信息。在许多文化中，没有眼神接触的交谈被认为是粗鲁的，表明缺乏兴趣、不予关注等。眼神信息最重要的一个方面就是眼神接触。

（1）注视。行为科学家断言，只有当你同他人对视时，彼此的沟通才能建立。注视行为主要体现在注视的时间、注视的部位和注视的方式三个方面。

注视的时间对双方交流的影响很重要。注视时间的长短要考虑到交流双方的性别。事实证明，在同性之间进行交流时，若甲喜欢、崇拜、信任乙时，交谈中甲会一直看着乙，这时乙会意识到甲喜欢他。换言之，若想同别人建立良好的关系，在整个谈话时间里，你和对方的目光相接累计应达到 50% ～ 70%，并且眼光必须是诚恳、善意的。只有这样，才能得到对方的信赖和喜欢。但如果延长注视时间，可能会形成胁迫感。在异性之间进行交流时，无论是男性还是女性都不可长时间注视对方。

注视的部位因场合不同而有很大的区别。首先，在公务交流时，眼睛应看着对方额上的三角区（以双眼为底线，上角顶到前额）。注视这个部位，显得严肃认真、有诚意。其次，在社交场所应该平视。这些社交场所包括鸡尾酒会、茶话会、舞会和各种类型的友谊聚会。眼睛要看着对方脸上的倒三角区（以双眼为上线，嘴为下顶角），即在双眼和嘴之间。注视这个部位，会营造一种友好的社交气氛。

眨眼是人的一种注视方式。眨眼一般每分钟 5 ～ 8 次。在一秒之内连眨几次眼，是神情活跃，对某物感兴趣的表示；时间超过一秒的闭眼则表示厌恶、不感兴趣，或表示自己比对方优越，有蔑视或藐视的意思。

（2）视线交流。在人们的日常交往中，视线交流显示出它的特殊功能和意义。首先，显示出来的是爱憎功能，亲昵的视线交流可以打破僵局，使谈话双方的目光长时间相接。其次，显示的是补偿功能。两个人面对面交谈，一般来说，说者看着对方的次数要少于听者，这样便于说者将更多的注意力集中到要表达的思想内容上。一段时间后，如果说者的视线转向听者，这就是暗示对方可以讲话了。

4. 服装

因为服装会使人们对其主人产生非常强烈和直观的印象，所以它对非语言沟通是极其重要的。服装具有较大的可变性和较多的暗示性。比较常见的服装品类有制服、职业装和休闲装，每一种都传递了不同的含义并导致不同的相互作用方式。

（1）制服是专业化的服装形式。它属于一个特定的组织，代表团体或组织而不代表穿制服的人。所以，在制服上存在着极小的选择自由，穿着者被告知什么时候穿及能不能佩戴装饰品。最常见的制服是军服和警服。

（2）职业装是工作人员穿着的服装。它表明一种特定的工作行为。职业装的设计要表现出人们对此职业期望的一种特定形象，穿着者能选择喜欢的样式或颜色并进行搭配，使自己与顾客或客户间的沟通更加便利，将沟通置于亲密的层次上。

（3）休闲装在工作结束后穿着。休闲装的选择权在个人，能表现出穿着者的个性色彩、身份象征，不受工作场所的限制。

5. 空间和距离

坐或站时与他人保持的距离，大致有 4 个层次：亲密距离、人际距离、社会距离和公共距离。

（1）在亲密距离范围内。人们直接相互接触，或者相距不超过半米。恋爱关系中以及亲密朋友之间，都可以保持亲密距离。如果在拥挤的公共汽车、地铁或电梯上，我们可以通过忽视对方的存在或不与对方进行目光接触来应付这种情况。即使不能在身体上，也要在心理上保护自己的亲密距离。

（2）在人际距离范围内。人们相互距离在 0.5 ～ 1.2 米，这是我们在进行非正式的个人交谈时经常保持的距离。这个距离近到足以看清对方的反应，但远到足以不侵犯亲密距离。如果你走进大学校长的办公室，他坐在办公桌前，可以设想你们的谈话将是正式的；如果他请你与他并肩坐在舒适的沙发上，这是一种较亲密的情景，表明你们的谈话将是非正式的。

（3）在社会距离范围内。即 1.2 ～ 3.5 米的距离，对别人不是很熟悉，非个人事务、社交性聚会和访谈都应保持在社会距离内。

（4）在公共距离范围内。即超过 3.5 米的距离，通常被用在公共演讲中。在这种情况下，人们说话声音更大、手势更夸张。这种距离上的沟通更正式，人们互相影响的机会极少。

6. 触摸

触摸是最有力和最亲密的沟通形式。触摸可以跨越语言和文化的界限传递喜欢或憎恶的信息。

什么时候和在什么地方相互触摸受一系列严格的社会规则支配。

第一种是职业功能触摸。在这种情况下被触摸是因为某种特定的原因，如在体检时医生和护士的触摸，是非个人的和例行的。

第二种是社交礼节触摸。被用于与他人打招呼，其中握手是最普遍的形式。

第三种是热情友谊触摸。在紧密的相互关系中，人们使用这种触摸，包含朋友间的拥抱。

第四种是亲密爱意触摸。在更紧密的相互关系中，人们使用这种触摸。如父母触摸自己的孩子，相爱的人相互亲吻。

如果触摸是出乎意料或与当时要传递的信息无关，触摸可能在瞬间变成一种侵犯。

（三）怎样改善非语言沟通

因为非语言行为与社会和文化环境非常紧密地联系在一起，所以改变它很不容易。但是，如果发现别人经常误解自己，就要用恰当的方式去询问这是否由非语言暗示造成的。下面的问题可用于检验你的非语言沟通是否有问题。

1. 人们如何对你做出反应

人们曾经以令人吃惊的方式对你做出反应吗？这可能是因为别人对你发出的非语言信息的理解与你的本意有出入。例如，你打算与某人开玩笑，结果却伤害了他或她的感情。如果看到对方很不安，你就要找机会解释你的真正意图。

2. 录像中的你是个什么样

录像总是能告诉我们大量有关自己的未知内容。如果你能预先通过录像看自己将要在课堂上或其他场合做一次表演，无疑，你将发现一些自己不知道的和要改进的行为。以下是一些你可能在录像中找出的问题：眼神是否是令人舒服的、自然的和直接的；微笑是否会让人觉得更可爱、更友善和更好接近；是否有手势，并使你要传递的信息更有趣；姿势与形体定位是否表明你是容易接近的、包容的和友好的；与别人保持的距离是否合理；辅助语言运用是否恰当；是否足够幽默；等等。

思考与练习

一、礼仪实训

以小组为单位，分别在给定特定情景的情况下进行接待服务、安全服务、游览服务和送客服务等训练，然后进行小组互评和老师点评，同学们互相取长补短，在互评和点评中规范导游服务基本礼仪，提升导游人员的语言和非语言沟通技巧。

二、案例分析

1. 口头语言的基本形式

导游人员："你们知道武汉最有名的风味小吃是什么吗？"

游客："好像是热干面吧。"

导游人员："那你们知道哪里的热干面最好吃呢？"

游客："听说是蔡林记的热干面最鲜美可口。"

导游人员："那你们知道热干面的来历吗？"

游客："不太清楚，你能给我们讲讲吗？"

导游人员："说起热干面，这里还有个有趣的故事呢。20世纪30年代初期，汉口长堤街有一个名叫李包的人，在关帝庙一带卖凉粉和汤面。一个夏天的晚上，李包还剩下许多面没卖完……"

问题：这个案例运用的是什么语言形式？其特点是什么？

2. 导游语言的逻辑性

某导游说道："保存在武当山各宫观中大量的道教神仙造像、法器，既是中国古人对道教信仰的生动体现，也是道教文化留给今人的可贵的艺术成果。道教思想文化，作为中华传统文化的重要组成部分，在悠久和精深博大的中华传统思想文化的哺育铸造下，形成了具有自己特色的思想哲理和信仰体系，为历代有识之学者和方外之士所珍重，引导着历代悟道修真之士信仰修行、研究继承和弘扬发展。"

问题：这个案例的导游语言运用的是哪种逻辑方法？

任务二　酒店前厅服务礼仪

学习目标

知识目标

1. 了解前厅部在酒店中的地位。
2. 掌握酒店前厅服务礼仪。

能力目标

熟练地掌握酒店前厅服务中应接员、总台、总机等方面的服务礼仪。

素养目标

确定“敬业”为本任务课程学习的素养教育主题，通过教学实施，帮助学生树立敬业精神，引导学生对待工作忠于职守、尽职尽责。

前厅部又称大堂部、前台部等。前厅部是酒店对客服务的开始和最终完成的场所，也是顾客形成对酒店的第一印象和最后印象之处。所以，前厅部的每一位员工或主管或大堂副理，既要严格地按照服务标准履行好自己的职责，做好每一个环节和细节，又要灵活地、恰如其分地处理好一些突发事件或顾客的投诉，尽量服务好每一位顾客，维护好酒店形象。

一、前厅部在酒店中的地位

（一）前厅部是酒店的门面

前厅部处于酒店接待工作的最前列，是酒店最先迎接顾客和最后送别顾客的地方，前厅服务是顾客对酒店产生第一印象和留下最后印象的重要环节。顾客总是带着第一印象来评价酒店的服务质量，而最后印象则在顾客的脑海里停留时间最长，留下的记忆也最为深刻。作为酒店的门面，前厅部的环境气氛、服务质量水平在顾客心目中代表着酒店的总体水平及形象，这不仅包括大堂的建筑设计、装饰、陈设布置，也包括前厅部员工的精神面貌、仪容仪表、服务态度、服务技巧、服务效率及组织纪律等。

前厅部是酒店与顾客的“中介”和“桥梁”，也是与顾客接触最多的部门，所以前厅部是酒店与顾客建立良好关系的重要部门。从顾客的角度来分析，“顾客满意程度”是酒店服务质量的重要评价指标，而建立良好的客户关系正是提高顾客满意程度的重要途径。

素养专栏

社会主义核心价值观——“敬业”准则

党的二十大报告强调要广泛践行社会主义核心价值观，要坚持依法治国和以德治国相结合，把社会主义核心价值观融入法治建设、融入社会发展、融入日常生活。

“爱国、敬业、诚信、友善”是公民个人层面的价值准则，当代大学生一定要恪守“敬业”准则。敬业是对公民职业行为准则的价值评价，要求公民忠于职守，克己奉公，服务人民，服务社会，充分体现了社会主义职业精神。

（二）前厅部是酒店的销售窗口

前厅部通过和顾客的直接或间接接触，建立起广泛的联系，从而了解到许多客源信息，为酒店制定销售政策和酒店其他部门的销售提供重要的依据和条件。通过前厅部全体员工的全力以赴，按酒店已定的价格政策，可以推销出更高档次和更多数量的客房，从而带动酒店其他产品的销售。

（三）前厅部是酒店的神经中枢

为了有效地开展预订服务，更好地组织客源、做好接待工作，前厅部必须和旅行社、大使馆、领事馆、商业机构、客户单位、机场、车站、码头及旅游景点等单位保持联系。同时，还必须联络与协调酒店的其他部门，共同为顾客提供服务。所以，前厅部犹如酒店的神经中枢，对外起着“联络官”的作用，对内则发挥着业务调度的职能，在很大程度上控制与协调整个酒店的经营活动。

（四）前厅部是酒店的信息中心

前厅部是酒店经营活动的主要信息源，酒店绝大多数的业务信息都来自前厅部。前厅部是酒店的信息集散中心，它所收集、加工和传递的信息是酒店管理者进行科学决策的依据。酒店管理工作的质量和效率，很大程度上取决于传递信息的数量、有效性、及时性和精确性。

二、前厅服务礼仪

（一）酒店应接员服务礼仪

应接员（主要指门卫和行李员）是代表酒店在大门口和门厅接待顾客的服务人员，担负着迎送顾客的重要任务。来宾对酒店服务人员的素质、服务质量的第一印象往往就是从这里开始获得。酒店的迎接人员，除思想、业务能力等方面应达到本岗位所要求的规范外，在接待礼仪方面还需做到以下几点。

1. 恭候迎客

（1）精神饱满。门卫在岗时，着装要整齐，站立要挺直，手不可插袋，不可叉腰、弯腿、靠物，走路要自然、稳重、雄健。

（2）开门迎宾。来宾车辆停在正门时，必须趋前开启车门，迎接顾客下车，并主动问候，表示欢迎。一般先开启右车门，用手挡住车门的上方，提醒顾客不要碰头。遇老、幼、病、残、孕等顾客应主动搀扶，格外关心。

特别提醒

来宾乘坐的车辆如是大客车，应站在车门一侧，问候顾客并负责维持交通秩序。

2. 领客入店

（1）处理行李，引导顾客。如果车上装有行李，要主动为顾客搬运，然后为顾客开启酒店大门，迎进大堂，并携行李引导顾客到登记处办理登记手续。顾客办理手续时，要站在顾客后方1米左右的地方等候，看管好行李，随时准备提供服务。

特别提醒

顾客的行李物品要轻拿轻放，尤其是贵重和易碎物品。当为顾客提供服务时，要有预见性。当有的顾客坚持自己提行李而不愿接受帮助时，要适可而止，尊重顾客个人意愿，不要强行帮助提拿。团体行李要集中摆放。

若遇团体顾客抵店，应主动连续地向各位顾客点头致意或躬身施礼，使每一位顾客都能听到问候语。问候时应目视顾客，集中注意力，不东张西望。

当顾客要求寄存物品时，应首先礼貌地问清行李中是否有贵重物品和易碎物品，如有这类物品，可用建议的口吻引导顾客把这些物品存放在酒店的保险箱内。要主动提醒顾客把行李上锁，未上锁的，应当着顾客的面用封条将行李封好，对寄存的易碎物品要挂上“小心轻放”的标牌，以示对顾客行李物品的重视和负责。

下雨天时，应主动为顾客撑伞遮挡。

（2）护送顾客。待顾客办妥手续后，应主动上前向顾客或总台员工领取房间钥匙，护送顾客到房间。

“迎客走在前，送客走在后，客过要让路，同走不抢道”，这是迎送顾客的基本礼仪常识。在护送过程中，一般应在顾客左侧前方1米左右的距离行走，并不时回头示意顾客。遇拐弯或有阶梯处，应知会顾客。若对面有顾客走来，应停下来，侧身让对方先行，决不可与顾客争道抢行。

开门入房后，先打开电源开关，环视一下房间，立即侧身站立一旁，请顾客入内。将行李放在行李架上，拉开窗帘，介绍房内设施；如顾客很疲倦，可做简单介绍，然后迅速离开以免影响顾客休息。交代清楚后，与顾客道别，面向顾客退出房间，轻轻把门带上。

特别提醒

行李员护送顾客行进于走廊和登乘电梯时，一定要遵循相关的引领礼仪。

若顾客有事到别处，要求行李员将行李送入房间，一定要请顾客核对行李件数，确认无误后再送入客房。为安全起见，避免日后产生纠纷，进入客房时，行李员须与同楼层服务员一起进入。将行李送入房间后，做好该房的送运行李记录。

3. 送客离店

对于散客的行李物品，放置好后不要急于离去，而应向顾客做好交代。待顾客准备启程时，应致“祝您旅途愉快”“欢迎再次光临”等欢送词与客道别，并将车门以适当力量关好，注意不要夹住顾客的衣、裙等，待顾客乘坐的车辆启动时，应向顾客挥手道别，面带微笑，目送顾客离去。

顾客步行出店，应及时拉开大门，向顾客道别，并主动询问顾客是否乘坐出租车，帮顾客联系好车辆。

（二）酒店总台服务礼仪

酒店总服务台是酒店的“窗口”，是接待顾客的第一个服务环节和最后一个服务环节。因此，在接待工作中，要做到工作有序、效率高，要特别讲究礼节礼貌，尽量给顾客留下良好的印象。一般来说，总台服务礼仪包括以下几个方面。

1. 预订与入住

（1）预订服务礼仪。

在预订服务中，首先，预订人员要有一个文明礼貌的态度。预订人员所表现出来的礼貌、热情和对酒店的全面了解以及知识水平会使顾客在预订客房时对酒店产生良好的印象。其次，要明确顾客的性质。来酒店住宿的顾客可分为预订团体、预订散客及零星散客。明确顾客的性质，有利于酒店进行预先登记工作。

对于到店预订的处理，要注意以下几个方面的问题：顾客到店时，总台服务员应主动、热情地打招呼；询问顾客想要预订的项目（如客房、宴会、会议等）、价位及要求等，查看预订表确认能否预订，如顾客要求，可以带其参观客房、宴会厅或会议室；若顾客确认预订，请顾客填写预订单，要求顾客逐项填写清楚；顾客填好后，要仔细查看，逐项核对顾客所填的项目，检查是否有需要补充的地方或不清楚的地方；顾客预订完离开后，填写接待通知单并发给相关接待部门，请其做好各项准备。

对于电话预订的处理，要注意以下几个方面的问题：接到预订电话，应热情、礼貌地报出酒店名称，并做自我介绍；询问顾客想要预订的项目、价位及要求等，查看预订表确认能否预订；若能接受预订，应与预订人详细确认各项信息，填写预订单，并应问明来电预订人的姓名、单位名称及电话号码，以及有关预订客房、会议室或宴会的具体信息；信息确认后，填写接待通知单并发给相关接待部门，请其做好各项准备。

对于网络预订，总台服务员在接收到预订之后，需要第一时间通过网络或电话等方式与预订顾客取得联系，确认与预订相关的信息，并在信息确认后，通知相关接待部门，请其做好准备工作。

为了提高预订的准确性并做好接待准备，总台服务员在顾客到店前要通过电话等方式与顾客进行多次核对，问清顾客是否能够如期抵店，人数、时间和要求等是否有变化。顾客预订后如有修改，总台服务员要立即填写变更通知单并发给各接待部门。

（2）入住服务礼仪。

1）态度和蔼，有条不紊。热情问候每一位顾客，停下手中的事情，双目正视对方，上身略向前倾，主动问好，如“您好！欢迎光临！我能为您效劳吗？”；如是常客，可改用灵活的问候语，如“陈科长，见到您真高兴，有什么可以为您效劳？”。

如正在接待顾客，又有其他顾客来到总台，服务员应及时对顾客微笑，打招呼。做到办理第一位，询问第二位，再招呼第三位顾客，并说“对不起，请稍候”。如果登记时人很多，一定要保持冷静，有条不紊，做好解释，提高效率，必要时要增加服务员的人数，以免让顾客等得太久。

2）精神集中，工作有序。工作时要全神贯注，不出差错。顾客的姓名必须搞清楚，将顾客的名字搞错或读错是一种失礼行为，不能一边为顾客服务一边接电话。在岗位上，不要同时办理几件事，以免精神不集中出现差错。

听清顾客的要求后，请顾客出示身份证件，在不失礼的情况下，仔细验看顾客的身份证件，主动代客填写住宿登记单后请顾客签名，并尽量按顾客的需要为其安排好房间。确认无误后，应有礼貌地迅速将证件递还给顾客，并致谢，说“×先生，谢谢您”。要注意用姓氏称呼顾客。

3）学会观察，一视同仁。酒店内人来人往，名人、演员、企业家都是经常光顾酒店的顾客，总服务台的员工要学会观察，记录顾客个人资料，以备后用。对待顾客要一视同仁，对重要的顾客或熟客可以不露声色巧妙地给予照顾，让他感到与众不同就行，不能只与一位熟悉的顾客谈话过久。其实，每一位顾客都盼望和期待着自己能享受到一种个别的、独特的接待。

特别提醒

如果当天住宿已满，应向顾客致歉，再向他提出有益的替代建议，供顾客参考。或者主动用电话联系其他酒店，设法帮顾客解决问题，并欢迎他以后再来。

把房间钥匙交给顾客时，不可一扔了之。也可将钥匙交给行李员，同时彬彬有礼地说：“先生，我们为您准备了一间有江景的房间，舒适安静，房号是1608。这是钥匙，行李员马上陪您上去，祝您愉快！”

4）散客入住，团队入住。对于预订散客入住，首先请顾客出示证件进行登记，询问顾客需要入住的天数，收取押金，制作房卡，并请顾客签名留下联系电话。将房卡、收据、证件交还顾客，并小声地向顾客重复其房间号。对于无预订散客入住，要主动向顾客介绍酒店现有的可入住房间种类及价格，并从价格高的房间开始推销，必要时可以请顾客参观房间，其他入住手续同预订散客入住。将房间钥匙交给行李生，由行李生带顾客进房，并向顾客致祝愿语。

对于团队入住，在确认相关信息无误后，请陪同人员（地陪）配合收取所有团员有效证件进行登记，并在团队入住登记表上签名确认实开房间数并留下联系电话。要尽量与陪同人员协商最晚在团队离店前一晚付清所有费用。确认次日叫醒时间、早餐时间，如为次日退房，则需要确认出行李时间，将叫醒时间通知总机、用早餐时间通知餐厅、出行李时间通知礼宾部。

2. 叫醒与换房

（1）叫醒服务礼仪。

1）接收叫醒服务。顾客在总台要求叫醒服务时，应记下顾客的姓名、房号以及要求叫醒的时间，并在电脑中核对顾客的房号与姓名，同时复述一遍顾客要求叫醒的时间，以免发生差错。通知总机要求叫醒的房号与时间。

2）输入叫醒电话。在话务台上按操作程序输入叫醒时间；检查所输入的叫醒时间是否正确。

3）叫醒服务。叫醒时间到时，要按时打电话叫醒顾客；若需叫醒顾客无应答，要特别注意并注明；若再次叫醒仍然没有人应答，应打电话至楼层服务台，请客房服务员协助进行人工补叫。

（2）换房服务礼仪。

1）换房确认。当顾客提出换房要求时，应问清原因并报告当班主管；当班主管到顾客房间查看，确认换房并对顾客表示歉意；条件允许的话尽量满足顾客的要求。

特别提醒

顾客要求换房，如属于房间设备、设施问题，则为其调换同一类型房间，如顾客房间类型有变化则需要事先与顾客确认新房价，待顾客接受后才可为其换房。

如果没有空房可换，顾客已入住的房间并无设备故障，则向顾客表示歉意，并记下顾客要求，告知一旦有空房立即安排；若顾客已入住的房间设施有故障，立即通知客房部紧急抢修。

2）换房。根据换房情况填写房间、房价变更表，注明日期、顾客姓名、新房间号、原因并交当班主管；将房卡交给顾客，帮顾客办理换房手续，收回原房间钥匙；根据顾客的要求，通知礼宾部为换房顾客提供行李服务。

3. 问讯与投诉

（1）问讯服务礼仪。

问讯员主要做的工作是回答顾客的问讯，如本市的天气情况，本市旅游景点的基本情况，本市主要的购物场所，本市交通运输情况及其他基本知识，本酒店的服务项目、收费标准、营业时间等基本情况。问讯员要注意以下几个方面的礼仪：

1）要着装整齐，精神饱满，举止自然大方，站立服务，随时准备接待顾客。顾客到来，应热情主动，微笑相迎。回答问讯时，应有问必答，百问不烦，用词得当。

2）要熟悉业务，对酒店设施、各部门服务时间等情况应详细回答清楚，不能说“也许”“大概”之类没有把握或含糊不清的话。但对不清楚的事，不要不懂装懂，也不能简单地说“我不知道”，而应该请顾客稍等一下，如说“对不起，这个问题我去问一下再答复您，请您稍等”，然后向有关人员请教，问清后再给顾客一个满意的答复。对一些顾客提出的要求实在无法满足时，应向顾客表示歉意，请求其谅解与合作。

3）接受来电问讯时，应热情帮助解决，做到件件有结果、事事有回音。如不能马上回答，对来电人应讲明等候时间，以免对方久等而引起误会。来电人要求留言时，应仔细记录留言内容和来电人姓名，并及时转告接收人，服务应热情周到。

4）问讯处每天收到信件、邮件时应先分类，标注收到时间，做好登记，并请行李员送入顾客房间签收。

5）任何情况下不得与顾客争辩，更不能言语粗俗、讥笑讽刺顾客。

（2）投诉服务礼仪。

1）要以积极的态度对待顾客的投诉。一般来说，来投诉的顾客都有些火气，因为他们认为劣质的服务戏弄了他们，是不公道的，甚至是不能容忍的。当他们怒气冲冲地来投诉时，在态度上要给投诉顾客一种亲切感，要用微笑使愤怒的投诉者趋于平静。

2）尽可能满足投诉顾客的要求。要相信大多数顾客的要求都是合情合理的，即使遇到个别爱挑剔的顾客，也应本着“顾客至上”的宗旨尽可能满足其要求。

3）必须做到诚恳耐心地倾听。在顾客因误解、不满而投诉时，要以诚恳的态度耐心听取顾客的意见，争取在感情上和心理上与投诉者保持一致，千万不要话还没听完就开始为自己做解释或辩解，这很容易引起投诉者的反感。

4）不激烈小问题的快速处理方法。首先，向顾客道歉，这是对人不对事，目的是先使顾客得到安慰。其次，向顾客表示同情，倾听顾客的意见，用适当的手势和表情来表达你对顾客讲话内容的兴趣，努力听清事实，发现解决问题的线索和答案。再次，采取行动，即告诉顾客你将如何处理问题，什么时候他可以得到答复，然后去了解问题的当事人和酒店的有关处理政策。这里需要说明的是，不能在没有了解清楚事实和对照酒店政策之前，就盲目承认酒店服务中的错误，给予顾客优惠补偿。最后，感谢顾客，将问题处理的结果告诉顾客，感谢他对酒店提出的建议与提醒，同时看一下你是否能做其他事来帮助或补偿顾客。

5）在公共区喧哗的激烈问题的绅士处理方法。先陪伴顾客到宁静、舒适的地方去，如顾客关系部或办公室，以避免顾客投诉的激烈情绪与批评在公共场合的传播。还可以提供一杯软饮料，如茶、咖啡或可乐，与顾客一起坐在沙发上，彼此不要有写字台的间隔，使顾客有一种受尊重的平等感受，以建立沟通的基础。然后，再根据情况见机行事，选择适当的方法予以处理。

6）有些投诉根本无法解决，酒店应尽早向顾客承认事实，并主动与顾客协商处理问题的办法。通情达理的顾客一般会接受这种处理方法。

4. 退房与结账

（1）退房服务礼仪。

1）温婉有礼。遇到顾客退房，要温婉有礼，不能态度粗鲁或不高兴。要耐心地向顾客讲清酒店的有关退房规定，按规定手续为顾客办理退房。顾客退房时，应给他呈上准确无误的结账单，请他付清全部费用。

2）留下好印象。在许多酒店，多数顾客办理退房和结账手续一般在上午，如果员工准备工作到位，工作有条不紊，就能使退房过程顺利、有效地进行并给顾客留下良好的印象。

（2）结账服务礼仪。

1）态度温柔。要始终保持冷静、自信，同时态度要温柔、和蔼可亲，不论顾客表现如何，酒店员工都要和蔼、亲切地服务于顾客。

2）严谨、准确、快捷。有关现金、支票、信用卡、直接转账以及团队付款凭证等复杂事宜都要认真检查核实。结账尽可能迅速快捷，尽可能方便顾客，简化手续。

3）保持账务完整。要检查顾客是否还有未入账的临时费用，如餐厅、酒吧、长途电话等临时费用，以保持账务完整。如果顾客又出现其他临时费用，但这些费用账单转到总服务台之前，顾客已经离开了酒店，就需要追账。追账会损害酒店的声誉，使顾客误认为酒店管理不善，应尽量避免。

4）不要大声指责顾客。如顾客的信用卡过期了，酒店员工不要大声指着顾客说："你的信用卡已失效，没有使用价值。"更不要让其他顾客都能听到指责，要小声地要求顾客到办公室里或他人听不到的地方来处理顾客的信用卡事宜。

特别提醒

对于酒店总台来说，办理完顾客的退房与结账，服务工作并没有完全结束，一定要注意服务工作的完整性。致祝愿语、礼貌地送别顾客离店，是必不可少的最后一环。

素养专栏

职业精神——企业形象维护

职工的形象折射出企业的形象。一个优秀的职工应该把维护企业形象当成一种习惯，把维护企业形象、珍惜企业信誉作为着眼点，从自身做起，立足本职工作，持续提高政治素质和业务水平。企业利益是实现职工个人利益的基础，企业利益与个人利益紧密相连，相辅相成。所以，我们要像爱护自己的家庭、珍惜自己的名誉一样维护企业的形象。

（三）酒店总机服务礼仪

电话接待是酒店一项十分重要的日常工作和服务项目。酒店总机是酒店内外沟通联络的通信枢纽，维持着酒店与外界、酒店与住客、住客与住客及与酒店各部门之间的联系。在话务室工作的每一位员工，都必须具有高度的责任感，勤学习、业务精、讲文明、懂礼貌，做到声音清晰、态度和蔼、言语准确、反应迅速，坚持长期为顾客提供优质的电话服务，通过声音为酒店塑造卓越的形象。

微课视频

新媒体沟通礼仪之电话礼仪

1. 接电话的礼仪

（1）及时接听。电话铃声一旦响起，接电话就成为最紧急的事情，其他事情都可以先放一边。所有来电，务必在三响之内接听，以充分体现酒店的工作效率。铃声不过三声是接电话的一个原则，也是一种体谅拨打电话的人的态度，而且铃声响起很久不接电话，拨打电话的人也许会以为没有人接而挂断电话。如果接电话不及时，要道歉，向对方说“抱歉，让您久等了”。

特别提醒

有时候确实有无法分身的情况，比如自己正在接待重要的顾客或者正在参加会议，不宜与来电话的人深谈，此时可以向来电话的人简单说明原因，表示歉意，并主动约一个具体的双方都方便的时间，由自己主动打电话过去。一般来说，在这种情况下，不应让对方再打过来一次，而应由自己主动打过去。

如果在接听电话的时候，适逢另一个电话打了进来，切记不要中断通话，而要向来电话的人说明原因，让他不要挂断电话，稍等片刻。去接另一个电话的时候，接通之后告知对方自己正在通话，请他过一会儿再打进来，或者自己过一会儿再打过去。等对方挂断电话之后，再继续方才正在接听的电话。

（2）谦和应对。在接电话时，要先问好，再报单位，然后用问候语，例如，“请问我能帮你什么忙吗?”。切忌自己什么都不说，只是一味地询问对方“你叫什么名字?”“你是哪个单位的?”“你找他是公事还是私事?”，这种做法极不礼貌。另外要注意的是，问好、报单位、问候语这三种开头语的顺序不能颠倒弄错。

（3）迅速准确。电话接线要迅速准确。下榻在酒店的顾客所接到的大多数电话都是长途电话，都很重要，因而电话接线要迅速准确。另外，不许误传顾客的信件或电话留言，一定要做到认真、耐心、细心。通话时，听筒一头应放在耳朵上，话筒一头置于唇下约 5 厘米处，中途若需与他人交谈，应用另一只手捂住话筒。

（4）注意聆听。在顾客讲完之前不要打断也不可妄下结论，对听不清楚的地方，要复述顾客的话，以免弄错。听电话时要注意礼貌，仔细聆听对方的讲话，要把对方的重要话语进行重复和附和，应不时地用“嗯”“对”“是”来给对方积极的反馈。

如果对方发出邀请或会议通知，应致谢。如对方反映问题或是投诉，接待要耐心，回复对方的话要十分注意语气和措辞，要显得热情、诚恳、友善、亲切，并使对方能感受到你对他的关注。

（5）做好记录。若是重要的事，应做记录。记录时要重复对方的话，以检验是否无误。然后应等对方自己来结束谈话，如果电话里定不下来，可告知对方待请示领导后，再通电话决定。

特别提醒

要礼貌地结束电话。在结束电话时，应使用恰当的结束语，以对发话人表示感谢，或对自己未能提供帮助表示歉意，通电话以对方挂断电话为通话完毕，以免对方有什么误解，任何时候都不得用力掷听筒。

2. 打电话的礼仪

打电话是通联礼仪的一个主要内容。拨打电话的人是发话人，是主动的一方，而接听电话的一方是受话人，是被动的一方。因而在整个通话过程中，拨打电话的人起着支配作用，一定要积极塑造自己完美的电话形象。在打电话时，必须把握住通话的时间、内容和分寸，使得通话时间适宜、内容精练、表现有礼。

（1）时间适宜。把握好通话时机和通话时长，能使通话更富有成效，显示通话人的干练，同时也可以显示对通话对象的尊重。反之，如果莽撞地在受话人不便的时间通话，就会造成尴尬的局面。如果把握不好通话时间，谈话过于冗长，也会引起对方的负面情绪。

（2）内容精练。打电话时忌讳通话内容不着要领、语言啰唆、思维混乱，这样很容易引起受话人的反感。通话内容精练简洁是对通话人的基本要求。

1）预先准备。在拨打电话之前，电话簿、常用电话号码、日历、记录本以及笔等应全部放在便于拿到的位置，对自己想要说的事情做到心中有数，尽量梳理出清晰的顺序。做好这样的准备后，通话时就不会出现颠三倒四、现说现想、丢三落四的现象，同时也会给受话人留下高素质的好印象。

2）简洁明了。电话接通后，发话人对受话人的讲话要务实，在简单的问候之后，开宗明义，直奔主题，不要讲空话、废话，不要啰唆、重复，更不要偏离话题、节外生枝或者没话找话。在通话时，最忌讳发话人东拉西扯、思路不清。

（3）表现有礼。打电话的人只能根据自己听到的声音判断对方对自己的态度，热情友好和及时地招呼对方是最基本要求。拨打电话的人在通话的过程中，始终要注意待人以礼，言语得体，尊重对方，并照顾到通话环境中其他人的感受。

特别提醒

（1）礼貌中断电话。如果在通话过程中需要离开一会儿，应该请对方等待一下或告知对方等会儿再打过去。如果对方愿意等待，应告知对方他的电话没有挂断，并轻轻放下话筒。

（2）用声调传达感情。接打电话时应提倡运用富有人情味的声音、带着笑意的声音与对方通话。讲话时语调优美、吐字清晰、音量适中，能使人感到悦耳舒适。再加上语速适中、声调柔和、富于感情，使对方能够感觉到你在对他微笑，这样富于感染力的通话，一定能打动对方，并使其乐于与你对话。

思考与练习

一、礼仪实训

以小组为单位，分别在给定特定情景的情况下进行门童服务、行李服务、入住登记服务、问讯服务、电话服务等训练，然后进行小组互评和老师点评，同学们互相取长补短，在互评和点评中规范前厅服务礼仪。

二、案例分析

1. 开启汽车后备厢的细节

某日下午，实习生迎宾员小关指引一辆商务车进入下客区域，并主动为顾客拉开车门，一一热情问候。但顾客下车后并未直接进酒店，而是走向汽车的后备厢，这时小关意识到可能顾客还有行李在后备厢内，于是就热情主动地帮顾客打开了后备厢盖。此时意外发生了，由于顾客的行李堆放过高，加上一路颠簸，行李凌乱地从车上滑落下来，顾客的一瓶名贵洋酒也掉落在地，摔得粉碎。

问题：这个案例给我们什么启示？

2. 不愉快的前厅预订

以下是某酒店前厅服务员与预订顾客邓先生的对话：

服务员：你好！你是姓邓吗？

邓先生：对，我是啊。

服务员：你是不是在我们酒店预订了一个标间啊？怎么还没过来？

邓先生：是啊，但我朋友今天来不了啦。

服务员：怎么不早说呢，很多顾客来预订，我们都没有把房间给他们。

邓先生：……

问题：服务员的话是否合适？如果你是服务员，你该怎么做？

任务三 酒店客房服务礼仪

学习目标

知识目标

1. 了解客房部在酒店中的地位。
2. 掌握酒店客房服务礼仪。

能力目标

熟练地掌握酒店客房服务中的客房整理及迎送顾客等方面的礼仪。

素养目标

确定“追求卓越”为本任务课程学习的素养教育主题，通过教学实施，引导学生做事要敢为人先、追求卓越，凡事都要尽所能把它做到最好。

客房部又称房务部或管家部等。客房部是酒店直接与顾客打交道的部门之一，其主要任务是为顾客提供一个舒适、安静、优雅、安全的住宿环境，并提供细致、便捷、周到、热诚的对客服务。所以，客房部的每一位员工，既要严格地按照服务标准履行好自己的职责，又要灵活、恰如其分地处理好一些突发事件或满足顾客的特殊需求，尽量地服务好每一位顾客，维护好酒店形象。

一、客房部在酒店中的地位

客房是酒店的主体，是酒店存在的基础，在酒店中占有重要地位。客房在酒店中的地位，决定了客房部在酒店中的地位。

（一）客房是酒店存在的基础

人们外出旅行，无论是住招待所、旅馆还是酒店，从本质上说住的都是客房。酒店要向旅客提供生活需要的综合服务设施，必须能向旅客提供住宿的服务，而要住宿就必须有客房，从这个意义上来说，客房是酒店最基本的设施，没有客房就不能称为“酒店”，所以说客房是酒店存在的基础。

（二）客房是酒店的主要组成部分

一家酒店的规模是由客房的数量来决定的。在酒店建筑面积中，客房占总面积的

75% 左右；酒店的固定资产也绝大部分在客房，客房及其内部配备的设备物资无论是种类、数量还是价值都在酒店物资总量中占有很高的比重。所以说客房是酒店设施的主体，是酒店组成的主体部分。

（三）客房收入是酒店的主要收入来源

酒店的经济收入主要来源于三部分，即客房收入、餐饮收入和综合服务收入。其中，客房收入是酒店收入的主要来源，一般占酒店总收入的 50% 左右，有的酒店甚至超过 60%。

（四）客房商品质量是酒店商品质量的重要标志

酒店是顾客的“旅途之家”。顾客在下榻酒店客房逗留的时间是最长的，一般要超过 60%，因此酒店客房质量如何，直接关系到顾客对酒店的总体评价。例如，客房是否整洁、装饰用品是否美观、设施设备是否齐全、人员服务是否周到、服务态度是否热情等。客房服务质量的高低，顾客感觉最敏锐、印象最深刻，是衡量酒店“价”与“值”是否相符的主要依据。所以客房商品的质量是衡量整个酒店服务质量的重要标准，是维护酒店声誉的重要方面，也是酒店等级水平的重要标志，直接影响着顾客的满意度。

素养专栏

二十大精神——高质量发展

党的二十大报告指出，高质量发展是全面建设社会主义现代化国家的首要任务。发展是党执政兴国的第一要务。我们要坚持以推动高质量发展为主题，把实施扩大内需战略同深化供给侧结构性改革有机结合起来，增强国内大循环内生动力和可靠性，提升国际循环质量和水平，加快建设现代化经济体系，着力提高全要素生产率，着力提升产业链供应链韧性和安全水平，着力推进城乡融合和区域协调发展，推动经济实现质的有效提升和量的合理增长。

在实现中华民族伟大复兴的奋进过程中，把握时代脉搏，紧跟时代步伐，始终把高质量发展放在首要位置，是当代年轻人肩负的历史使命和责任。

（五）客房是带动酒店其他部门经营活动的枢纽

酒店作为一种以客房为基础设施的现代化食宿场所，只有在客房保持较高入住率的情况下，酒店的一切设施才能创造效益。顾客住进客房，要到前台办手续，要到餐饮部就餐，要到商务中心进行商务活动，要健身、购物、娱乐等，因而客房服务带动了酒店各种综合服务设施的运用。

（六）客房部的管理直接影响酒店的运行管理

客房部的工作内容涉及整个酒店，为其他各个部门正常运转提供了环境和物质条件。加上客房部员工占整个酒店员工总数量的比例很大，其管理水平直接影响到酒店员工队伍整体素质的提高和服务质量的改善。另外客房部的物资设备众多，对于酒店成本控制计划的实现有很大意义。因此，客房部的管理是影响整个酒店管理水平的关键因素之一。

二、客房服务礼仪

客房是酒店的一个重要组成部分，它为顾客提供全天24小时的服务。下榻在酒店的顾客，来自不同的国家和地区，他们的生活特点、风俗习惯也有所不同，这就决定了客房服务员在服务礼仪上要注意多样性。顾客住上整洁、舒适、安全的客房，在服务方面感受到热情、礼貌、周到、主动、耐心，酒店客房部的优质服务就真正落到了实处。

（一）客房整理礼仪

（1）清扫房间应尽量避免打扰顾客，最好是在顾客外出时打扫或在顾客特别吩咐时才去做，但必须控制时间，不要等到顾客已回来，还未整理好。如顾客在房间，须征得顾客同意后再进去整理，整理时以不干扰顾客的活动为准。

（2）注意房间挂的牌子。凡在门外把手上挂有“请勿打扰”牌子的，不要敲门进房。如果到了下午两点半左右，仍未见顾客离开房间，且里面也无声音，可打电话进房询问，若仍无反应，说明顾客可能生病或发生其他事故，应立即报告主管，采取相应的措施。

（3）养成进房先敲门通报的习惯。具体步骤如下：站在距房门适当距离的地方（窥视镜正前方），不要靠门太近；用食指和中指敲门三下（或按门铃），声音不要太大，以顾客能听到为标准，同时自报身份“服务员”；如果顾客在房内，等顾客开门后或经顾客同意后方可进入并向顾客问候，询问顾客“是否可以打扫房间”。

特别提醒

客房服务员在门外等候5秒钟，如仍无人应答，可重复上述步骤。

在确认房内无动静后，可使用钥匙或房卡将门轻轻打开10厘米左右，再报明自己身份一次，询问“可以进来吗”后，方可进入。

即便客房门开着，从外面可以看见顾客在房间里面，服务员进入客房时也要遵循敲门、自报身份这一程序。

整理客房期间必须打开房门。

（4）随时检查那些顾客未做交代、不急于处理的事情。如某顾客平日访客较多，在二十分钟前他曾向你要了几杯咖啡，而现在又有事叫你，此时就必须联想到或许咖啡已喝完，趁这次进入客房的机会，顺便带去所需抹布与托盘，将已用过的咖啡杯具收出来，并清理干净桌几，这样，在做好该做的事的同时会给顾客留下良好的印象。

（5）在客房清扫过程中，服务员对属于顾客的一切东西，只能是稍加整理，不能随意挪动位置，因清扫需移动的，也得物归原处，小心轻放。更不能将顾客的东西或顾客用过的东西自作主张地进行处理，哪怕是空瓶、空纸盒，只要顾客没有扔进垃圾袋中，就要谨慎对待，更不能随意扔掉或倒掉。

（6）顾客午间休息起床后，应及时进行小整理；下午顾客外出用餐以后，要及时到房间进行夜床服务并再一次进行小整理。

特别提醒

在服务过程中，不得在客房内使用电话或接听顾客的电话。

客房服务员绝大多数都是女性，在工作中还要有自我防护意识，对顾客既要彬彬有礼、热情主动，又要保持一定的距离。顾客召唤入房时，要将房门打开，对顾客关门要保持警惕，顾客邀请时不要坐下，更不要坐在床上；尽量找借口拒绝顾客邀请外出；下班后不得到顾客房间串门，顾客要求与你合影时要尽量拒绝，实在盛情难却时也要拉上几个同事一起照。

（二）迎送顾客礼仪

（1）迎客准备。接到总台迎客任务后，应及时做好迎接准备。顾客一到，要躬身欢迎，主动问候“您好，欢迎光临！”。

特别提醒

根据了解到的情况，按接待规格对房间进行布置整理，如调整家具设备、生活用品及卫生用品、补充冰箱饮料等。如果是重要顾客还要准备鲜花和水果，表示欢迎。可以放置一张“水果卡”，说明水果的来源、口味和生长环境等，让顾客吃了甜在心头，还增长知识，体现酒店的与众不同和精细服务。如果顾客在风俗习惯方面有特殊要求，凡属合理的均应予以满足。对顾客忌讳的用品，要从房间撤出来，以示尊重。

（2）梯口迎宾。顾客由行李员引领到楼层，服务员应面带笑容，热情招呼。如果事先得知顾客的姓名，在招呼时应说“欢迎您！××× 先生”，让顾客倍感亲切与热情。然后引领顾客到已为其准备好的房间门口，侧身站立，行李员用钥匙打开房门，请顾客先进。

特别提醒

除非顾客先伸手，否则员工不得先伸手与顾客握手。握手时应端庄大方，手勿叉腰、插入口袋，勿指手画脚。

（3）介绍情况。顾客初到酒店，不熟悉环境，不了解情况，行李员应首先向顾客介绍房内设备及使用方法，同时向顾客介绍酒店服务设施和服务时间。如果行李员没有介绍而顾客询问，客房服务员才介绍，否则不必主动介绍。

（4）退出客房。在明确顾客没有其他需求后，客房服务员应立即面向顾客退出客房，不得逗留，以免影响顾客休息。离开房间时应该说：“我是 ××× 服务员，如有需要，请拨 ×× 分机，我很乐意为您服务。”

（5）主动招呼。平时见到顾客进出，要主动打招呼问候，微笑示意，不得视而不见，一走了之。当顾客离开房间时，应主动为顾客按电梯，面带微笑，躬身致礼。

（6）离店告别。顾客离店时，应真诚地告别，说“再见，欢迎您再来”，主动代客按电梯。电梯一到，躬身告别。

（三）其他服务礼仪要求

（1）与客方便。客房是顾客的“家外之家”，要使顾客感到处处方便、舒适、清洁、安静，不要在楼层大声喧哗、追逐、打闹，搬运物品要轻拿轻放。如遇顾客讲话声音过大，也应礼貌地提醒顾客，保持楼层的安静。

素养专栏

与人方便，与己方便

“与人方便，与己方便”，意思是给别人一些方便，别人可能会给自己带来方便；我们在帮助别人的时候，也就是在帮助我们自己。你付出的越多，日后自己遇到困难的时候，得到他人帮助的可能性就越大，机会就会更多。

给，就是一种舍，我们在给别人的时候，就是在舍自己的某些东西，如时间、精力、关怀、财物等。而这些舍，同样会使我们得到。相信大家都听过这样一句话：“赠人玫瑰，手留余香。”这是说：我们在给予别人的同时，自己也会有收获。每个人都不是独立地存在于这个世界上的，每个人都会遇到困难，遇到自己解决不了的问题，我们就需要向别人求助。如果我们能得到别人帮助，那么我们就会心存感激，希望他日自己也可以为别人做些事情。同样地，当我们帮助别人时，别人也会心存感激，希望他日伸出援助之手，帮助我们。

（2）沿墙边地带行走。如遇顾客迎面而来，应放慢行走速度，在距离顾客 2 米左右时，主动停止行走，站立一边向顾客微笑问好；见顾客要超越，应主动站立一侧让道，并微笑问好，顾客致谢后，要说“不用客气”。

（3）作业规范。携清洁用具（抹布、清洁用桶等）进入楼面工作，应把清洁用具放在桶内和清洁篮内，不得随手提携。

（4）送餐服务。客房送餐服务，是按顾客的预订要求，将餐食送进房间的一种服务。如果顾客需要在房内用餐，只需打电话到客房服务中心就可以了。如果顾客把早餐牌挂在房门外把手上，客房服务员应及时收取，并检查是否填写了房号、姓名、食品种类、日期等。将收集到的早餐牌做好记录后统一交到客房服务中心，由客房服务中心转送到餐饮部。顾客用餐完毕，客房服务员应主动地协助餐饮部做好客房用餐的善后工作。

（5）注意禁忌。未经允许，不要随意抱顾客的小孩或摸小孩的头部，因为有些顾客忌讳别人摸小孩的头，认为这是不吉利的。

（6）醉酒服务。顾客住店期间，若发生醉酒现象，服务员应理智、机警地处理，尽量安排醉酒顾客回房休息，并注意房内动静，必要时应采取措施。对醉酒吵闹的顾客，要留意其动静，避免出现损坏客房设备、卧床吸烟而引起火灾、扰乱其他住客和发生自伤事件等情况，必要时报告上级和保安部人员。对醉酒酣睡的顾客，要同保安人员一起扶顾客进房，同时报告上级，切不可单独搀扶顾客进房或为顾客解衣就寝，以防顾客醒后产生不必要的误会。

思考与练习

一、礼仪实训

以小组为单位，分别在给定特定情景的情况下进行迎客服务、送客服务、客房整理服务等训练，然后进行小组互评和老师点评，同学们互相取长补短，在互评和点评中规范客房服务礼仪。

二、案例分析

1. 顾客太太的误会

王先生从广州飞抵北京参加一个全国性会议，入住某酒店的817房间。小何是该酒店的新员工，跟楼层服务班组一起负责酒店8楼的客房清洁整理工作。王先生上午8：30离开客房参加会议，小何在9：00进入817房间开始整理工作。上午9：15，817房间的电话响了，当时小何正在擦拭电话机，不巧接听了电话，小何一时心急马上挂了电话。结束817房间的整理后，小何退出房间，但是没有向领班汇报电话的事情。晚上，王先生向大堂副理投诉，有人私自进入他的房间接听了他太太打来的电话，造成了太太对他的误会。大堂副理首先代表酒店向王先生道歉，随即展开调查，了解到是小何不小心接听了电话，于是大堂副理与小何一起带上果篮到817房间向王先生道歉并说明情况，王先生了解情况后，也不再生气，给太太打电话做了解释。

问题：这个案例给我们什么启示？

2. 让顾客夸奖的“超值服务”

在接待一个会议期间，楼层服务员小张在打扫9231房间时，细心地发现顾客昨晚并没有在床上睡，而是把被子铺在地上睡了一夜。顾客的异常行为使员工想到了两点：第一，顾客可能是昨晚喝多了酒；第二，顾客可能腰不好，需要睡硬板床。如果是第一个可能，怎么房间没闻到一点酒味呢？那一定是第二个可能了，如果是这样的话，就应该主动为顾客把席梦思抬下硬板床，直接在硬板床上为顾客铺好床才行。

想到这里，小张马上打电话把情况汇报给了主管。主管又和大堂经理联系并说明了详情，最终和该房顾客取得了联系，说明了酒店的意图，顾客听后非常意外并连声表示感谢，还不停地夸奖：“真不愧是一流的管理啊！这次真的让我体验了贵酒店的‘超值服务’。”

问题：这个案例给我们什么启示？

任务四 酒店餐饮服务礼仪

学习目标

知识目标

1. 了解餐饮部在酒店中的地位。
2. 掌握酒店餐饮服务基本礼仪规范。
3. 了解中西餐文化、中西餐礼仪的特点。
4. 掌握中西餐餐前、餐中礼仪及酒水礼仪。
5. 了解中国茶道礼仪、咖啡礼仪。

能力目标

熟练地掌握酒店餐饮服务中的迎宾、引座、恭请点菜、席间服务、送客等方面的服务礼仪；能够熟练地掌握中西餐餐前、餐中礼仪及酒水礼仪。

素养目标

确定"敬业、勤业"为本任务课程学习的素养教育主题，通过教学实施，帮助学生认识到敬业是中国人民的传统美德，业精于勤而荒于嬉。只有敬业、勤业，方能成业。

餐饮部作为现代酒店的一个重要部门，不仅要满足顾客对餐饮产品和服务的需求，为酒店创造良好的经济效益，同时也是酒店对外形象的一个窗口和社交场所。酒店餐饮服务包括中餐服务和西餐服务两个大的方面。

一、餐饮部在酒店中的地位

（一）餐饮部是酒店不可缺少的重要组成部门

旅游者最基本的要求可以概括为"吃、住、行、游、购、娱"6个方面，其中"吃、住"均须在酒店解决。没有一个与住店顾客要求相适应的餐饮服务部门，势必会影响酒店的生存。尽管"吃"是满足人类生理需求的行为，但酒店的经营者和服务人员对餐饮作用的认识却不能仅仅停留在这一层面上，要通过顾客在餐厅的就餐行为，使顾客既满足生理上的需求，又能得到一种美的享受。从这一点上说，餐饮部也是体现酒店经营特色的重要部门。

（二）餐饮部是酒店营业收入的主要来源之一

酒店的营业收入主要来自客房、餐饮、综合服务三个方面。虽然每个酒店的餐饮收入在总收入当中所占的比例会受到酒店内外部许多因素的影响而各不相同，但一般来说，餐饮收入占酒店总收入的三分之一以上还是可以做到的。而且，相对于受固定的客房数限制的最高日客房收入来说，餐饮收入则更具波动性和伸缩性，酒店可以通过延长营业时间、提高座位周转率及增加外卖收入等途径来提高餐饮收入。

（三）餐饮部是酒店营销的重要组成部分

餐饮部相对于客房部来说在酒店业竞争中更具有灵活性、多变性和出奇制胜的能力，因而往往成为争夺客源的前沿阵地。而且，餐饮服务具有面对面的特点，顾客对酒店服务质量的感受更直接、更深刻。所以，餐饮服务的好坏会直接影响酒店服务的质量和酒店的声誉。

（四）餐饮部是酒店弘扬民族饮食文化的重要场所

一个国家和地区的餐饮习俗是一项受人欢迎的旅游资源，品尝当地的风味已成为人们必不可少的旅游项目。中国的烹饪艺术源远流长，博大精深，在世界上享有盛誉。酒店的餐饮部应当将我国的烹饪艺术介绍给来自世界各地的顾客，同时，还可以通过精心设计的服务，体现出我们文明古国、礼仪之邦的风采。

二、餐饮服务基本礼仪规范

餐厅是顾客用餐的主要场所，餐饮服务工作的接触面广、时间性强、工作量大，其工作的好坏直接影响着酒店的经济效益和声誉。因此，餐厅服务员不仅应掌握餐厅服务的业务技能，而且必须懂得和遵守服务中的各项礼仪规范，使顾客在享受美味佳肴的同时，能感受到主动、热情、耐心、周到、温馨的服务。

（一）卫生礼仪规范

1. 个人卫生

（1）仪容端庄、仪表整洁。勤洗澡、勤洗头、勤理发、勤换内衣。

特别提醒

女服务员不论留何种发型，头发垂下长度不得过肩，不戴戒指、手镯、耳环及不合要求的发夹上岗，不留长指甲和涂指甲油，不化浓妆，不喷气味过浓的香水。

男服务员不得留长发、不蓄大鬓角。

（2）上岗前不饮酒，不吃异味食品。

（3）工作期间不吸烟，不嚼口香糖。

（4）不在服务区域梳头发、修剪指甲。

（5）定期体检，持证上岗。有传染性疾病者不得上岗。

2. 操作卫生

（1）始终保持良好的卫生习惯。

（2）保证食品卫生，防止二次污染。

（3）装盘、取菜、传送食品使用托盘、盖具。

（4）面包、甜品用托盘、夹子取，冰块用冰铲取。

（5）取冷菜使用冷盘，取热菜用热盘。

（6）服务过程中禁止挠头、咳嗽、打喷嚏。

（7）餐厅内食品展示柜清洁美观，展示的食品新鲜。

（二）操作礼仪规范

（1）动作要轻。走路轻、说话轻、敲门轻、开门轻，轻拿轻放。

（2）动作要稳。要心中有数，沉着稳健，大方、优雅，不慌张、不焦急。要干净利落，不丢三落四，不拖泥带水。

（3）动作要准。办事准确无误，不出差错，要特别注意时限性，对于顾客委托办的事，要严格遵守所约定的时间，切不可延误或失约，因客观原因确实不能按时办到，应立即向顾客说明情况，商讨解决的办法，切忌不声不响地让顾客久等，误顾客的事。

（4）做到“四勤”。即嘴勤、眼勤、手勤和腿勤。嘴勤，即见到顾客来餐厅就餐，要主动上前打招呼。对于顾客的提问，要做到有问必答。餐厅服务员还应主动向顾客介绍酒店的特色菜，同时以一定的文化素养为基础、根据顾客的实际需要为顾客提出合理的建议，减轻顾客等菜时的无聊，刺激顾客的食欲。

眼勤，即要眼观六路耳听八方。能根据顾客的往来、进餐程度、举止行动，准确判断顾客的需要并主动提供服务。

手勤和腿勤，即要经常在自己负责的餐桌周围自然地走走看看，及时端茶、擦桌、收盘、送菜等。

三、中餐服务的礼仪

（一）中餐礼仪概述

1. 中餐礼仪的特点

知识链接

中餐文化

（1）注重口感和烹饪技巧。“民以食为天，食以味为先。”中式菜肴非常注重口感和烹饪技巧，由此可知追求美味是中餐烹饪的境界之一，无论是在烹饪技巧上还是在调味料的使用上都是非常讲究的，甚至超过对食材本身的追求。

（2）以植物性食物为主，需要熟食或热食。中国人的传统饮食习俗是以植物性食物为主，把食物区分为主食和辅食两大类，主食是五谷，即黍、稷、豆、麦、稻，辅食是蔬菜，外加少量肉蛋奶制品。与西方国家动物性食物较多的饮食结构相比，中国人把日常食物区别为主食和辅食的饮食结构模式有其优势，是中国传统饮食的一大优点。只是这些食物通常需要熟食或热食，在高温和调味料的作用下，难免损失部分营养，有时也会遮掩食物本身的味道。

（3）用布菜或者分餐体现待客之道。在中餐礼仪方面，布菜是中国人体现热情待客的方式之一，若没有布菜这一环节，似乎整个饭局就会显得不冷不热，无法体现感情。采用公筷布菜或者请服务人员分餐，这是中式餐桌上的典型一幕。好东西一起分享，受尊敬的人优先享受美味和服务，这是直接、恳切的表达情感的方式。

（4）言语也是中餐必不可少的一道佐料。言语分餐前寒暄、餐中交流、餐后交谈。语言会伴随整个用餐过程，中餐桌上若长时间无人言语，似乎就会显得冷场。因此，餐桌上会出现很多段子、酒令，罚酒时的命题也会五花八门，用餐者总是吃得很高兴。

2. 中餐的座次安排

座次的安排，是整个中餐礼仪中最重要的一部分。只有充分了解座次（包括桌次）安排的礼仪或原则，才能更好地为客人提供规范、热情、周到的服务。

（1）家庭宴会。中国人讲究长幼有序，进食用餐时也是一样的。通常是主宾坐定后，客人再依次序坐下，最后是主人。若有长辈在场，则长辈先坐，坐定后晚辈再坐。如果没有主宾和长辈，那就女宾先坐。

（2）同事、朋友等平辈聚餐。朋友之间的聚餐就不必太过拘泥，通常主人礼让客人坐在较好的位置。一个餐厅中较好的位置，就是面向整个餐厅、面向门口、远离卫生间和厨房、非顾客经常走动、靠窗可以观景的位置。

（3）商务宴请。在公务或商务聚餐这样较为正式的宴会上，从就餐席位的安排就可以看出主人社交水平的高低，因为安排席位需要考虑到许多方面，比如上下位之分、客人的层次是否相当、座位左邻右舍客人有无交流的共同话题、性别安排是否恰当。

1）桌次。如果是正式宴会，所设餐桌不止一桌，排列桌次的基本原则有三。

其一，以右为上（见图 5－1）。当餐桌分左右时，应以居右之桌为上，即右手边的一桌为主桌，左手边的一桌则为次桌。

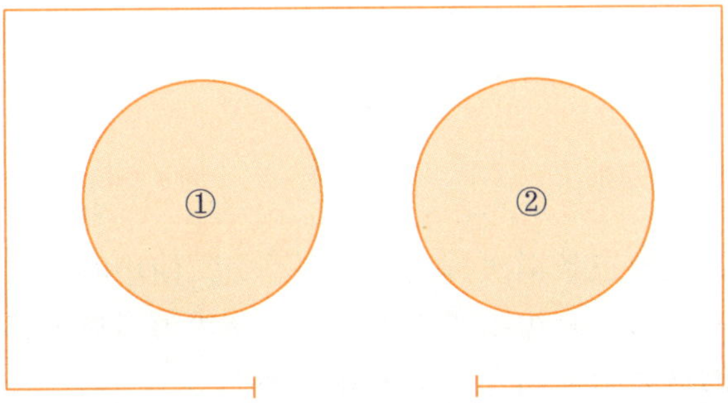

图 5－1　桌次排列原则（1）

其二，以远为上（见图 5－2）。当餐桌距离餐厅正门有远近之分时，通常以距门远者为上。

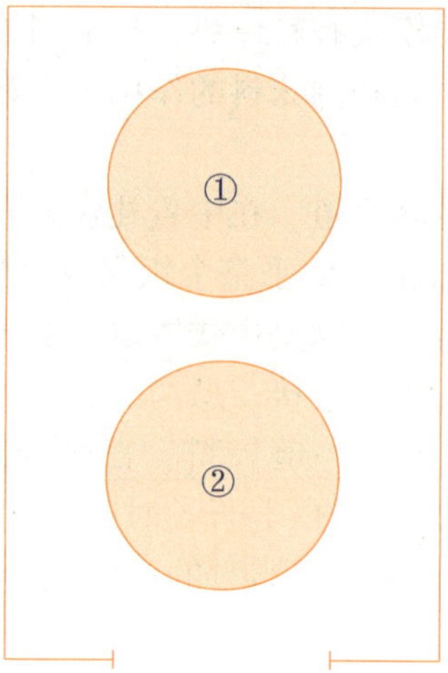

图 5-2 桌次排列原则（2）

其三，居中为上（见图 5-3、图 5-4）。当多张餐桌并排列开时，一般居中者为上。例如，有三桌时，中间的一桌为主桌，右边或距门远者为次桌，左边或距门近者为辅桌。

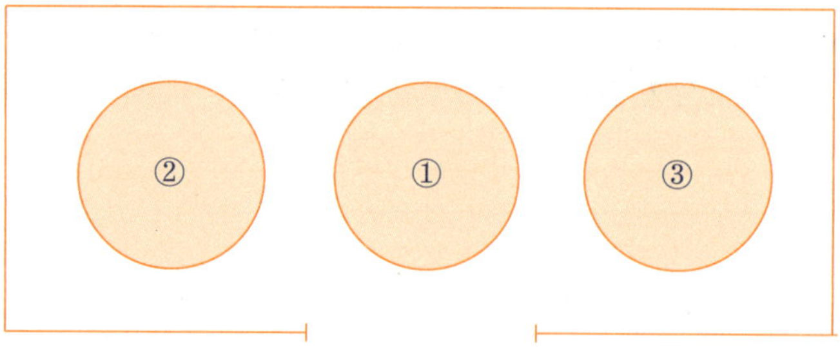

图 5-3 桌次排列原则（3）

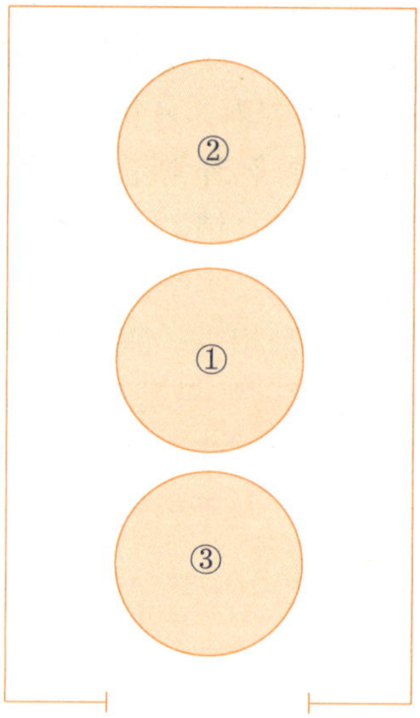

图 5-4 桌次排列原则（4）

在大多数情况下，以上三条桌次排列的原则是交叉使用的。

例如，四桌排成一字时，右边第二桌为主桌，左边第二桌为第二桌次，右边第一桌为第三桌次，最左边的这桌为第四桌次（见图 5-5）。

又如，五桌排为轴心环绕形式时［见图 5-6（a）］，中央这桌为主桌，右边离门较远的一桌为第二桌次，左边离门较远的一桌为第三桌次，右边靠门较近的一桌为第四桌次，左边靠门较近的一桌为第五桌次；当五桌排为梅花形时［见图 5-6（b）］，离门最远的这一桌为主桌，右边离门较远的一桌为第二桌次，左边离门较远的一桌为第三桌次，右边靠近门的一桌为第四桌次，左边靠近门的一桌为第五桌次。

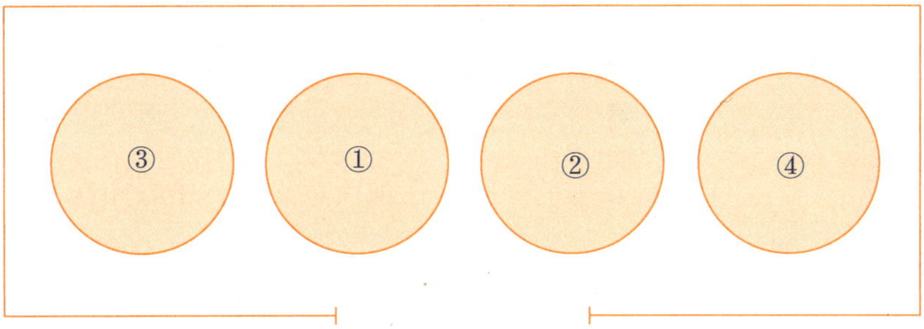

图 5－5 桌次排列原则（5）

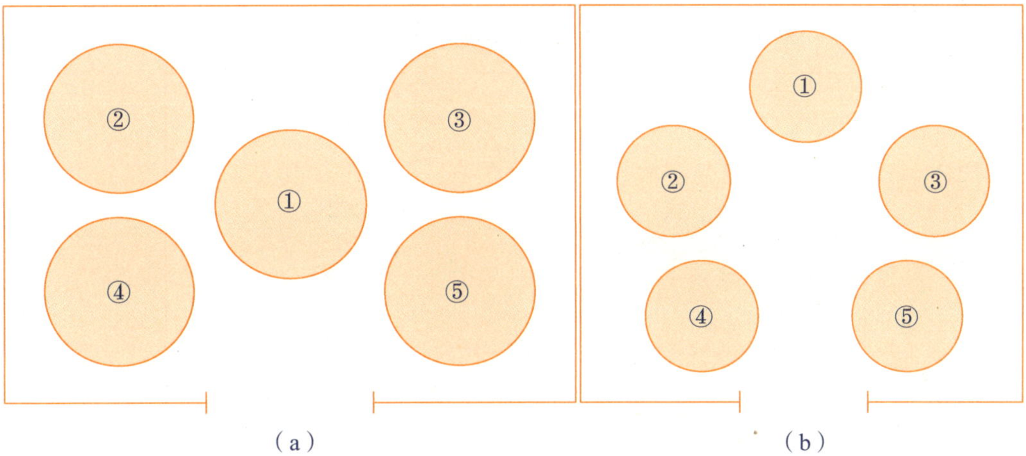

图 5－6 桌次排列原则（6）

再如，七桌排为轴心环绕形式时（见图 5－7），根据以上三条原则，具体排列情况与图 5－6 类似。

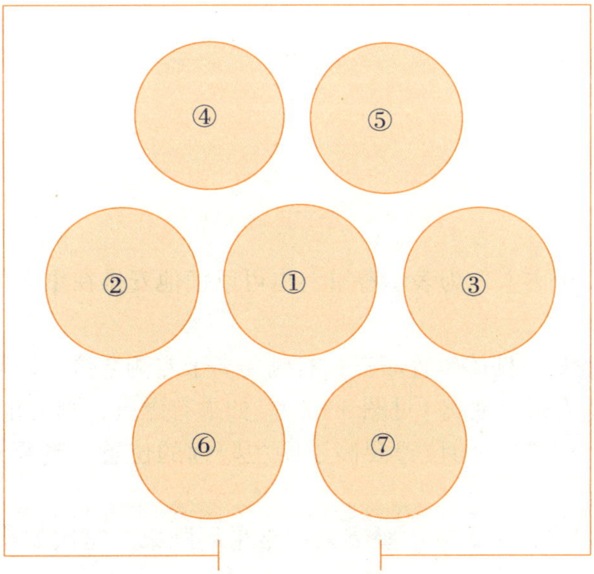

图 5－7 桌次排列原则（7）

特别提醒

如果宴会桌次比较多，在具体安排桌次时应遵循“高近低远”原则。即相对比较重要的桌次安排得离主桌近一些，反之，可适当远一些。

知识链接

什么是“主位”

2）座次。

①座次安排的原则。在现代意义上，中餐座次安排的原则主要有以下几个：

A. 面门为上。面门居中位置为主陪位置（主位）（见图 5－8）。座次以主陪的座位为中心，如果有副陪，则背门与主陪相对而坐。如果在宴请时是男女主人（如夫妻双方）一起出席，一般男主人坐主位，女主人位于男主人的对面。

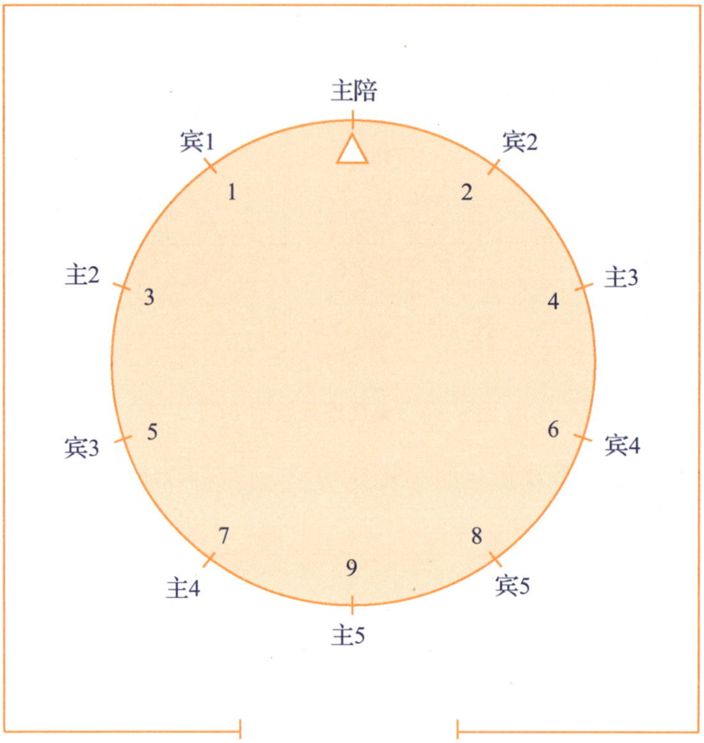

图 5－8　座次排列原则（1）

如果主宾身份高于主人，为表示尊重，也可以把他安排在主人位子上，主人坐在主宾的位子上。

B. 以右为尊。就某一具体位置而言，右侧要高于左侧之位。一般情况下，主陪的右侧为第一主宾，左侧为第二主宾（见图 5－8）。如果有译员，则安排在第一主宾右侧。

C. 距离定位。距主陪近的位置要高于距主陪远的位置。越靠近主陪，位次越高；同等距离，右高左低。

②座次的排列方式。正式的中餐宴会通常采用圆桌。座次的排列方式主要有以下几种：

A. 只有主陪没有副陪，宾主 10 人（见图 5－8）。图中的 1 ～ 9 为主陪之外主宾座次顺序（下同）。即按照从 1 号位到 9 号位的顺序依次安排，1 号位位次最高，9 号位位次最低（下同）。主宾双方可交错而坐。特别留意一下主 5 和宾 5 的座次安排。

B. 既有主陪又有副陪，宾主 10 人（见图 5－9）。先从主陪左右开始安排，再从副陪左右开始安排。主宾双方可交错而坐。

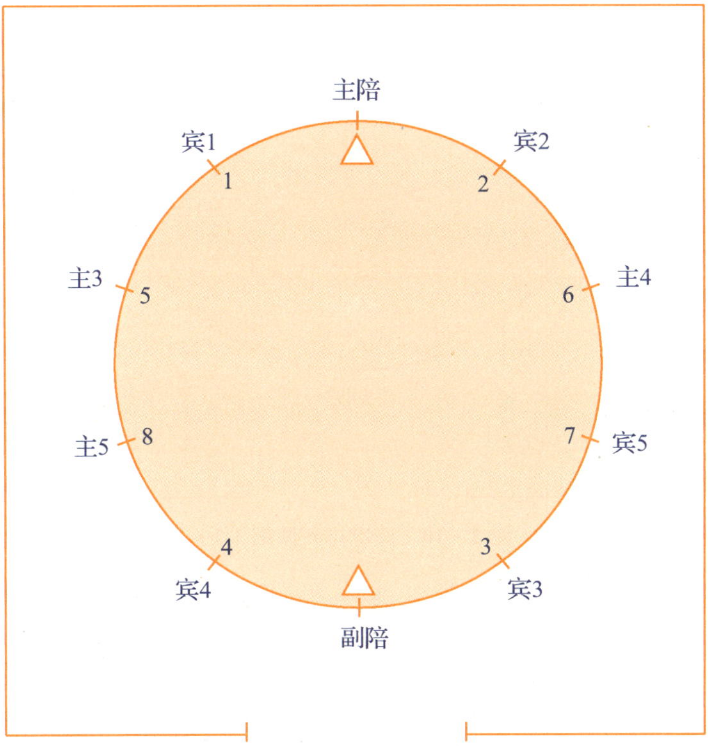

图 5－9 座次排列原则（2）

C. 既有主陪又有副陪，宾主 10 人（见图 5－10）。先从主陪和副陪右边开始安排，再从主陪和副陪的左边开始安排。即按照右高左低的原则依次成对角线排列。主宾双方可交错而坐。

D. 传统意义上的中餐就座礼仪，或者说在非常正式的中餐宴请场合，要按主副相对、以“尚左尊东”的原则排列，即主位的左侧依次为 1、3、5 等，右侧依次为 2、4、6 等，直至汇合（见图 5－11）。如果餐桌正对大门，则正对大门的位置为主位；如果不正对大门，则面东的位置为主位（若是两人坐一起的八仙桌，则是右侧的位置为尊位）。

（二）餐前服务礼仪

1. 预订服务礼仪

（1）顾客订餐、订座，服务员应主动接待，视顾客国籍热情大方地先用英、中文问候：“Good morning，sir/madam.”“Good afternoon，sir/ madam.”“Good evening，sir/ madam.”或“早上 / 中午 / 晚上好，先生 / 小姐。”

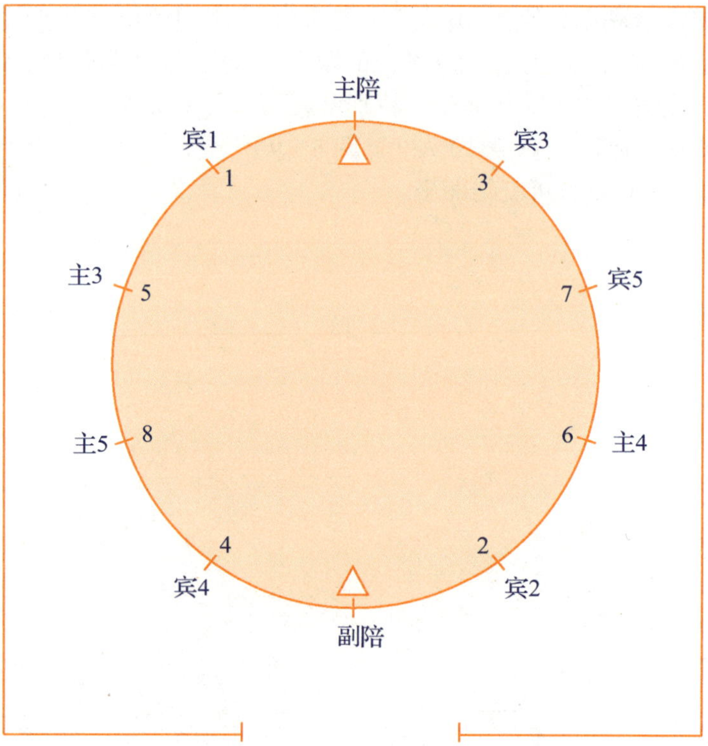

图 5-10　座次排列原则（3）

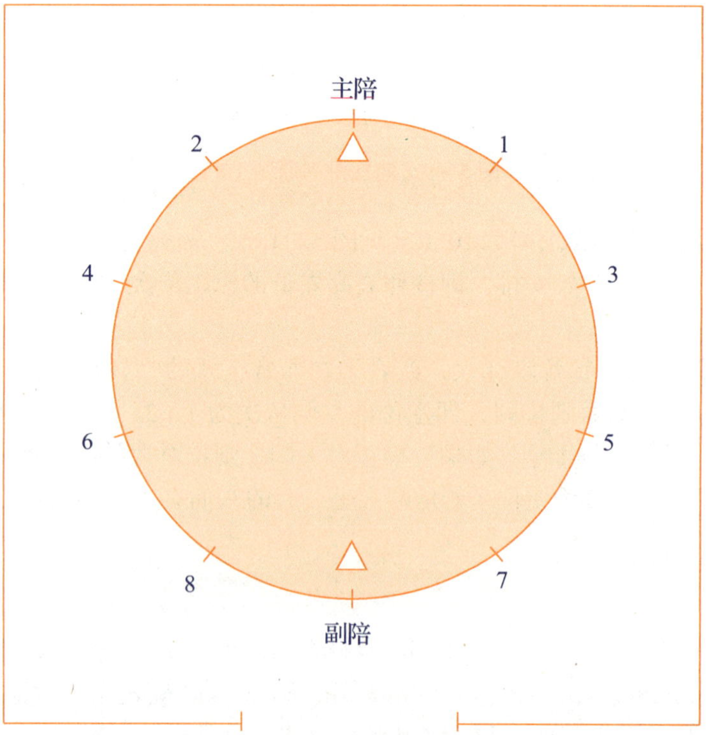

图 5-11　座次排列原则（4）

（2）礼貌地问清顾客姓名、房间号或电话、顾客用餐人数、时间、标准并迅速记录在预订本上，询问顾客就餐是否有特殊要求。

（3）用礼貌热情的语气征询顾客无其他意见后，重述预订顾客姓名、房间号、用餐时间、人数、标准及特殊要求并获得顾客确认。

（4）做好记录，提前安排好座位。

（5）电话订餐或订座，铃响三声内接听，繁忙时请顾客稍后，并表示歉意。

（6）接听电话时语气要温和亲切，吐字清晰。

（7）预订准确，安排适当，等待顾客的到来。

知识链接

你应该知道的中餐“餐前礼仪”

2. 迎宾领位服务礼仪

（1）迎宾礼仪。

迎宾员在服务中要积极主动，答问要热情亲切，使顾客一进门就感觉到自己是最受欢迎的尊贵顾客，从而留下美好的第一印象，把进餐厅用餐视为一种享受。迎宾员应注意以下事项：

1）上岗前，应做好仪容仪表的自我检查工作，做到仪容端庄、仪表整洁。

2）提前到岗，站在大门两侧或迎送台一侧，随时做好拉门迎客准备。

3）顾客到来时，应面带笑容，和蔼可亲，要热情上前鞠躬，并致以亲切的问候，说：“先生（小姐）您好，欢迎光临！”“您好（早上好 / 晚上好），请问有预订吗？”

4）如果是男女顾客一起进来，要先问候女宾，然后再问候男宾；遇到年老体弱的顾客，要主动上前搀扶，悉心照顾（如顾客表示不愿意，则不必勉强）。

特别提醒

顾客进入餐厅时应该主动帮助顾客提、放、存随身物品，并把这些物品放在合适的地方，但一定要先征得顾客的同意，假如顾客认为不行或不习惯别人帮助接物，就不必拘泥于酒店迎宾规则礼仪。

5）当顾客走进餐厅时，楼面服务员应面带微笑，向顾客问好或点头致意；问候时应双眼注视顾客的眼睛，切忌左顾右盼，心不在焉，话语和眼神不一致是对顾客不尊重的一种表现。

特别提醒

用餐高峰时，每位员工都忙忙碌碌，但不可以此为不问候顾客的理由。如果顾客只看到服务员从他们面前走来走去而对他们不闻不问，就会十分扫兴，甚至很生气。

（2）领位服务。

领位员在领位服务中应注意以下几点：

1）问候。顾客进门后，立即迎候，面带笑容地说：“先生（小姐），您好！”“晚上好！”“请问，有预订吗？”“请问，一共几位？”如果是男女顾客一起进来，按女士优先的礼仪规范问候。

2）领位。领位时，应说“请跟我来”“这边请”“里面请”，并用手示意，把顾客领到适当的位置入座或进入包房。根据不同的状况，将顾客领到对应位置，具体见表 5－2。

表 5－2 领位时应该注意的问题

顾客状况	领位要求
重要顾客	可引领到餐厅最好的靠窗、靠里的位置或雅座，以示尊重
情侣或年轻夫妇	宜安排在较优雅或餐厅一角较安静的餐桌就座，以便于其小声交谈
全家人或是众多亲朋好友聚餐	要引领他们到餐厅靠里的一侧或包房，这既便于他们安心进餐，又不影响其他顾客的用餐
带着小孩子的顾客	安排在孩子的声音影响不到其他顾客的餐桌
年老、体弱的顾客	尽可能将其安排在行走路线较短、出入较方便的位置，并应帮助他们就座，以体现服务的周到细致
有明显生理残疾的顾客	要安排在不太引人注目的位置，便于遮掩其生理缺陷，以表示体贴和关怀
单独用餐者	一般不喜欢在中间的餐桌就餐，可以引到靠窗边的位置
顾客要求指定位置	要尽量满足要求；如其他顾客已占用他要的座位，应礼貌地说明，并将顾客引领到其他合适的位置

特别提醒

靠近厨房出入口处的位置是最不受顾客欢迎的位置，在用餐高峰时，应对安排在这里的顾客多说几句礼貌话，如：“先生（小姐），十分抱歉。今天顾客太多，委屈您了，下次光临定为您安排个好座位。”以示关心与热情。

在餐厅高峰期人员较满时，要耐心向顾客解释，并让来客有地方等候。可以建议顾客在酒吧中等候，这样可转移一下顾客的注意力，也可增加酒吧的销售量；如果他们不愿意去酒吧，则可建议他们在大厅或其他休息处等候；如果没有座位，可以有礼貌地如实告诉顾客需要等多长时间才能有座位，由顾客决定是否等待，如果顾客时间有限，则可建议他们去其他餐厅，这样可以提高顾客的满意度。

3）拉椅让座。迎宾领位人员将顾客带到桌位后，看台服务人员要主动与顾客打招呼，并对顾客说：“您好，欢迎光临本餐厅！”同时要察言观色，根据自己的判断，按“先主宾，后主人，先女宾、后男宾”的顺序拉椅让座。拉椅的动作要用力适度，顺应顾客入座的节奏进行，用双手和右脚尖轻捷地将椅子稍向后撤，待顾客屈膝入座时将椅子向前轻推，使顾客坐好坐稳。

特别提醒

如有儿童用餐，要主动调整座椅，方便儿童入座；如有顾客需脱外衣或安放随身物品，要主动协助。

3. 点菜服务礼仪

（1）顾客入座后，服务员应该按照先宾后主、先女后男、先老人后年轻人的顺序，在顾客右边上茶。斟茶时，应斟 7 分满。递茶给顾客时，切忌手指接触茶杯杯口，应礼貌地说“请喝茶”。

（2）选择好点菜时机，主动上前请顾客点菜。递菜单时要面带微笑、双手递上。

特别提醒

向顾客呈菜单后，应离开桌子一会儿，让顾客从容地选择，过几分钟后再回到桌边，和蔼地询问顾客是否准备点菜，若顾客还未准备好，就再等一会儿，这样就不会显出不耐烦，以免有催促顾客的感觉。

（3）顾客点菜时，服务员应站在顾客一侧偏前的位置，如图 5－12 所示，身体不要倚靠餐桌，上身微前倾，表示恭敬。及时记录顾客点的菜肴。同时，还要为顾客当好参谋，当顾客举棋不定时，应主动介绍餐厅的特色菜和时令菜，供顾客选择，服务员不要自作主张。

图 5－12　帮顾客点菜

特别提醒

菜单反映餐厅的风格和特色，是服务员用以推销产品的主要工具之一，也是将餐厅中的产品与顾客联系起来的主渠道。服务人员应熟悉菜单上的所有特色菜点，以提供高水平的服务。

同时，服务员为顾客介绍别的菜式或今日叫座的美味时令菜时，态度要亲切，而不只是兜售。同时要注意说话的方式和语气，察言观色，注意顾客的反应，例如，问顾客是否吃主食时，正确的问法应是“您需要米饭吗？”；问酒和饮料时，如果问“您要饮料吗？”，顾客也许会说不需要，如果问“您要可乐还是啤酒？”，顾客就有可能会二选一。

（4）如顾客点的菜肴已售完，不可简单地回答“卖完了”，而应礼貌地致歉解释，求得顾客的谅解，并婉转地向顾客建议点其他类似的菜肴。

知识链接

中餐餐具的使用与摆放

（5）如顾客点的菜在菜单上没有列出来，应尽量设法满足，不可一口回绝“没有”。可以说：“请您稍等，我马上和厨师商量一下，尽量满足您的要求。”如确有困难，应向顾客致歉说明。

（6）当顾客点菜完毕，还应主动征询顾客需要什么酒水和饮料。对顾客的特殊要求要注明在点菜单上，并与厨房做好沟通。全部记好后，再礼貌地复述一遍，得到顾客确认后，迅速将菜单递至厨房，尽量减少顾客等候的时间。

特别提醒

点菜时要耐心回答顾客的问题，当顾客发脾气时，服务员要宽容、忍耐，避免与其发生冲突；注意礼貌语言的运用，尽量使用选择性、建议性语言；顾客所点菜肴过多或重复时，要及时提醒顾客；如果顾客所点菜肴需烹制时间较长，要主动向顾客解释，告知其等待时间，调整出菜顺序；如顾客赶时间，要主动推荐一些快捷易做的菜肴。

（三）餐中服务礼仪

1. 上菜服务礼仪

（1）选择上菜位置。

上菜的位置要在陪同人员座位之间，不要在主宾和主人之间。上菜时由于会影响旁边的顾客用餐，为了避免顾客不小心碰到菜肴，一般应事先打招呼：“对不起，打扰您了！”然后才可以上菜。

另外，要尽量选择宽敞一点的位置上菜，要避开老人、小孩及衣着华丽的小姐或先生，并留意顾客动作以防发生碰撞。

（2）上菜时注意事项。

知识链接

中餐“用餐礼仪”

1）注意上菜顺序。中餐上菜顺序是：先酒后菜；先冷菜后热菜；先咸味菜后甜味菜；先厚味菜后清淡菜；先干菜后汤菜；先荤菜后素菜；先菜肴后点心、水果。

宴会上菜应按照菜单的顺序一道一道上。对于大型宴会，上菜的时间要听从宴会经理的统一安排，以免错上、漏上或造成各桌进餐速度不一致的现象。

2）正确使用敬语。在上第一道菜时要对顾客说“对不起，让您久等了”，随后每上一道菜都要说“请品尝”“对不起，打扰一下”等敬语；上菜时应报菜名，报菜名时应吐字清晰、音量适中；菜上齐后要说“您的菜上齐了，请慢用”，以提示顾客根据此时菜肴的多少，考虑是否还需要添加菜肴。

3）注意上菜节奏。上菜的速度与节奏须掌握好，如太快会显得仓促忙乱，顾客享受不到品尝的乐趣；太慢了则可能使宴会出现中断，造成尴尬的局面。每上一道菜都应向顾客介绍菜名，同时，须将上一道剩菜移向第二主人一边，将新上的菜放在主宾面前以示尊重。带头的菜品，如烤乳猪、全鸡、全鸭，头部一律朝右，将其侧面对准主人，孔雀和凤凰等形态的冷盘，须将其正面对着主位，以供主宾和主人欣赏。

如果某道菜的烹制时间比较长，应事先告诉顾客，如顾客有特殊要求要尽量满足。当顾客点完菜时，值台服务员要事先将在一般情况下上菜所需的时间记录好，如果遇到某个菜超过要求的时间迟迟没有上来，服务员要立即去厨房催菜。上汤的时间则由值台服务员根据顾客的进餐情况灵活掌握，为了保证顾客能喝上热汤，一般在用餐接近尾声时及时通知传菜服务员去取汤。上主食的时间，由值台服务员在顾客点菜时征询意见，然后根据顾客的要求准时服务。

特别提醒

就餐顾客较多时，为了避免上菜慢，怠慢了顾客，服务员应该事先说明，如“先生，对不起，今天顾客集中到达，出菜可能慢一些”。这样使顾客在心理上有准备，即使出菜慢一点，顾客也会谅解，更重要的是体现了对顾客到店后的主动服务精神，使顾客感到他时时刻刻在受到服务员的尊重。

4）上菜时动作要稳健轻巧，不能将菜汁或汤汁洒在顾客身上或餐台上。如果顾客点的菜肴较多，餐台上已摆满了菜盘，要先将台面整理一下，把顾客基本吃完的菜肴在征得顾客的同意后换成小菜盘或合并，然后将空菜盘撤下，最后再上菜。

特别提醒

（1）如果发生烹调不合格的情况，如鱼太生了，不讲明原因撤回去，是对顾客的失礼，和盘托出“鱼太生了”，尽管是偶然的，也会影响酒店的声誉，这时就要注意语言艺术，可以这样对顾客说：“对不起，先生，这条鱼是按粤菜的烹调方法烧的，偏生了，我觉得不太符合您的口味，是否加火更适合您的口味？”顾客如说“不用了”，那就更好；顾客如欣然同意，则显得服务质量好，待客有礼，会取得意想不到的效果。

（2）顾客进餐时，如有异常反应，餐桌上所有的食物都不能撤掉，应立即请有关人员来处理。对顾客的投诉要有耐心，如果是质量问题，应让厨房另做一份或不收此菜费用，或建议顾客另选其他食物。

（3）特殊菜品的上菜服务方法。

1）带配料或蘸汁的菜肴，先要将配料或蘸汁放在餐台上，然后再上菜。这样做可以防止上菜后忘记上配料或蘸汁，或是上菜后顾客还要等一会儿配料或蘸汁，造成顾客食用此种菜肴时不方便，引起顾客的不满。

2）在上需用手直接取食的菜肴（如虾、蟹、手扒排骨等）时，中、高档餐饮店应送上洗手盅，内盛半盅温度合适的红茶水，茶水内放一片香桃或几瓣菊花。上洗手盅时，不可忘记向顾客说明其用途，并放在顾客餐具的左上方。同时还要上香巾，供顾客擦手用。

3）不易夹取的菜肴，应在菜肴上桌后马上在菜盘上放一只公用勺，方便顾客取菜；上汤类菜肴时要在汤盆中放汤勺。

（4）撤盘服务。

当菜已吃完时应将残盘撤下，撤前应征询一下顾客的意见，尤其是盘中还有少量余菜时更要如此。撤盘时，小盘应从顾客的右侧收撤，大盘从上菜口收撤。收撤过程中，切忌当着顾客的面刮盘子，如果顾客将空盘递过来，要及时道谢。

2. 席间服务礼仪

（1）在顾客进餐过程中，服务员应积极地为顾客添加饮料和酒水。上酒水时，应掌握先宾后主、先女后男、先老后幼的顺序。为顾客斟酒时一般应站在顾客右侧。

（2）如果顾客不慎将餐具掉落在地上，应迅速上前取走，并马上为其更换干净的餐具，绝不可在顾客面前用布擦一下再拿给顾客继续使用；若有顾客打翻酒水，应及时用餐巾吸干并铺上干净的餐巾。

（3）及时处理顾客添加菜肴和酒水的要求，积极回答和处理顾客提出的有关服务和菜肴的问题。对国内顾客应一律使用普通话，对外宾则要使用相应的外语，不要使用家乡话或顾客听不懂的语言。

（4）上菜、斟酒、撤换餐具等，应严格按照规定的操作程序进行。如手指切忌触摸杯口，也不能碰及菜肴，忌越过顾客头顶上菜或传递物品，忌在两位顾客中间为两位顾客同时服务。宴会服务时，应了解主宾的就座情况，遵循严格的服务程序。

（5）要眼观六路、耳听八方，随时迅速应答顾客的招呼，不得聚在一起闲聊。在众多顾客同时示意要求服务时，要一一点头表示已经看到，马上就来，不要顾此失彼。

（6）对各类顾客要一视同仁，不论消费多少都同样认真对待，不得厚此薄彼。

（7）在顾客交谈时，服务员应做到不旁听、不窥视，更不能随便插嘴，如果有事也不要骤然打断谈兴正浓的顾客，可停在一旁目视顾客，待顾客意识到有事时，向顾客道声“对不起，打扰您的谈话了”，然后再说事情。

特别提醒

服务人员在餐厅服务时，应做到“三轻”，即走路轻，说话轻，操作轻。取菜时要做到端菜平稳，汤汁不洒，上菜要及时，从餐厅走到厨房时，力求做到忙而不乱，靠右行走，不冲、不跑、不在同事中穿来穿去，上菜时要保持身体平稳，注意观察周围的情况，保证菜点和汤汁不洒、不滴。将菜盘端上来放到餐桌时，不能放下后推盘，撤菜时应直接端起，而不能拉盘。

（四）餐后服务礼仪

1. 结账服务礼仪

（1）若顾客要去收款台结账，应客气地告诉顾客收款台的具体位置，或引领顾客前往。

（2）顾客用餐完毕后，示意结账时，服务人员应将账单送到顾客面前，请顾客过目。在顾客确定无误后请顾客签字付款，若顾客要挂账的，签字手续一定要规范，顾客付完账后，要对顾客表示感谢。另外，账单一定要准确，不要有错误，以免引起顾客不满，以为你故意想占他的便宜，以致失去熟客。

案例

一次，一位顾客请朋友到一家餐厅共进晚餐。餐毕结账，服务员手拿账单，面带微笑，柔声说道："先生，380 元。"顾客并没有立即掏钱，而是让服务员把账单给他核对。朋友笑着说："你该不是这么小心吧？"顾客说："我上次在这吃饭时，他们就夸大本人的消费额。"果然，经过仔细辨认与核算，顾客从账单中发现这次又多算了 15 元。当顾客向服务员提出异议后，她一声不吭地回去了。过了大约 3 分钟，服务员回来了，并道歉："对不起，收银部算错了。"一个人做一件错事并不可怕，可怕的是经常做错事。出门后，顾客对朋友说："我想，今天恐怕是最后的晚餐了，当然，不是对你而言，而是对这家餐厅。"

特别提醒

如果是一对夫妇在吃饭，账单要先给男方；几位顾客同时用餐，应问清楚顾客是一起结账，还是分开结账。送账单和找零钱都应用小托盘。为了表示尊敬和礼貌，放在托盘内的账单要正面朝下，反面朝上。

2. 送客服务礼仪

（1）顾客用餐完毕，服务员或领班主管应主动征求顾客对菜肴和服务的意见。

（2）顾客起身，应及时为其拉开座椅，并提醒顾客不要忘记携带物品。将代保管的衣帽等物品准确地递给顾客，并诚挚道别。

特别提醒

在餐厅服务中，如果已发现顾客欲拿走昂贵的餐具，如银制器皿等，甚至已经放到他自己的口袋里或包内，怎么办？

俗话说"打人别打脸，揭人别揭短"，比较好的办法就是在结账时，把餐具的价格加入其中。顾客若问价格为什么这么高，服务员在报出菜点价格之后，悄悄地对他说："还有先生喜爱的刀叉，价格 ×× 元。"遇到这种情况，顾客往往会愉快地付钱。顾客有触动、受教育却又未伤自尊，甚至还会暗中感激这位服务员训练有素，并未当众出他的洋相。

（3）顾客走至餐厅门口，迎送人员应诚挚地说“再见，欢迎您下次再来”，施以鞠躬礼，目送顾客离去。

（4）发现顾客遗留物，应立即追上顾客，将东西交还顾客；若顾客已走远，则应交总服务台处理。

（5）餐毕后的清理工作，必须在顾客全部离去后进行，不可操之过急。

素养专栏

职业精神——慎终如始

慎终如始，指谨慎收尾，如同开始时一样。

善始考验的是勇气和果断，善终考验的是耐力、恒心与智慧。所以，善终较之于善始更加重要。当代大学生是未来的职场人，一定要记住：任何时候，做任何事情，不仅要追求一个好的开始，更要通过耐力、恒心与智慧努力做到善终。

（五）中餐宴会服务礼仪

中餐宴会服务的基本环节包括：宴会前的准备工作、宴会的迎宾服务、宴会中的就餐服务和宴会的送宾服务。

1. 宴会前的准备工作

（1）掌握情况。接到宴会通知单后，餐厅管理人员和服务员应做到“八知”“三了解”。

“八知”是知台数、知人数、知标准、知开餐时间、知菜品及出菜顺序、知主办单位或房号、知收费办法、知邀请对象。

“三了解”是了解顾客风俗习惯、了解顾客生活忌讳、了解顾客特殊需要。如果是外宾，还应了解国籍、禁忌和口味特点。

对于规格较高的宴会，还应掌握下列事项：宴会的目的和性质，宴会的正式名称，顾客的年龄和性别，有无席次表、座位卡、席卡，有无音乐或文艺表演，有无主办者的指示、要求、想法，有关司机接待方式等。

管理人员根据上述情况，按宴会厅的面积和形状设计好餐桌排列图，研究具体措施和注意事项，做好宴会的组织工作

（2）明确分工。规模较大的宴会，要确定总指挥人员。总指挥在准备阶段要向服务员交任务、讲意义、提要求，宣布人员分工和服务注意事项。在人员分工方面，要根据宴会要求，对迎宾、值台、传菜、供酒及衣帽间、贵宾室等岗位，都要明确分工和安排具体任务。做好人力、物力的充分准备，要求所有服务人员思想重视，措施落实，保证宴会善始善终。

（3）宴会布置。宴会布置分场景布置和台型布置。

1）场景布置。在场景布置方面，应根据宴会的性质和规格的高低来进行，要体现出既隆重、热烈、美观大方，又具有我国传统的民族特色。

举行隆重大型的正式宴会时，一般在宴会厅周围摆放盆景花草，或在主桌后面用花坛、画屏、大型青枝翠树盆景装饰，用以增加宴会的隆重盛大、热烈欢迎的气氛。宴会厅的照明、音响要有专人负责，保证不发生事故。宴会期间要有工程部人员值班。

特别提醒

正式宴会应设有致辞台，致辞台一般放在主台附近的后面或右侧，台前用鲜花围住。扩音器应有专人负责，事前要检查并试用，防止发生故障或产生噪声。临时拉设的线路要用地毯盖好，以防发生意外。国宴活动要在宴会厅的正面并列悬挂两国国旗。国旗的悬挂按国际惯例，以“右为上、左为下”为原则。由我国政府宴请来宾时，我国的国旗挂在左方，外国的国旗挂在右方。来访国举行答谢宴会时则相互调换位置。

2）台型布置。台型布置不仅是事务性的工作，而且涉及社交礼仪等问题。因此，要根据宴会厅的形状、实用面积和宴会要求，按宴会台型布置的原则，即“以右为上、以远为上、居中为上、高近低远”来设计。

特别提醒

在布置中做到既要突出主台，又要排列整齐，间隔适当；既要方便顾客就餐，又要便于服务员席间操作。通常宴会，每张桌占地面积标准为 10 ～ 12 平方米。重大宴会的主通道要适当地宽敞一些，同时铺上红地毯，突出主通道。

（4）熟悉菜单。服务员应熟悉宴会菜单和主要菜点的风味特色，以做好上菜、派菜和回答顾客对菜点提出询问的思想准备。同时，应了解每道菜点的服务程序，保证准确无误地进行上菜服务。对于菜单，应做到能准确说出每道菜的名称，能准确描述每道菜的风味特色，能准确讲出每道菜的配菜和配食佐料，能准确知道每道菜的制作方法。

（5）物品准备。一般宴会，每桌一至二份菜单置于台面，重要宴会则人手一份；根据菜单的服务要求，准备好各种银器、瓷器、玻璃器皿等餐酒具；根据菜肴特色，准备好菜式跟配的佐料；根据宴会通知要求，备好鲜花、酒水、水果等物品。

（6）铺好餐台。宴会开始前 1 小时，根据宴会餐别，按规格铺好餐具和台上用品。在副主位的桌边，摆上席次卡；在每个餐位的水杯前立席卡；菜单放在正副主位餐碟的右侧。同时，备好茶、饮料、香巾，上好调味器，将各类开餐用具摆放在规定的位置。

（7）摆设冷盘。大型宴会开始前 10 ～ 15 分钟摆上冷盘，然后斟预备酒。中小型宴会则视顾客情况而定。摆设冷盘时，要根据菜点的品种和数量，注意菜点色调的分布、荤素的搭配、味型的搭配、菜盘间的距离等。对于有造型的冷盘，将花型正对主人和主宾。

特别提醒

准备工作全部就绪后，宴会管理人员要做一次全面的检查。从台面服务、传菜人员等分派是否规范合理，到餐具、饮料、酒水、水果是否备齐；从摆台是否符合规格，到各种用具及调料是否备齐并略有盈余；从宴会厅的清洁卫生是否搞好，到餐酒具的消毒是否符合卫生标准；从服务员的个人卫生、仪表装束是否整洁，到照明、空调、音响等系统能否正常工作，都要仔细地进行检查，做到有备无患，保证宴会按时举行。

2. 宴会的迎宾服务

（1）热情迎宾。根据宴会的入场时间，宴会主管人员和引座员提前在宴会厅门口迎候顾客，值台员在各自负责的餐桌旁准备为顾客服务。顾客到达时，要热情迎接，微笑问好。待顾客脱去衣帽后，将顾客引入休息厅就座稍息。回答顾客问题和引领时注意用好敬语。

（2）接挂衣帽。如宴会规模较小，可不设专门的衣帽间，只在宴会厅房门前放衣帽架，安排服务员照顾顾客宽衣并接挂衣帽。如宴会规模较大，则需设衣帽间存放衣帽。接挂衣服时，应握衣领，切勿倒提，以防衣袋内的物品倒出。贵重的衣服要用衣架，以防衣服走样。重要顾客的衣物，要凭记忆进行准确的服务。贵重物品请顾客自己保管。

（3）端茶递巾。顾客进入休息厅后，要招呼顾客入座并根据接待要求，递上香巾、热茶或酒水饮料。端茶递巾服务均按先宾后主、先女后男的次序进行。

3. 宴会中的就餐服务

（1）入席服务。值台员在开宴前5分钟斟好预备酒（一般是红葡萄酒），然后站在各自服务的席台旁等候顾客入席。当顾客来到席前，要面带笑容，引领入座。在照顾顾客入座时，用双手和右脚尖将椅子稍撤后，然后徐徐向前轻推，让顾客坐稳坐好。引领入座时，同样按先宾后主、先女后男的次序进行。

待顾客坐定后，即把台号、席位卡、花瓶或花插带走。菜单放在主人面前，然后为顾客取餐巾，将餐巾摊开后为顾客铺好，脱去筷子套，斟倒酒水。

（2）斟酒服务。中餐宴会的斟倒酒水服务与一般的中餐桌餐酒水服务（参见本任务后面的“酒水服务礼仪”）有相似之处，不同之处是宴会的酒水服务是多桌同时服务，会有宾主祝酒、离台敬酒等环节。顾客干杯和互相敬酒时，值台员应迅速拿酒瓶到台前准备添酒，主人和主宾讲话前，要注意观察每位顾客杯中的酒水是否已满上。在宾主离席讲话时，主宾席的值台员要立即斟上甜、白酒各一杯放在托盘中，托好站在讲台一侧等候。致辞完毕，迅速端递上，以应举杯祝酒。当主人或主宾到各台敬酒时，值台员要准备酒瓶跟着准备添酒，顾客要求斟满酒杯时，应予满足。

（3）上菜服务。

1）趁热上菜。厨房出菜时一定要在菜盘上加盖，菜上好后取走。

2）多台联动。多台宴会的上菜要看主台或听指挥，做到行动统一，以免造成早上或迟上、多上或少上现象。

3）报菜并注意摆放朝向。每上一道新菜要介绍菜名和风味特点，凡是鸡、鸭、鱼等整体或椭圆形的大菜盘，在摆放时头部朝右。

4）上新菜前，先把旧菜拿走。如盘中还有部分剩的菜，应征询顾客是否需要改为小盘盛装，在顾客表示不再需要时方可撤走。

5）主动、均匀地为顾客分汤、派菜。分派时要胆大心细，掌握好菜的分量、件数，分派准确均匀。凡配有佐料的菜，在分派时要先沾（夹）上佐料再分到餐碟里，分菜的次序也是先宾后主、先女后男。

（4）撤换餐具。为显示宴会服务的优良和菜肴的名贵，在宴会进行的过程中，需要多次撤换餐具或小汤碗。重要宴会要求每道菜换一次餐碟，一般宴会的换碟次数不得少于三次。通常在遇到下述情况时，就应更换餐碟：

1）吃完翅、羹或汤之后。

2）吃完带骨的食物之后。

3）吃完芡汁多的食物之后。

4）上甜菜、甜品、水果之前。

5）残渣骨刺较多或有其他脏物的餐碟。

6）顾客失误，将餐具跌落在地时。

撤换餐碟时，要待顾客将碟中食物吃完方可进行，如顾客放下筷子而菜未吃完，应征得同意后才能撤换。撤换时要站在顾客右侧，边撤边换，按先主后宾顺序撤换。

（5）席间服务。

1）勤巡视勤斟酒。细心观察顾客的表情及示意动作，主动服务。服务态度要和谐，语言要亲切，动作要敏捷。

2）即时清理转盘。在撤换菜盘时，如转盘脏了，要及时抹干净。清理时用抹布和餐碟进行操作，以免脏物掉到台布上。转盘清理干净后才能重新上菜。

3）即时处理突发事件。若顾客在席上弄翻了酒水杯具，要迅速用餐巾或香巾帮助顾客清理，并用干净餐巾盖上弄脏部位，为顾客换上新的杯具，然后重新斟上酒水。

4）分送甜品、水果。顾客用餐后，送上热茶和香巾，随即收去台上除酒杯、茶杯以外的全部餐具，抹净转盘，换上点心碟、水果刀叉、小汤碗和汤匙，然后上甜品、水果，并按分菜顺序分送给顾客。

5）撤盘、摆花。顾客吃完水果后，撤走水果盘，递给顾客香巾，然后撤走点心碟和刀叉，摆上鲜花，以示宴会结束。

4. 宴会的送宾服务

（1）结账准备。上菜完毕后即可做结账准备，清点所有酒水、佐料、加菜等宴会菜单以外的费用并计算总数，送收款处准备账单。结账时，若是签单、签卡或转账结算，应将账单交顾客或宴会经办人签字后送收款处核实，及时送财务部入账结算。

（2）拉椅送客。主人宣布宴会结束，值台员要提醒顾客带齐随身物品。当顾客起身离座时，要主动为其拉开座椅，以方便离席行走，并视具体情况目送或随送顾客至餐厅门口。如宴会后安排休息，要根据接待要求进行餐后服务。

（3）取递衣帽。顾客出餐厅时，衣帽间的服务员要根据取衣牌号码，及时、准确地将衣帽取递给顾客。

（4）收台检查。在顾客离席的同时，值台员要检查台面上是否有顾客遗留的物品。在顾客全部离去后立即清理台面，清理台面时，按先餐巾、香巾和银器，然后酒水杯、瓷器、刀叉筷子的顺序分类收拾。贵重餐具要当场清点。

（5）清理现场。各类餐具要按规定位置复位，重新摆放整齐，恢复原样，以备下次使用。收尾工作做完后，领班要做最后检查。

特别提醒

服务操作时，注意轻拿轻放，严防打碎餐具和碰翻酒瓶酒杯，从而影响场内气氛。如果不慎将酒水或菜汁洒在顾客身上，要表示歉意，并立即用毛巾或香巾帮助擦拭（如为女宾，男服务员不要动手帮助擦拭）。

当宾主在席间讲话或举行国宴演奏国歌时，服务员要停止操作，迅速退至工作台两侧肃立，姿势要端正。餐厅内保持安静，切忌发出响声。

宴会进行中，各桌值台员要分工协作，密切配合。服务出现漏洞，要立刻弥补，以高质量的服务和食品赢得顾客的赞赏。

席间若有顾客突感身体不适，应立即请医务室协助并向领导汇报，并将食物原样保存，留待化验。

宴会结束后，应主动征求宾主和陪同人员对服务和菜品的意见，客气地与顾客道别。当顾客主动与自己握手表示感谢时，视顾客神态适当地握手。

（六）酒水服务礼仪

中餐通常只在进餐时饮酒，所以，中餐的酒水服务主要是围绕进餐饮酒所提供的一系列服务。

知识链接

酒的搭配

1. 准备工作

（1）摆杯。顾客餐具前的酒杯、饮料杯的摆放要从大到小，放在顾客便于拿放的位置。

（2）点酒水。服务员或酒水员按规范完成酒水点单或推荐酒水、下酒水单等工作。

（3）取酒水。服务员或酒水员到吧台按顾客的酒水单领取酒水。

1）如顾客点的是白葡萄酒，需在冰桶内放上碎冰，将整瓶酒放入冰桶，最佳温度为9℃，酒牌朝上，冰桶放置在主人右后边。

2）如顾客点的是红葡萄酒，将整瓶酒放入垫有毛巾的酒篮中，最佳温度为20℃，酒牌朝上，使顾客可以看清。

3）如顾客点的是普通酒水，可用托盘进行取运，即在托盘中摆放酒水。摆放时，应依据顾客座次顺序摆放，第一顾客的酒水放在托盘远离身体侧，主人的酒水放在托盘里侧。

（4）检查。将酒瓶瓶身擦干净，检查一下酒是否过期、变质，是否是顾客所需要的那种酒，酒瓶有没有破裂。

2. 酒水服务

（1）示酒。将酒呈送至顾客面前，在顾客桌边用左手托住瓶底，右手握住瓶口，使瓶口朝上呈 45° 角，酒牌对着顾客，请顾客检查，经顾客确认没有问题后，才可开酒。

（2）开酒。用开酒刀切开酒瓶封口，揭去封口顶部；用毛巾清洁瓶口。开启有气体的酒和罐装饮料时，切忌正对着顾客。

（3）品酒。先用餐巾擦净瓶口，在主人杯中倒适量的酒，并帮助顾客轻轻晃动一下酒杯后，请顾客尝酒时说："请您先品尝一下，好吗？"

（4）斟酒。右手持瓶，商标朝外，左手拿餐巾或托盘；站在顾客右后侧；倒完酒后，将瓶口稍稍抬高，顺时针 45 度旋转，收瓶；用左手的餐巾将残留在瓶口的酒液擦掉。

（5）斟添。酒水要勤斟倒，顾客杯中酒水只剩 1/3 时应及时添酒。

知识链接

敬酒礼仪

特别提醒

（1）斟酒仪态。上身微前倾，右脚跨前踏在两椅之间，重心放在右脚上，左脚跟稍微抬起，举瓶高度适当。身体不要贴靠顾客。

（2）握瓶姿势。右手放在酒瓶中下端，食指伸直按住瓶壁，指尖略指向瓶口，与拇指约成 60 度，中指、无名指、小指基本上排在一起。将右手臂伸出，右手腕下压，瓶口距杯口 1.5 厘米左右时斟倒。瓶口不能碰到杯口，不宜拿起杯子给顾客斟酒。

（3）斟酒顺序。一般的斟酒顺序是从主人右边的第一位顾客（主宾）倒起，然后顺着逆时针方向逐个斟酒，主人的酒放在最后斟。如果是两位服务员同时服务，则一位从主宾开始，另一位从副主宾开始。

（4）右侧斟酒。所有酒水服务都应从顾客右边进行，不可站在同一个地方左右开弓给多个顾客同时斟酒。

（5）斟酒方法。根据酒的种类，选择不同的方法为顾客提供斟酒服务。

（6）斟酒数量。斟酒时不可太满。白酒以八分满为宜；红葡萄酒倒约 1/3 杯；白葡萄酒倒约 2/3 杯；啤酒斟酒量宜 80% 酒、20% 泡沫。

（7）其他方面。斟酒时，如顾客提出不需要饮酒，应将顾客位前的空杯撤走。注意瓶内酒量的变化情况，掌握好酒瓶的倾斜度并控制好斟酒速度。不能将酒瓶正对着顾客，或将手臂横越顾客。由于操作不慎而将酒杯碰翻时，应向顾客表示歉意，立即将酒杯扶起，检查有无破损。如有破损要立即另换新杯，如无破损，要迅速用一块干净餐巾铺在酒迹之上，然后将酒杯放在原处，重新斟酒。如果是顾客不慎将酒杯碰破、碰倒，服务员也要这样做。

在中餐酒水服务过程中，还有一点特别重要：要尊重地域文化和顾客意见。

（七）茶道礼仪

中国人好以茶会客，看似简单的一杯茶其实蕴含了许多学问，除了泡茶讲究，沏茶、上茶、续茶也都有讲究。中国茶礼会因人、因事、因时等而有所差异，但是它的基本礼节不会有太大的变化。

1. 沏茶礼仪

（1）清茶礼仪。冲泡前，一定要把茶具清洗干净。在冲茶、倒茶之前最好用开水烫一下茶壶、茶杯。茶具从外观上看必须是干净的，杯子里没有茶垢。

（2）选茶礼仪。在泡茶前，先拿出一些名优茶放在茶盘中，供顾客挑选，以表达对顾客的尊重，同时让顾客仔细欣赏茶的外形和色泽。

（3）置茶礼仪。将茶筒中的茶叶放入壶或杯中，应使用竹或木制的茶匙取茶，不要用手抓（如图 5－13 所示）。若没有茶匙，可将茶筒倾斜对准壶或杯轻轻抖动，使适量的茶叶落入壶或杯中。

图 5－13　置茶的礼节与方法

特别提醒

沏茶时，茶叶要适当。茶叶不宜过多，也不宜太少。沏茶时每次茶叶用多少，并无统一的标准，要根据茶叶的种类、茶具的大小以及顾客的饮用习惯而定。

以茶待客讲究要上热茶，但水温不宜太烫，以免顾客不小心被烫伤。

（4）泡茶礼仪。泡茶讲究高冲低泡。冲泡茶叶需高提水壶，水自高点下注，使茶叶在壶内翻滚，散开，以更充分泡出茶味，俗称“高冲”；泡好的茶水即可倒入茶盅，此时茶壶壶嘴与茶盅之距离，以低为佳，以免茶水内之香气无效散发，俗称“低泡”。一般第一泡茶汤与第二泡茶汤在茶盅内混合，效果更佳；第三泡茶汤与第四泡茶汤混合，以此类推。

在冲泡茶叶时，头冲茶必须倒掉不可喝。

特别提醒

沏茶一定要在与顾客寒暄问好、安排顾客落座后进行。主人亲自沏茶则是对顾客的最佳礼遇。即使是洗涤过的茶具，沏茶前最好也要当着顾客的面用清水荡涤，以示尊重。

沏茶时在杯中放置茶叶的方法有三种。日常沏茶一般习惯先放茶叶，后冲入沸水，此称为“下投法”；沸水冲入杯中约三分之一容量后再放入茶叶，浸泡一定时间后再冲满水，称为“中投法”；在杯中先冲满沸水后再放茶叶，称为“上投法”。

对身骨重实、条索紧结、芽叶细嫩、香味成分高，并对茶汤的香气和茶汤色泽均有要求的各类名茶，可采用“上投法”；条形松展、比重轻、不易沉入茶汤中的茶叶，宜用“下投法”或“中投法”。对于不同的季节，则可以“秋季中投，夏季上投，冬季下投”。

细嫩的高级绿茶，以85℃左右的水冲泡为宜，如沏碧螺春、明前龙井、太平猴魁、黄山毛峰、君山银针等，切勿用沸水冲泡。而乌龙茶、花茶宜用90℃至95℃的开水冲泡；红茶如滇红、祁红等可用沸水冲泡；普洱茶用沸水冲泡，才能泡出香味，且要即冲即饮，沏水后以浸泡2～3分钟为佳，以保持茶香；一般的绿茶、花茶等，也宜用刚沸的水冲泡。

选用什么样的杯子沏茶要视茶叶种类而定，如沏名贵绿茶，选用玻璃茶杯，不加盖；如沏乌龙茶，宜用小陶壶、小茶杯；如沏红茶、花茶或普通绿茶，选用白瓷杯，加杯盖；等等。

（5）分茶礼仪。分茶，即将茶盅或茶壶内之茶汤再行分入杯内。俗语有说：七分茶三分情，茶满欺客。倒茶给顾客，无论是大杯小杯，都不宜倒得太满，以倒七分满为宜，茶满不便于握杯啜饮。分茶时不得将茶水溅出，每位顾客茶水量要一致，茶色要均匀，以示茶道公正平等。

分茶时，右手持壶，自左到右顺时针为顾客倒茶，即壶口是倒退着为顾客分茶，如图5－14所示。因为如自右到左逆时针为顾客倒茶，则壶口向前冲着顾客，壶嘴不断向前如一把利刃，变成一种含侵略性的动作。当然，如习惯左手持壶，则可逆时针。

图5－14　分茶的礼节与方法

2. 上茶礼仪

（1）使用敬语。上茶时应面带微笑，眼睛注视对方并说：“这是您的茶，请慢用！”

（2）端茶礼仪。给顾客端茶应用双手。有杯耳的茶杯，一般是用一只手抓住杯耳，另一只手托住杯底，把茶端给顾客。或者一只手托住杯底的一个点，另一只手扶住茶杯的1/2以下部分，手指切莫触及杯口。最好是用盘托杯，这样会比较安全，也能保持茶杯的平稳，又便于顾客从服务员手中接过杯子。端茶的礼节与方法如图 5－15 所示。

图 5－15　端茶的礼节与方法

使用茶盘上茶，则左手捧着茶盘底部，右手扶着茶盘的边缘，上茶时用右手端茶，从顾客的右方奉上。尽量避免从顾客的正前方上茶。

摆放前，一定要轻声示意，避免对方无意碰撞，摆放时右进右出，顺时针斟倒或摆放（添水也同样），摆放位置为顾客右手前方 5 ～ 10 厘米处，有柄的则将其转至右侧，便于取放。

如有茶点，应放在顾客的右前方，茶杯应摆在点心右边。

知识链接

中国的茶道与茶礼

3. 续茶礼仪

要时刻关注顾客的杯子，第一时间为顾客续杯。续茶时，如果是有盖的杯子，则用一只手的小指和无名指夹住杯盖上的小圆球，用大拇指、食指和中指握住杯把，从桌上端下茶杯，侧对顾客，用另一只手续满茶杯，再按照原位摆放即可（如图 5－16 所示）。如果发现顾客的杯子有茶渣，应该替顾客重新洗杯，或者换杯。

图 5－16　续茶的礼节与方法

特别提醒

放置茶壶时壶嘴不能正对顾客，否则表示请人赶快离开。

宾主喝茶时，中间有新客到来，主人要表示欢迎，立即换茶。

根据茶汤颜色状况适时换茶。如不适时更换茶叶，则会被认为对顾客冷淡、不恭。

上茶、续茶都要遵循“先客后主、先主宾后次宾、先女后男、先老后少”的原则，尤其是第一次斟茶时。

四、酒店西餐服务礼仪

（一）西餐礼仪概述

1. 西餐礼仪的特点

吃西餐讲究举止礼貌，比如优雅的坐姿，要求在整个用餐过程中尽量上身挺直，身体距桌子一拳半左右的距离；主人未打开餐巾时，顾客不能整理和打开餐巾，而主人铺开餐巾就意味着宴席开始，仪式感非常强，每个动作都有具体标准和严格要求。在享受西餐的过程中，似乎食物的口味不是最重要的，西餐的餐具和用餐的举止才是最重要的，比如上一道菜肴便会更换一套餐具，西餐礼仪是非常注重视觉感受的。

知识链接

西餐文化

素养专栏

弘扬中餐文化，厚植爱国情怀

中餐文化是以中华文化为根源辐射出来的饮食文化。中餐文化历史悠久、博大精深，不管是土生土长的中国人还是身在异国的中国同胞，或品尝过中餐的外国人，都无不对中餐的美味赞不绝口。当代大学生作为未来的社会人，一定要记住：弘扬优秀中华文化（包括中餐文化）是我们每个人的使命。爱国主义是人们对祖国悠久历史和文化传统的崇高自豪感的体现。我们要扬优去劣，大力弘扬民族文化和爱国精神，我们要成为民族精神的传播者、弘扬者和建设者，共同谱写民族精神的新篇章。

西餐讲究情调和氛围，用餐时很少有大声聊天的，甚至连用餐的节奏都不是用语言交流传递的，而是通过动作完成，比如将刀叉摆放成不同形状，意味着是否用餐完毕、是否可以收走餐盘等。

当然，中、西餐背后都有深厚的文化积淀，都有风土人情的浸润，其核心都是让用餐氛围更加愉悦和舒服，这一点是相同的。我们了解中餐礼仪文化是为了更得体地体现自身的修养和素质，了解西餐的礼仪文化是为了在享受西餐的同时受到尊重，也体现对他人的尊重。

特别提醒

对于西餐厅服务员来说，必须了解西餐是怎么“吃”的，才能更好地为顾客服务。

就服务礼仪而言，中、西餐的餐饮服务礼仪规范有一定的共性，这些共性在本任务中就不再一一赘述，这里主要介绍西餐特有的服务礼仪规范。

2. 西餐的座次安排

不同民族、不同国家的饮食文化各具特色，具有浓郁的民族性和多样性的特点。餐饮礼仪的差异也是跨文化交际中影响交际结果的因素。中、西餐的礼仪文化从座次安排中就可以看出不同，了解西餐的座次安排，可以在宴会中获得较好的沟通与合作。

（1）座次安排的原则。

1）面门为上。按礼仪的要求，面对餐厅正门的位子要高于背对餐厅正门的位子。一般而言，背对正门的位子由主人自己坐，面对门的位子则由主宾来坐（见图 5－17）。如果男女主人一起出席，一般女主人的位置正对着门，男主人的位置背对着门（见图 5－18）。

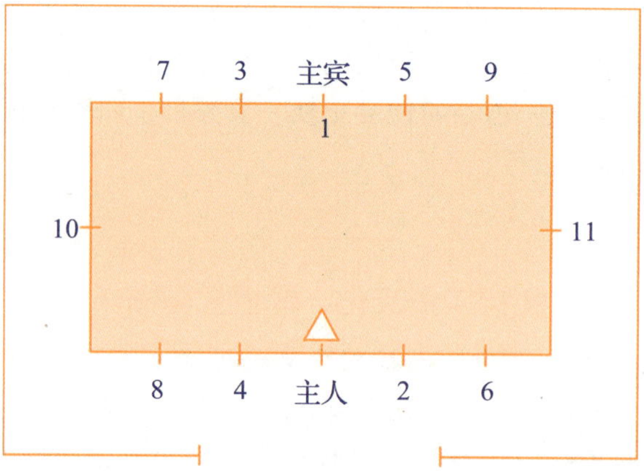

图 5－17 西餐座次安排（1）

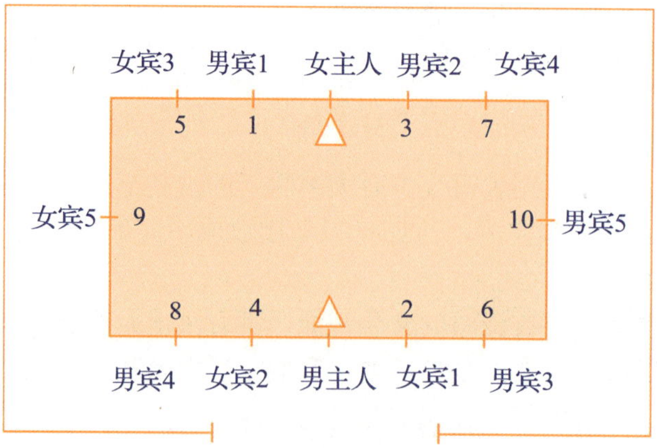

图 5－18 西餐座次安排（2）

2）女士优先。在西餐礼仪里，往往体现女士优先的原则。排定用餐席位时，一般女主人为第一主人，在主位就位，而男主人为第二主人，坐在第二主人的位置上。女宾忌排末座。

3）以右为尊。排定席位时，以右为尊是基本原则。就某一具体位置而言，按礼仪规范其右侧要高于左侧之位。在西餐排位时，男主宾排在女主人的右侧，女主宾排在男主人的右侧，按此原则，依次排列。

4）交叉排列。西餐排列席位时，讲究交叉排列的原则，即男女应当交叉排列（用意是男士可以随时为身边的女士服务，见图5－18），熟人和陌生人也应当交叉排列。在西方人看来，宴会场合是要拓展人际关系的，这样交叉排列，能让人们多和周围的人交流，达到社交的目的。

5）距离定位。西餐桌上席位的尊卑，是根据其距离主位的远近决定的。距主位近的位置要高于距主位远的位置。即以男女主人为中心，越靠近主人越尊贵。

特别提醒

在我国用西餐宴请顾客，通常采用职务高低、男女分坐的方式。

宾主人数以偶数为多。宾主总数忌十三。

（2）座次的排列方式。

因西餐中多用长桌，所以在此主要以长桌的座次安排为例（见图5－19），如果是圆桌，按照座次安排的原则安排座位即可。

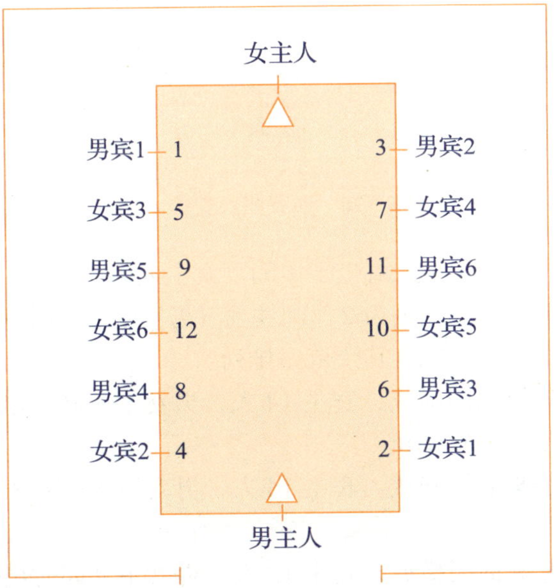

图5－19 西餐座次安排（3）

1）英美式。

西餐中长桌的摆放方式主要有两种：一种是面门竖放；另一种是面门横放。

如果是面门竖放，两端应为男女主人的位置。女主人面门而坐，男主人背门而坐。女主人右边是男主宾（男宾 1），左侧为 2 号男主宾（男宾 2）；男主人右边是女主宾（女宾 1），左边是 2 号女主宾（女宾 2），其余依序排列。如果是陪客，应尽量往中间坐。具体排法如下：

长桌排法之一：长桌面门竖放，宾主 14 人，男女主人同时出席。本着男女交叉排列的原则，先从女主人位置左右开始安排，再从男主人位置左右开始安排。具体的座次安排应该是女主人→男宾 1 →男宾 2 →女宾 3 →女宾 4……，男主人→女宾 1 →女宾 2 →男宾 3 →男宾 4……

长桌排法之二：长桌面门竖放，宾主 14 人，男女主人一人出席。主宾面门而坐，主人背门而坐。其余来宾的座次顺序如图 5 - 20 所示。

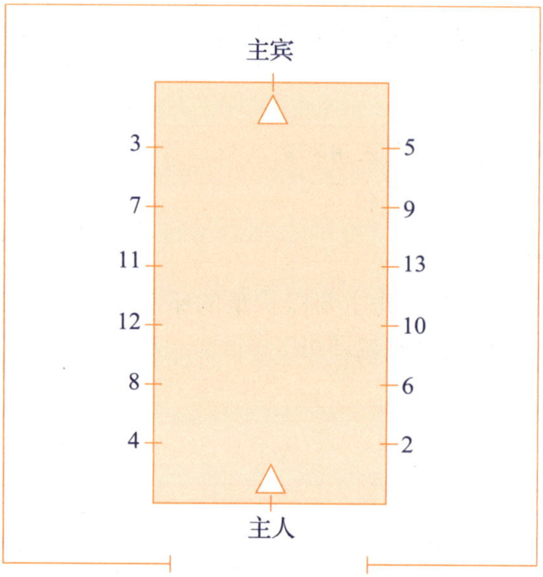

图 5 - 20　西餐座次安排（4）

如果是面门横放，则男女主人对坐于中间。女主人面门而坐，男主人背门而坐。女主人右边是男主宾（男宾 1），左侧为 2 号男主宾（男宾 2）；男主人右边是女主宾（女宾 1），左边是 2 号女主宾（女宾 2），其余依序排列。

长桌排法之三：长桌面门横放，宾主 14 人，男女主人同时出席。具体的座次安排同长桌排法之一，如图 5 - 21 所示。

长桌排法之四：长桌面门横放，宾主 14 人，男女主人一人出席。具体的座次安排如图 5 - 22 所示。

长桌排法之五：长桌面门横放，宾主 12 人，男女主人同时出席。男女主人对坐于中间，两侧为末座。需要注意女宾 5 的位置，她和男宾 5 为最后两个人，相对于男宾 5 来说应该位于上座，所以，应该位于女主人的右侧，如图 5 - 18 所示。

长桌排法之六：长桌面门横放，宾主 12 人，男女主人一人出席。除长桌两侧为末座之外，其余座次安排同长桌排法之四，如图 5 - 17 所示。

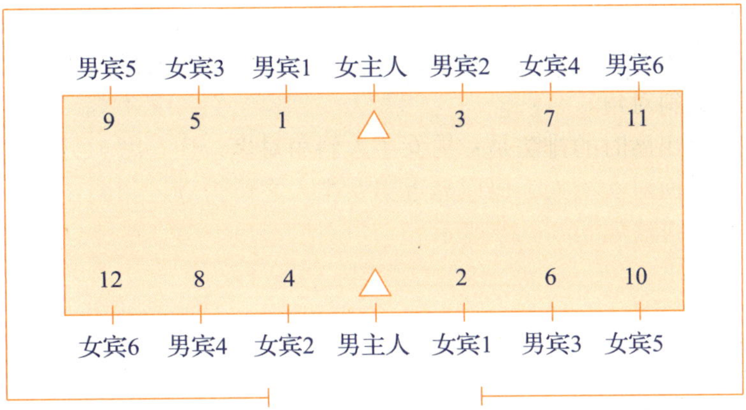

图 5-21　西餐座次安排（5）

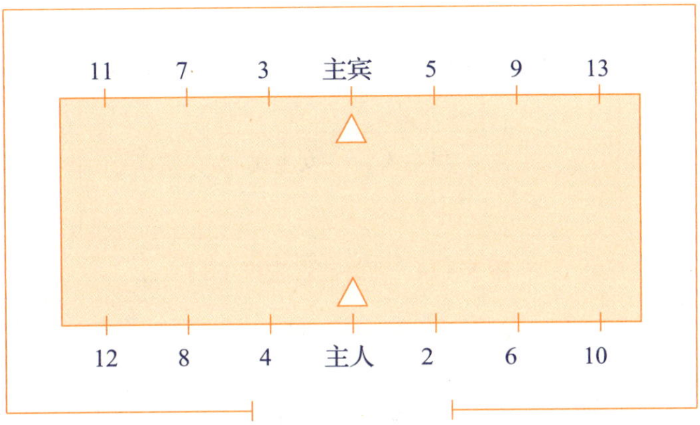

图 5-22　西餐座次安排（6）

长桌排法之七：长桌面门横放，宾主 8 人。男女主人斜角对坐。男女顾客夹坐，男士面对男士，女士面对女士。仍以靠近男女主人之位为尊，如图 5-23 所示。

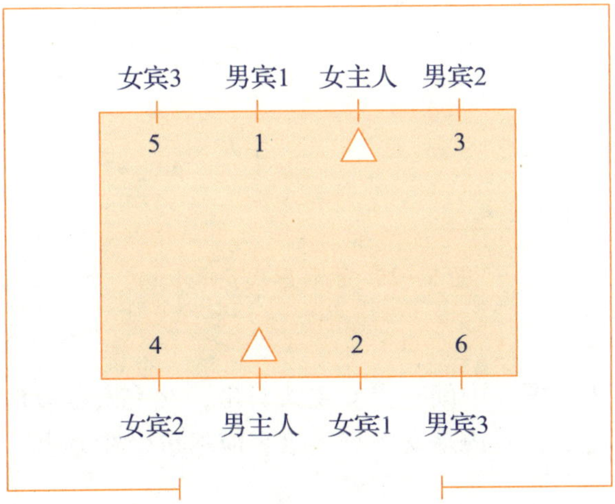

图 5-23　西餐座次安排（7）

如果是方桌，就座于餐桌四面的人数应相等。一桌共坐 8 人，每侧各坐两人的情况比较多见。进行排列时，应使男、女主人与男、女主宾对面而坐，所有人均各自与自己的恋人或配偶坐成斜对角。

男女主人同时出席时的排法是：男女主人斜角对坐，让右席于男女主宾。男主宾面对男主人，女主宾面对女主人，仍以靠近男女主人之位为尊，如图 5－24 所示。如果男女主人一人出席，排法如图 5－25 所示。

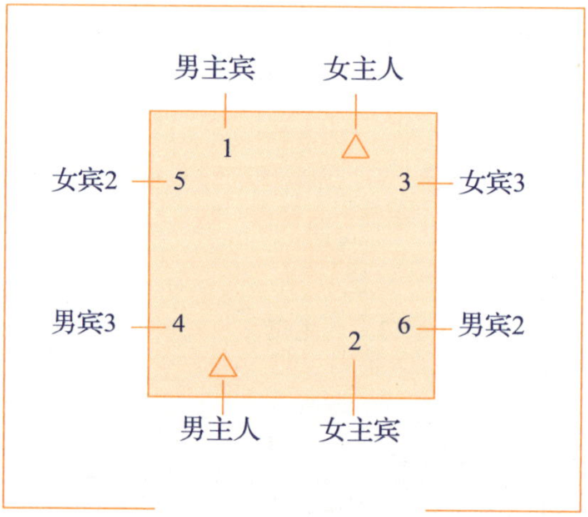

图 5－24　西餐座次安排（8）

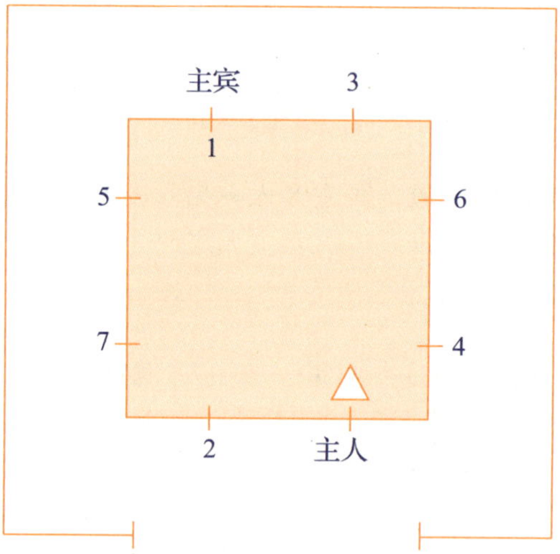

图 5－25　西餐座次安排（9）

2）法式。

一般情况下，主人位置在中间，男女主人对坐，女主人右边是男主宾，左边是男次宾，男主人右边是女主宾，左边是女次宾。陪客应尽量坐在旁边。

3）大型宴会。

在一些大型宴会上，人数较多，桌子呈 T 形时，横排是主桌，主桌中间是男女主人的位置（男左女右），两边分别为女主宾和男主宾的座位，其余依次排列。竖排是次桌，以靠近男女主人之位为尊，如图 5－26 所示。当桌子呈“门”字形时，座次顺序如图 5－27 所示。

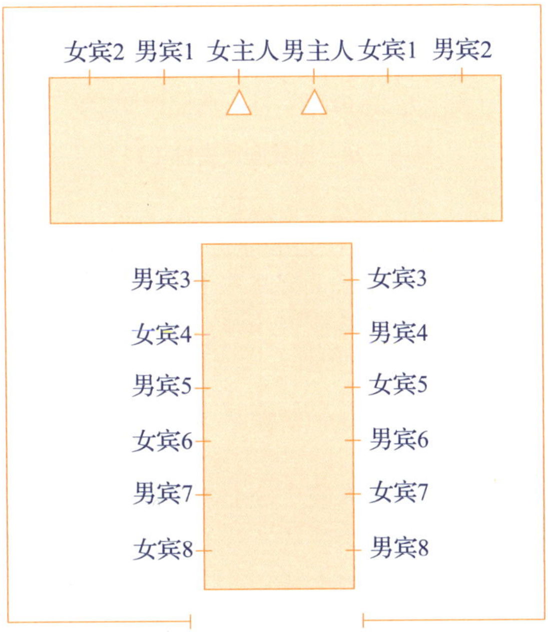

图 5－26　西餐座次安排（10）

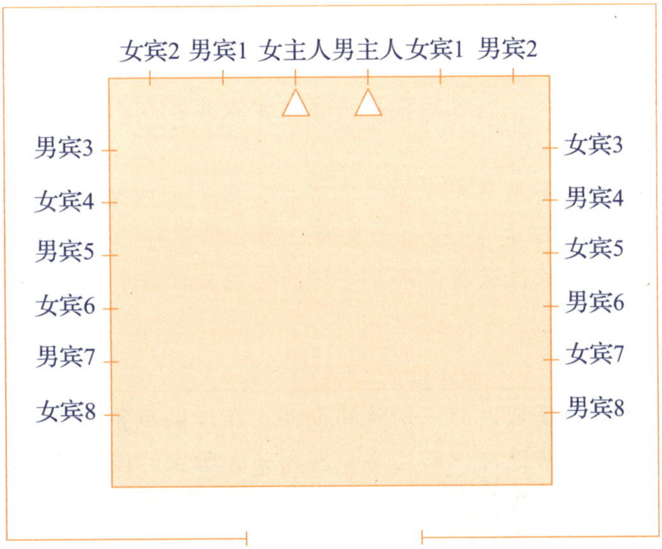

图 5－27　西餐座次安排（11）

如果是铁板烧桌形，具体的座次顺序如图 5－28 所示。

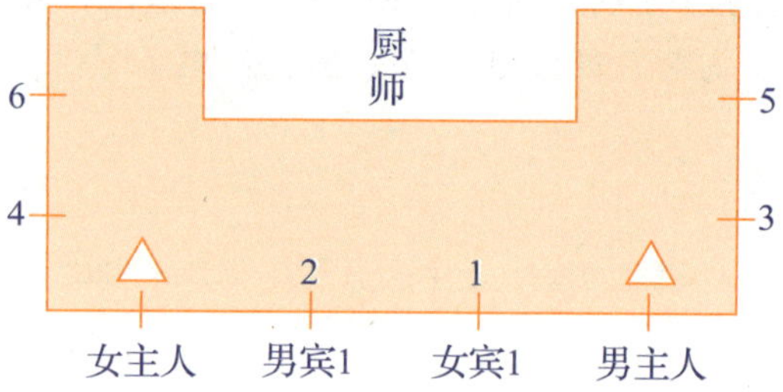

图 5－28 西餐座次安排（12）

特别提醒

（1）参加宴会时，不可贸然入席。若有席次卡，应找到自己的名字后再就座。如果没有席次卡，要等主人或侍者引导之后方可入座。如未定座位，应由尊长坐上座，自己找适当的座位坐下，不必过于谦恭。

（2）遵循长者和女士优先的原则，如邻座是年长者或女士，应主动协助他们先坐下。

（3）最得体的入座方式是从左侧入座。除非有领位者帮忙把椅子拉开，否则要记得把椅子拉后一些再坐下，因为如果用脚把椅子推开，实在不雅。女士若与男士同行，则不必自己动手拉椅子，因为这是男士的责任。

（4）入座后坐姿要端正，不可用手托腮或将双臂肘放在桌上。坐时脚应踏在本人座位下，不可随意伸出，影响别人。不可玩弄桌上的酒杯、盘碗、刀叉等餐具，不要用餐巾或纸巾擦餐具，以免使人认为餐具不洁。

（5）不要将钱包、钥匙等放在餐桌上。在私人的宴会场合，主人会告诉你可以将包放在哪里。如果是在餐厅或公共场合，可以将包放在腿上或身旁。

（6）座位是由主人定的，顾客随意更换席次卡或坐在别人的座位上是非常不礼貌的行为。

（7）在日常生活中，如果男女二人同去餐厅，男士应请女士坐在自己的右边（因为右手帮女士拿东西或递东西更方便）。如果两位男士陪同一位女士进餐，女士应坐在两位男士的中间。如果两位同性进餐，那么靠墙的位置应让给其中的年长者。

特别提醒

西餐服务员负责值台区域内的一切就餐服务，在提供西餐服务时，不仅要严格按照国际上通用的西餐服务礼节进行，而且要考虑到顾客所在的国家的礼仪和风俗习惯，不要触犯禁忌，努力保证服务质量。

（二）餐前服务礼仪

1. 迎宾准备

（1）正式开餐前，服务员应将餐厅打扫干净。

（2）按本餐厅正餐的要求摆台，将餐具布置完好，并将各种刀、叉、勺、餐盘、咖啡杯、酒杯以及酒篮、冰桶等餐具配备充足，营造舒适的就餐环境。

2. 领位服务礼仪

（1）领位员要熟知餐厅经营风味、食品种类、服务程序与操作方法。

（2）顾客到来，领位员要微笑相迎，主动问好，对常客、贵宾要称呼姓名。

（3）要熟知座次安排规则，按照一定的礼仪顺序引导顾客入座。

（4）对订餐、订座顾客，要按预订的座位安排引导入座。

（5）顾客入座，主动拉椅，交桌面服务员照顾。

3. 餐前酒服务礼仪

（1）顾客入座后，桌面服务员应主动问好，及时递送餐巾、香巾。

（2）询问顾客餐前用开胃酒还是鸡尾酒，记下每位顾客所点的酒水，并复述一遍。尽快送上餐前酒，未点餐前酒的顾客应为其倒上冰水。

（3）服务要热情、主动，操作要规范。酒水服务没有滴洒现象。

4. 点菜服务礼仪

西餐实行分餐制，菜单须人手一份，每位顾客所点的菜肴往往都不一样，所以，就需要服务员熟悉菜单，了解顾客的需求，为顾客提供优质服务，具体礼仪要求如下：

（1）着装整齐，微笑服务，态度殷勤。

（2）按先主后宾、先女士后男士的原则依次将菜单、酒单从顾客右边送至每位顾客手中，同时礼貌地请顾客阅读菜单、酒单。

（3）若应顾客要求提供点菜建议，服务员应在尊重顾客饮食习惯的前提下，根据菜单的组合，菜品搭配、酒水搭配的基本原则，向顾客推介适宜的菜式。

（4）要多与顾客沟通，询问有关信息。如询问顾客有无特殊要求，对牛扒菜品生、熟程度的要求，订沙拉时应询问顾客所需的沙拉汁等。

（5）和顾客讲话时，身体要略向前倾，音量要适中，以不打扰其他顾客为标准。

（6）收回菜单，并祝顾客用餐愉快。

知识链接

你应该知道的西餐“餐前礼仪”

知识链接

西餐餐具的摆放

知识链接

优雅入座

知识链接

餐巾的使用

（三）餐中服务礼仪

就餐服务是点菜服务的继续。服务要规范，要特别注意细节，随时巡台，与顾客保持良好的沟通，要照顾好每一位顾客，为顾客提供最优质的服务，给顾客留下美好的印象。要根据西餐的上菜顺序有序上菜，并做好相关服务。西餐的上菜顺序是头盘（又称

知识链接

面包与副菜

"开胃品")、汤、面包与副菜、主菜、配菜、甜点、咖啡或茶。上菜须使用托盘。

（1）上黄油、面包。将新鲜的黄油、面包从顾客的左边（黄油碟和面包盘通常放在顾客的左前方）按先女后男的顺序分别放入黄油碟和面包盘内。

（2）佐餐酒服务。先向主人示酒，待其确认后再往杯中斟少许让其品尝，然后在顾客右侧按先女后男的顺序斟酒，最后到主人。

（3）头盘服务。上菜时用右手从顾客右边端上，直接把菜放入装饰盘内，如图 5－29 所示。当顾客用完头菜后，再用右手徒手从顾客右边撤下头盘。

图 5－29　西餐上菜

（4）上汤。汤盘直接放入装饰盘，顾客用完后，把汤盘连同装饰盘一起撤下。

（5）面包服务。正式的西餐厅都会提供面包，由服务员将面包篮拿到你的身边，由你自己选择。

面包具有清除口腔味道的作用，可配合西餐汤食用。

（6）上副菜。鱼类菜肴一般作为西餐的第二道菜，也称为副菜。其品种包括各种淡水鱼和海水鱼、贝类及软体动物类。通常水产类菜肴与蛋类、酥盒菜肴均称为副菜。

因为鱼类等菜肴的肉质鲜嫩，比较容易消化，所以放在肉类菜肴的前面。

知识链接

西餐餐具的使用

知识链接

西餐汤的种类及其食用方法

知识链接

牛排的种类及其正确吃法

知识链接

甜点的种类及其吃法

（7）主菜服务。从顾客右侧上主菜，并报菜名，牛排、羊排要告知几成熟。徒手撤走主菜盘及刀叉，并清整桌面，征求顾客对主菜的意见。

（8）上配菜。西餐的主菜大多为肉类、家禽、海鲜等酸性食物，因此常常会随主菜配些蔬菜类菜肴，这样做既可以凸显和点缀主菜，又可以酸碱调和，均衡营养。

上配菜时要结合主菜向顾客讲解配菜的功效与营养价值。

（9）上甜品。餐后的甜点可以帮助消化，也让人心情愉快，是一顿西餐最完美的结尾。上甜品时一定要向顾客配以必要的讲解。

（10）上咖啡或茶。询问顾客要喝咖啡还是茶，随后送上糖盅、奶壶、柠檬片、咖啡具或茶具，从顾客右边斟上咖啡或茶。

（11）推销餐后酒。餐后酒一般是一些利口酒或白兰地。展示餐后酒车，征求顾客意见并为之服务。

特别提醒

（1）上菜之前，应根据顾客的订单重新摆换餐具。

（2）根据餐桌、餐位的实际状况，合理确定上菜的位置。

（3）在顾客用餐过程中，要特别留意顾客的“刀叉语汇”，即顾客在不同用餐阶段的刀叉摆放。要能够根据“刀叉语汇”判断是采取撤盘还是不撤盘的行动。一般情况下，每吃一道菜都需要换一副刀叉，而且要等所有顾客用完同一道菜后再撤下空盘。撤盘一定要轻拿轻放。

（4）席间服务要体现对顾客的尊重之意。撤换小物件应使用托盘。撤盘时，左手托盘，右手收盘，将刀叉集中放在一头，留出空余地方放盘子。

（四）餐后服务礼仪

1. 结账服务礼仪

西餐餐后的结账服务一般是在顾客的座位上完成，服务员应事先将账单准备好，尽量不要让顾客有等待时间。听到顾客吩咐结账时要第一时间到收银台取来账单并递到顾客手上。结账服务具体要注意以下几个方面：

> **知识链接**
>
> 结账与小费

（1）检查账单。账目务必记录清楚，在将账单递交给顾客之前，要检查台号是否正确、顾客消费项目价格是否正确，确认无误再递交。

（2）呈上账单。账单一般放在小盘里，从主人的右手递上，为避免同桌的顾客看到金额，最好将账单折起或置于账单夹中，在递交完账单后应暂时离开，让顾客在方便时付账，同时也方便顾客仔细确认账单。

（3）现金结账。检查客人所付的现金；合拢账单夹，向客人致谢，将现金和账单交回收银处；核对收银处所找钱是否正确；将找钱和账单存根放在账单夹中，送回给客人并致谢。

（4）客人签单。若顾客是住店客人且要求签单，则要求客人出示房间登记卡；请客人在账单上写下房号和签名；将登记卡及签好的账单交回收银处核对；核对无误，将登记卡还回客人并致谢。

（5）刷卡结账。如果顾客使用信用卡结账，要将顾客的信用卡拿到收银台请收银员确认；确认无误后，由收银员刷卡后打印信用卡签账单；检查信用卡签账单所写的金额是否正确；将信用卡和信用卡签账单一起拿给顾客；让顾客在信用卡签账单上签字，并将持卡人联根交回顾客并致谢；将信用卡收据交回收银处。

2. 送客服务礼仪

（1）顾客离座，服务员要主动拉开座椅，微笑送客，欢迎其再次光临。

（2）必要时可帮助顾客提拿随身物品或协助叫出租车。

（3）顾客离座后，快速清理台面，台布、口布、餐具按规定收好，重新铺台，摆放餐具，3 分钟内完成清台、摆台，准备迎接下一批顾客。

（五）西餐宴会服务礼仪

西餐宴会服务的基本环节包括：宴会准备工作、迎宾和餐前鸡尾酒服务、餐中服务和送宾服务等。在为西餐宴会提供服务时应注意以下礼仪规范：

1. 宴会准备工作

（1）准备设备、用品，做好餐厅设计。接到宴会通知单后，主管应根据宴会规格、目的和主办单位的要求，同有关部门联系，准备好设备、用品，做好餐厅布置设计，使环境美观、舒适、方便。

（2）做好摆台，摆好餐具和酒水杯。根据宴会通知单的要求摆出台型，铺上台布，按列出的菜单、酒单摆放刀、叉等餐具及酒水杯。餐具摆放要松紧得当、规格统一。

（3）熟悉菜单、菜品，备好开胃品。服务员应熟悉宴会菜单，掌握宴会上西式菜点的风味、原料和简单烹制方法。在顾客到达餐厅前 10 分钟，服务员应把开胃品摆放在餐桌上，一般是每人一盘，也可把开胃品集中摆在餐桌上，由顾客自取，或由服务员帮助分派。在摆放时应考虑荤素、颜色、口味的搭配，盘与盘之间要留出一定的距离。

（4）摆好黄油、面包，斟好冰水。在顾客到达餐厅前 5 分钟，服务员应在黄油盘、面包盘中摆好黄油、面包，在顾客的杯中斟好冰水。

（5）开餐前主管应再次认真检查餐厅环境布置、宴会铺台和服务人员仪容仪表。

2. 迎宾和餐前鸡尾酒服务

（1）在顾客到达前，站在适当位置迎接顾客；顾客到达时，要热情有礼貌，微笑问好。

（2）在宴会开始前半小时或 15 分钟，在宴会厅门口为先到的顾客提供酒水服务。由服务员托盘端上饮料、鸡尾酒，巡回请顾客选用，茶几或小圆桌上备有小吃。

（3）当顾客到齐，主人表示可以入席时，服务员应立即打开通往餐厅的门，引领顾客入席。

3. 餐中服务

（1）在顾客进入餐厅前，点燃蜡烛。主动为顾客拉椅让座，待顾客坐下后，为其打开餐巾，然后托着装有各种饮料的托盘，待顾客选定后为其斟倒。

（2）宾主开始祝酒时，服务员应及时为顾客斟上香槟酒。

（3）按菜单顺序撤盘上菜。每上一道菜前，应先将用完的前一道菜的餐具撤下，斟好相应的酒水，再上菜。要结合“刀叉语汇”，在合适的时机，等所有顾客都吃完一道菜后一起撤盘。

（4）上甜点、水果之前要撤下桌上除酒杯以外的餐具，摆好甜品叉匙。水果要摆在水果盘里，并配置洗手盅，水果刀、叉。

（5）上咖啡或茶前要放好糖缸、淡奶壶，每位顾客右手边放咖啡杯或茶具，然后拿咖啡壶或茶壶依次斟上。有些高档宴会上，服务员需推酒水车送餐后酒。

特别提醒

（1）西餐撤盘一般是徒手操作，所以一次不应拿得太多，以免失手摔碎。

（2）服务过程中应遵循先宾后主、女士优先的服务原则。

（3）如果餐桌上的餐具已用完，应先摆好相应的餐具，再上菜。

4. 送宾服务

（1）宴会结束，服务员应主动拉椅子，热情欢送顾客，欢迎其再次光临。

（2）主管应主动征求主办单位意见，准确处理结账及未尽事宜，并向主办单位表示感谢。

（3）顾客离开后，服务员应及时检查台面及地毯上有无顾客遗留物品。按顺序收拾餐桌，整理宴会厅及休息室，关好门窗，关掉所有电灯。

（六）酒水服务礼仪

1. 酒水服务概述

西餐的酒水服务主要分餐前酒水服务、佐餐酒服务、甜食酒服务和餐后酒服务几个阶段。服务员在为顾客提供服务时，不仅要了解酒水知识，还要熟练掌握不同酒水斟酒的操作技能和服务规范，处处体现尊重顾客原则，以细节打动顾客，为顾客提供优质服务。

西餐的酒水服务应注意以下几个方面：

（1）推介要适度。根据顾客点菜的情况推介酒水，推介时要尊重顾客的个性和习惯。

（2）服务要规范。无论为顾客提供哪种酒水服务，示酒、开酒、斟酒都要符合酒水服务规范。酒水斟倒要不滴不洒，不少不溢。

知识链接

酒水的斟倒礼仪

（1）斟酒顺序。依据“先宾后主、女士优先”的原则，按顺时针方向为客人斟酒。第一次上酒时，主人可能会亲自为所有客人斟酒，等客人喝完一杯后，主人会请坐在对面的人（也就是第二主人）或服务人员代替他为客人添酒。

两个服务员同时斟酒时，一个从主宾开始，一个从副主宾开始，按顺时针方向进行。如果是中国顾客，也可以遵照中国传统进行。

（2）斟酒的站位与手势。斟酒时，一般是站在客人右侧，右手持拿酒瓶，左手拿一块餐巾放在瓶颈下面或放在小臂上（见图 5－30），瓶口不要碰到杯口，以免有碍卫生及发出声响。斟完酒后，按顺时针方向轻轻转一下，以免瓶口的酒滴落在台面上。

图 5－30　斟酒

（3）倒酒数量。红葡萄酒倒约 1/3 杯；白葡萄酒倒约 2/3 杯；气泡酒（如香槟酒）倒 2/3 杯左右，并让泡沫满至杯口；啤酒宜 80% 酒、20% 泡沫，让泡沫丰盈到杯口。斟白兰地酒时，一般只斟到酒杯的 1/8，即常说的“1P”。一般情况下不要把酒瓶内最后一点“瓶底儿”倒出来，因为瓶底往往有一些沉淀物。

绝对不要让顾客用同一个杯子喝两种酒。

（3）关注顾客。在宴会进行中，要随时观察顾客，掌握续酒时机，当确认顾客不加酒时，应立即将空杯撤下。

（4）注重细节。注意酒水的最佳饮用温度；先斟酒后上菜；开启香槟瓶时，瓶口不能朝向顾客；倒香槟通常采取“斜溜式”倒法；冰桶、酒篮放在桌上时，不能影响顾客用餐等。

如果主人提供的是珍品佳酿，务必把酒瓶拿出来给顾客观赏一番。如果主人提供的只是普通酒类，应事先把酒倒在有塞子的玻璃瓶内。

知识链接

饮酒礼仪

2. 餐前酒服务礼仪

餐前酒又叫“开胃酒”，大多口味偏干，是引起顾客食欲的餐前酒品，在正式用餐前饮用或在吃开胃菜时与之搭配。餐前酒包括干性气泡葡萄酒、餐前鸡尾酒、干性雪利酒、干性（法式）味美思酒等。香槟是一种气泡葡萄酒，是比较常见的餐前酒。

（1）开香槟的方法。开香槟的方法一般包含三个步骤，如图 5－31 所示。

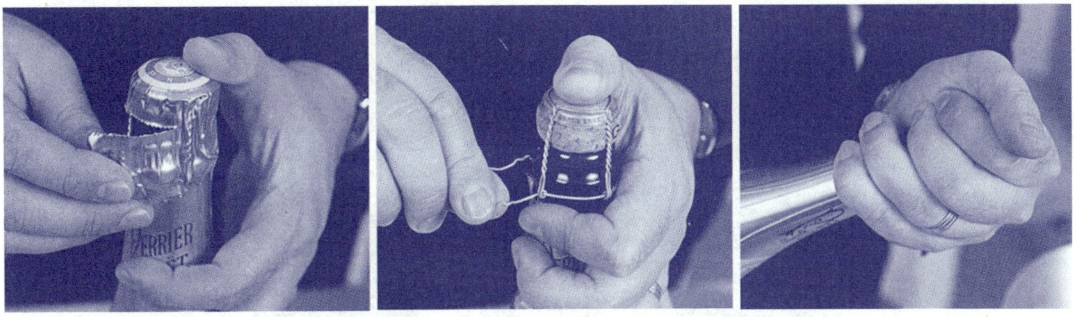

图 5－31　开香槟的方法

知识链接

餐前酒——香槟

1）去掉瓶口锡箔包装。每瓶香槟或是气泡酒都有锡箔包装包住瓶口。据说这些锡箔包装以前是为了防止老鼠啃咬橡木塞。

2）松开瓶口铁丝网套。找到铁丝呈圆形的部分，逆时针方向松开铁丝网套。注意开瓶时要用大拇指先按好木塞，将瓶口朝向无人的方向，以免木塞飞出伤到人。

3）旋转酒瓶打开木塞。倾斜握住酒瓶，紧握木塞，慢慢旋转酒瓶。酒瓶内的气压会将木塞慢慢往上推。要慢慢地让木塞前段稍稍倾斜，使二氧化碳放出，这样打开瓶塞时就不会发出巨响了，也比直接旋转木塞更简单、更安全。通常可以用一条餐巾包住瓶口，就算有问题的话，木塞也不会飞出伤人。

（2）倒香槟的方法。为了品尝到香槟的最佳风味，斟酒时请记住一个口诀——“斜门歪倒、杯壁下流”。即应该采取“斜溜式”倒法：将杯子尽可能倾斜，将瓶口紧靠杯沿，缓慢地先试倒少许酒液进入杯中。此时，气泡可能会急剧涌出，立即形成厚实的慕斯气泡，可以稍停片刻，等待慕斯液面略微下降，再继续倒酒，并让酒液缓慢地沿杯壁流向杯底。随着杯子里香槟增多，再徐徐将杯子调整到竖直的位置，如图 5－32 所示。

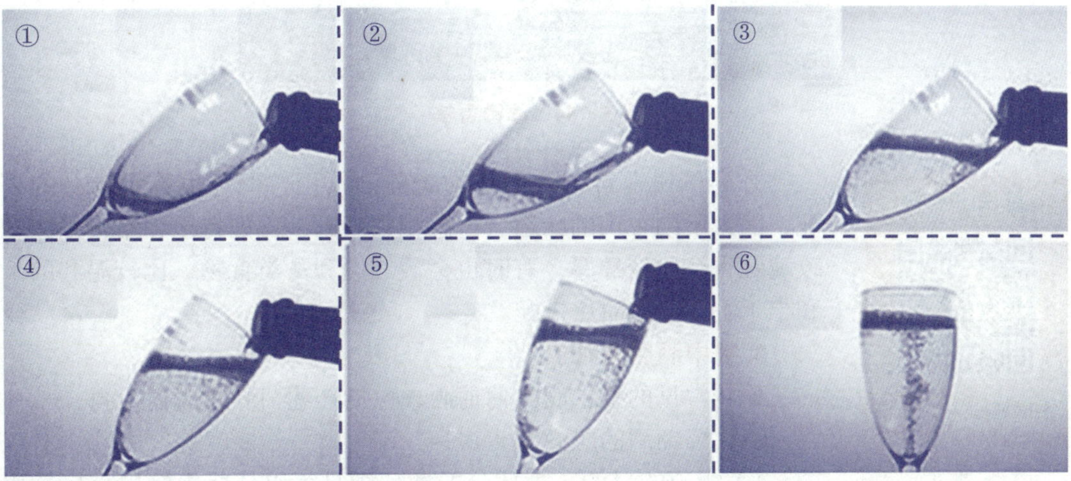

图 5－32　倒香槟的方法

另外要注意，当你在抓着香槟瓶身时，要握住瓶身下缘或是抓着瓶底，千万不可握着瓶颈。因为你握住瓶颈时，每一滴流出的香槟都会被你手掌的温度给“加热”，不知不觉中香槟的温度因此而升高，就会影响品饮时的口感与香气。正确的握法如图 5 - 33 所示。

图 5 - 33　香槟瓶身的握法

香槟的最佳饮用温度应该在 8℃～10℃。不能往香槟里面加冰块，这样会稀释酒，也不要放在冰箱冷冻室存放，过度冷冻会破坏香槟的口感，因此在冰桶里冰镇是很好的选择，如图 5 - 34 所示。

图 5 - 34　冰镇香槟

知识链接

餐中酒——葡萄酒

香槟虽说常常被人们作为餐前酒饮用，但这也不是唯一的搭配，因为不同香槟的味道、口感相去甚远，比如特干和略带果味的玫瑰红香槟比较醇厚，有时也会佐红肉和禽类食物，比较温和的干和半干香槟会与甜点搭配。

3. 餐中酒服务礼仪

比较常见的餐中酒是葡萄酒，包括红葡萄酒和白葡萄酒。

（1）葡萄酒的醒酒。

1）醒酒的目的。大部分的葡萄酒是可以从瓶中倒出直接饮用的，但是有一部分葡萄酒需要经过醒酒才能更好地表现出它们的品质与特色。醒酒器（见图 5－35）可以从两个大的方面提高葡萄酒的品质。

图 5－35 醒酒器

A. 醒酒的一系列动作使葡萄酒进行了有效的氧化作用，这个氧化过程使酒更加圆润，加快了酒的成熟。当酒因为陈年而产生沉淀物的时候，几乎都需要用醒酒这个环节来消除这些虽无害处但影响口感的物质。

B. 经过醒酒，可以有效地过滤酒中的沉淀物与开酒时偶尔掉在酒中的酒塞碎末。根据葡萄酒种类、年龄的不同，使用的醒酒器及醒酒时间的长短也是不同的。

2）醒酒的方法。

A. 年份短的葡萄酒的醒酒。年份短的葡萄酒的醒酒是简单且容易操作的。醒酒的主旨是使酒充分地呼吸，通过氧化作用来柔化葡萄酒，使它更成熟、更圆润。开酒后，直接将酒倒入醒酒器，可以快速倒入，不会对酒有什么伤害。醒酒的时间应该控制在 1 个小时左右，不要用带塞子的醒酒器，要使醒酒器口敞开。

B. 陈年葡萄酒的醒酒。有一定年份的葡萄酒，醒酒的过程要格外慎重与小心，需要有足够的耐心，使用柔和的手法。在醒酒之前，葡萄酒应该直立摆放 2 天左右，使酒中的沉淀物都沉积在瓶底，这样将酒倒入醒酒器时，沉淀物才不会一同倒入酒中。当酒倒入醒酒器后要立刻盖上酒塞。

C. 甜白酒、冰酒等，喝前略醒酒即可。

普通白酒、新酒、玫瑰红酒，不需要醒酒，开瓶就可以喝。

（2）开葡萄酒的方法。开葡萄酒的方法很多，比较多见的开瓶器是海马酒刀开瓶器和蝴蝶开瓶器，如图 5－36 所示。

1）海马酒刀开瓶器使用方法。

A. 用割纸刀沿瓶口环状凸起下缘切开封瓶口的胶帽，再在侧面划一刀，然后移除胶帽（见图 5－37）。如果葡萄酒的瓶口有开封带，那么撕掉开封带就可以了。

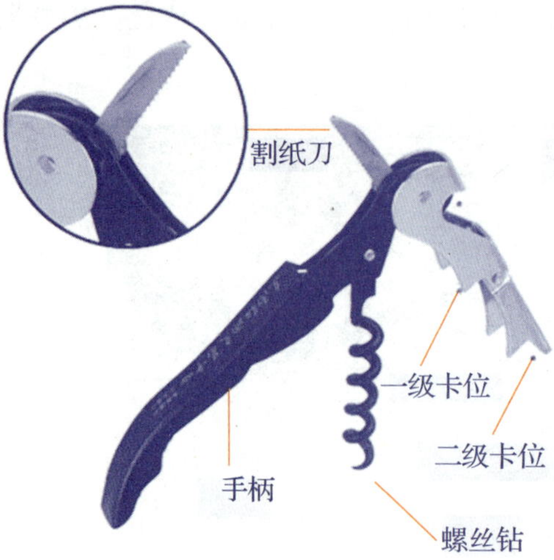

图 5－36 葡萄酒开瓶器

图 5－37 海马酒刀使用方法（1）

特别提醒

开启葡萄酒时，瓶口封皮绝对不能完全撕掉，如有开封带，以开封带为准，如果没有，以瓶口凸起下缘为准。

B. 将螺丝钻的尖端插入木塞的中间，以顺时针方向钻入木塞中（见图 5－38）。

特别提醒

使用螺丝钻时不要将木塞钻透，否则容易将瓶塞拔断或使碎屑掉入酒中，影响美观和饮用。

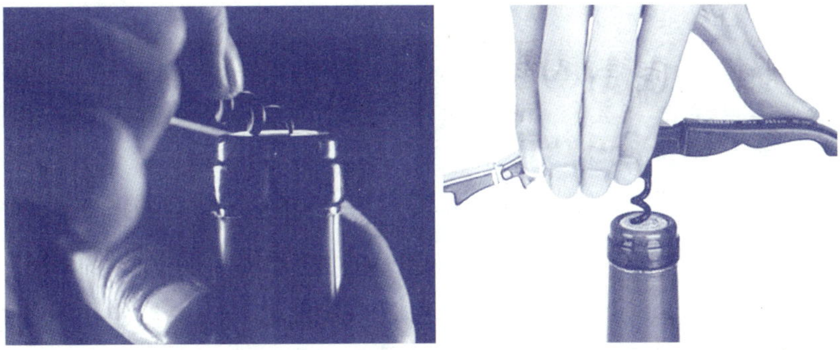

图 5-38 海马酒刀使用方法（2）

C. 将一级卡位卡住瓶口，用力握住刀身关节和瓶颈，上提手柄，翘起木塞。待拔出一半时，再将二级卡位卡住瓶口，重复之前的动作（见图 5-39）。

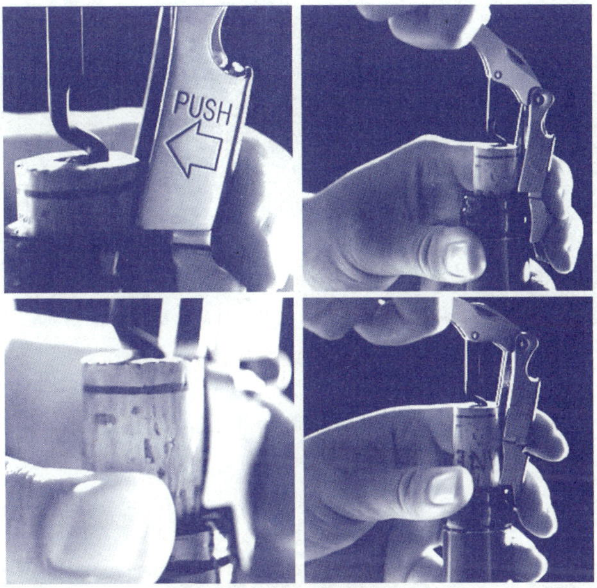

图 5-39 海马酒刀使用方法（3）

D. 用手握住木塞，轻轻晃动或转动，拔出木塞（见图 5-40）。

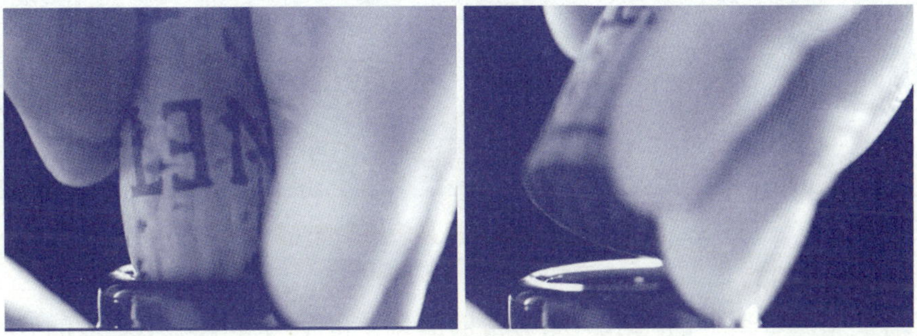

图 5-40 海马酒刀使用方法（4）

特别提醒

尽量避免在人前开酒。最后拔出木塞时不要像开香槟一样发出“砰”的一声。

葡萄酒自始至终都是有生命力的，它在装瓶后也不会停止醇化。世界上大部分葡萄酒在装瓶后一两年内就要喝掉，否则就会过期，而好的葡萄酒却需要在装瓶后继续陈酿，有的更是需要10年以上，才能得到品质绝伦的美酒。储存的时候酒瓶要平放，防止木塞干裂。

2）蝴蝶开瓶器使用方法。

A. 移除瓶口胶帽，将螺纹尖旋入木塞正中（见图5－41）。这时开瓶器两侧的手柄会自然往上翘起。

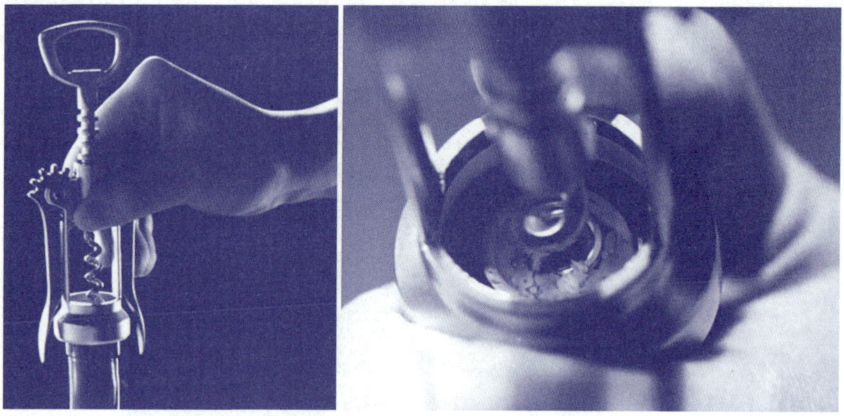

图5－41　蝴蝶开瓶器使用方法（1）

B. 等到螺纹尖全部进入瓶塞后，将两侧的手柄握住往下压，回到原始状态，翘起木塞（见图5－42）。

C. 用手握住开瓶器和木塞，轻轻晃动或转动，拔出木塞（见图5－42）。

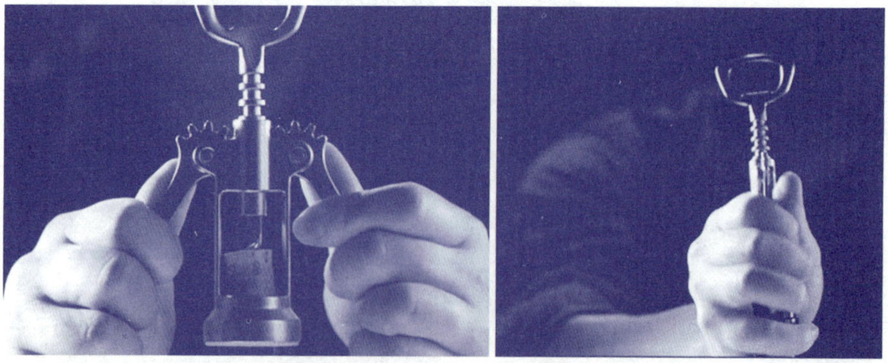

图5－42　蝴蝶开瓶器使用方法（2）

4. 餐后酒服务礼仪

用餐后饮用一些适合的酒不但能够帮助消化，也是为了享受用餐后的好气氛，不过它和餐前酒一样，不是非喝不可的。餐后酒通常是在用完餐后的闲聊时间饮用。餐后酒的酒精度一般比较高，通常为 35 ～ 50 度。为什么要饮用餐后酒呢？主要有两个原因：一是餐后酒可以促进消化；二是如果在餐前空腹饮用高酒精度的酒，很容易醉酒。同时，还要注意的是餐后酒不适合多喝，多喝反而可能会不利于消化。

知识链接

餐后酒

餐后酒与餐前酒不同。餐前酒一般是不甜的，这样才可以最大限度地刺激人的食欲；餐后酒则没有这样的顾虑，它既可以是甜型的，也可以是干型的。

餐后酒的服务主要注意以下几个方面：

（1）做好准备工作。清洁酒车，在酒车的各层铺垫上干净的餐巾；检查酒和酒杯是否齐备；清洁酒杯和酒瓶的表面、瓶口和瓶盖，确保无尘迹和指印；将酒瓶分类整齐地摆放在酒车的第一层，酒牌朝向一致；将酒杯放在酒车第二层；将加热白兰地酒用的酒精炉放在酒车的第三层；将酒车推至餐厅明显的位置。

（2）做好推酒服务。将酒车轻推至客人桌前，积极向客人推销，但要注意用语，不得强迫客人；向不了解甜酒的客人讲解有关知识；给予客人相应建议，但要留出选择的余地；先推销价格高的名酒，然后是普通的酒类；向男士建议较烈的酒，向女士建议柔和的酒。

（3）做好斟倒服务。按照规范的酒水斟倒礼仪为客人做好服务。

（七）咖啡服务礼仪

西餐的咖啡服务应注意以下几个方面：

（1）准备服务用具。咖啡用具要求干净、整洁、卫生、无破损、无水迹，所有用具要求配套使用且在同一桌上要保持一致。

知识链接

咖啡的起源、种类

（2）摆放服务用具。垫碟摆放于客人正前方，咖啡杯倒置于垫碟上，杯把儿朝右且与客人平行，咖啡勺放在垫碟内的上方、勺柄朝右，如图 5－43 所示。奶盅、糖盅按每 2 ～ 3 人一套，摆放在桌子中央，以供客人选用。

图 5－43　咖啡用具的正确摆放

（3）入座点单服务。引导顾客入座后，送上咖啡单，询问顾客需求。顾客点单后，立即将单据送到吧台或厨房。

（4）上咖啡。确认咖啡与桌号、顾客是否对应；按照女士优先、先宾后主的顺序，顺时针方向倒咖啡；当顾客的咖啡杯中的量剩 1/5 左右时，应在征得顾客同意后及时为顾客添加咖啡。

特别提醒

1）给顾客倒咖啡的正确做法：如果是宴会服务，通常使用的是咖啡壶，用右手握住壶柄，左手拿块餐巾放在壶口下面，站在顾客右侧，壶口不要碰触到杯口；在非宴会场合，如果使用的小壶或稍大点的杯子，而且杯耳也不怎么大，则应该用右手拇指和食指捏住杯把端起杯子，左手拿块餐巾放在杯口下面。用一只手握住杯身、杯口或者将手穿过杯耳后再握住杯身都是不正确的。倒咖啡时，咖啡杯不能离开桌面。

2）可以为顾客另备一杯冷开水，使之与咖啡交替品尝，口味更显清纯。

3）配料（糖和奶）的添加因个人的饮用习惯各不相同，所以最好由顾客自主添加。

（5）撤用具。发现顾客已经用完咖啡时，可询问顾客是否还要饮用，如顾客不饮用，可将用具撤走。同时把顾客面前的桌面清理干净。

（6）送顾客。顾客起身离开时，应鞠躬、微笑，口说“谢谢光临”“请慢走”“欢迎再次光临”等。

知识链接

咖啡的品味

1. 持拿咖啡杯

在餐后饮用的咖啡，一般都是用袖珍型的杯子盛装。这种杯子的杯耳较小，手指无法穿出去。不过即使用较大的杯子，也不要用手指穿过杯耳再端杯子。咖啡杯的正确拿法是拇指和食指捏住杯把儿再将杯子端起，如图 5－44 所示。

图 5－44　咖啡杯的正确拿法（1）

如果是坐着喝咖啡，只需将杯子拿起饮用即可，如果是站立喝咖啡，一定要将咖啡碟一同拿起，左手拿碟，如图 5－45 所示。

图 5－45　咖啡杯的正确拿法（2）

2. 加糖方法

给咖啡加糖时，砂糖可用咖啡匙舀取，直接加入杯内，如图 5－46 所示。也可先用方糖夹把方糖夹在咖啡碟的近身一侧，再用咖啡匙把方糖加在杯子里。不能用手来放方糖，既不文雅，也可能会使咖啡溅出弄脏衣服或台布。

图 5－46　给咖啡加糖的方法

3. 使用咖啡匙

咖啡匙是用来搅拌咖啡的，搅拌均匀后将咖啡匙放在咖啡盘中，匙柄与咖啡杯把朝向一个方向，如图 5－47 所示。咖啡匙是做搅拌之用，而不是为了舀取咖啡，因此，不要用咖啡匙舀咖啡喝，这是非常不妥的行为。

图 5-47 咖啡匙的摆放

如果咖啡太烫，也可以用咖啡匙轻轻搅拌加速冷却，或者等待咖啡温度降下来，不要太过着急，不能用嘴吹凉。

很多时候，喝咖啡都会搭配一些精致小点心，如图 5-48 所示，可以一边品尝咖啡的美味，一边享受小点心的细腻口感，但应该注意的是，不要一手端着咖啡杯，一手拿着点心，喝咖啡时应当放下点心，吃点心时则放下咖啡杯。正如聊天时也应放下手中的咖啡杯一样，边聊边喝既不尊重对方，也无法真正品尝咖啡的滋味。

图 5-48 咖啡与点心的搭配

思考与练习

一、思考题

说一说你知道的中、西餐服务礼仪。

二、礼仪实训

1. 以小组为单位，分别在给定特定情景的情况下进行引座服务、恭请点菜服务、席间服务、送客服务等训练，然后进行小组互评和老师点评，同学们互相取长补短，在互评和点评中规范餐厅服务礼仪。

2. 以小组为单位，分别在给定特定情景的情况下进行茶事礼节训练，然后进行小组互评和老师点评，同学们互相取长补短，在互评和点评中规范茶道礼仪。

3. 以小组为单位，分别在给定特定情景的情况下进行开香槟、倒香槟和开葡萄酒训练，然后进行小组互评和老师点评，同学们互相取长补短，在互评和点评中规范酒水礼仪。

三、案例分析

1. 一杯白开水

这天午餐时间，某餐厅里座无虚席。这时一位顾客招呼服务员：“小姐，请给我倒一杯白开水好吗？”服务员迅速地到厨房里倒了一杯白开水，为顾客送到餐桌上。这位顾客随即从口袋里拿出一包药，又摸了摸水杯，皱了皱眉头，服务员发现了顾客的细微动作，立即询问顾客：“给您杯里加些冰块降温好吗？”顾客高兴地说：“太好了，谢谢你！”放入冰块后，水温降了下来，顾客及时吃了药。临走时，顾客给餐厅写了封表扬信，表扬了这位服务员。

问题：这个案例给我们什么启示？

2. 思乡的顾客

某饭店有一位来自日本的长住顾客，他平时表情严肃，心情总是很沉重的样子，每天他都按时到饭店的餐厅里吃自助餐。一天，当他正在吃饭时，忽然餐厅的灯光略微暗了一些，顾客听到了一曲熟悉的日本音乐，同时，餐厅里出现了几位身着日本和服翩翩起舞的女孩子，一位女主持人用甜美的声音说：“今天是这位日本顾客的生日，我们向他表示祝贺！”接着，又向他送上了一束鲜花。这位日本顾客十分感动，他的思乡情绪也得到了缓解。

问题：这个案例给我们什么启示？

3. 点菜不当致客拂袖而去

一天，餐厅里来了三位衣着讲究的顾客，服务员将其引至餐厅坐定，其中一位顾客便开了口：“我要点 ×× 菜，你们一定要将味调得浓些，样子摆得漂亮一些。”然后他转身对同伴说：“这道菜很好吃，今天你们一定要尝尝。”菜点完后，服务员拿订单去了厨房。再次上来时，服务员对顾客说：“先生，对不起，今天没有这道菜，给您换一道菜可以吗？”顾客一听勃然大怒：“你为什么不事先告诉我？让我们无故等了这么久，早说就去另一家餐厅了！”发了脾气，顾客仍觉得在朋友面前丢了面子，于是拂袖而去。

问题：这个案例给我们什么启示？

4. 恼怒变赞扬

某日，冯先生和几位男性朋友在包间用餐。服务员认真地为顾客服务，在宴请快结束时，服务员为顾客上汤，恰巧冯先生与朋友敬完酒后一个急转身，将汤全部碰洒，也弄脏了自己的衣服。他非常生气，质问服务员是如何上菜的，服务员没有争辩，连声道歉："实在对不起，是我不小心把汤弄洒了，把您的衣服弄脏真的很抱歉，请您把外套脱下来，我现在就去给您免费干洗，另外我再重新为您上份汤，耽误各位用餐真的对不起。"随后，服务员将衣服送去洗衣房干洗，之后的用餐服务也更加仔细周到。顾客用餐结束后，服务员将整齐叠好的衣服双手归还给冯先生。顾客都非常满意，同时冯先生也诚恳地告知服务员是自己不小心，他的服务非常好。最后，顾客主动付了双份的汤钱，还写了封信表扬服务员服务细致周到，并在日后成了酒店的常客。

问题：这个案例给我们什么启示？

5. 西餐扒房要求应该更高

一天晚上，几位外国顾客到深圳某四星级酒店的西餐扒房点了一瓶香槟和牛扒等食品。过了五六分钟，服务人员回来告诉顾客这种香槟已经卖完。顾客并不太介意，又点了另一种香槟。但七八分钟过后，服务人员又回来告诉顾客这种香槟也没了，查看了仓库也无存货。顾客听后有点不快，感觉服务人员怎么对餐厅所售酒水有无都不清楚，而且连续发生两次。稍后，一位顾客所点的牛扒被送了上来，顾客尝后感觉牛扒太生，未按其要求烹制，于是叫来服务人员拿走重新加工，可能是服务人员没有听懂顾客的要求，几分钟后牛扒被重新端上，顾客品尝后觉得并没有什么改变。连续发生的几件事，令顾客非常不满。

问题：这个案例给我们什么启示？

6. 让女士不悦的西餐厅服务生

小张第一天到西餐厅上班。这天餐厅来了三位顾客（两女一男），于是小张便热情地上前招呼。在小张的推介下，其中一位女士点了一瓶法国香槟。顾客就座后，小张便主动为顾客斟酒。当发现小张用右手握住瓶颈斟酒时，点酒的那位女士脸上表现出一丝不悦。后来再斟酒时，小张首先为点酒的那位女士斟酒，然后为那位男士斟酒，最后为另一位女士斟酒。点酒的那位女士脸上的表情显得更为难看。

问题：小张为什么会让女士不悦？他的服务问题出在哪里？

任务五　酒店康乐服务礼仪

学习目标

知识目标

1. 了解康乐部在酒店中的地位。
2. 掌握酒店康乐服务礼仪。

能力目标

能够在酒店康乐服务中熟练地运用服务准备礼仪、服务过程礼仪及送客道别礼仪。

素养目标

确定“敬业、勤业”为本任务课程学习的素养教育主题，通过教学实施，引导学生在酒店服务中做到任劳任怨、精益求精、勤勤恳恳。

康乐部是为住店顾客提供健康、娱乐和休闲放松等活动场所的部门，是现代酒店不可缺少的一个重要组成部分。酒店给顾客提供的康乐项目通常有：歌舞、音乐茶座、电子游戏、保龄球、台球、游泳、健身、桑拿浴、美容美发等。在提供康乐服务的过程中，首先要保证康乐设施与设备的安全，更为重要的是一切要以顾客的立场为出发点，为顾客提供一流的服务。

一、康乐部在酒店中的地位

在现代酒店中，康乐活动越来越受到人们的喜爱，康乐部已成为吸引客源的重要手段之一，是与餐饮部、客房部并列创收的重要部门。因此，康乐服务也成为酒店服务的重点之一。酒店康乐部的作用体现在以下几个方面。

（一）康乐项目是酒店等级的重要标志

按照国际惯例及旅游酒店星级的划分与评定标准，康乐部是四星级、五星级旅游酒店必不可少的部门。在我国，根据《旅游饭店星级的划分与评定》（中华人民共和国国家标准，GB/T 14308－2023）的规定，五星级酒店必须有会议康乐项目设备，并提供相应服务。

（二）新颖的康乐项目是吸引客源的重要手段

酒店竞争的重要优势就是有自己的特色。以服务项目、设备功能以及价格、营销方式为特色吸引客源是必要的，但实践证明，康乐项目对客源的吸引力越来越大，有些人甚至把康乐作为生活中不可缺少的内容。据不完全统计，旅游酒店所在地区有 70% 的年轻人喜欢到这些酒店的对非住宿人员开放的康乐中心去娱乐。对于住宿的顾客来说，康乐也是必不可少的活动之一。酒店可通过增加独具特色的康乐项目来吸引顾客，在竞争中获胜。

（三）康乐服务是酒店经济收入的重要来源

目前，在我国的一些酒店里，康乐部的规模越来越大，并已经成为酒店重要的营收中心之一。完善的康乐项目设备、优雅的康乐气氛环境，吸引了大批旅游者和当地公众，以致不少旅游者常常以康乐项目和环境为标准来选择酒店，或因对某一康乐活动特别感兴趣而投宿，丰富的、具有吸引力的康乐项目能够使顾客延长停留时间，提高酒店的接待能力，增加酒店的经济收入。

（四）完善的康乐设施和服务是现代酒店发展的必然趋势

现代酒店，尤其是高星级酒店，参与社会竞争、吸引客源的一项硬指标就是具备完善的配套附属设施。康乐部作为酒店重要的配套附属部门，承担着接待顾客健身和娱乐的服务工作，应与各部门相互协调，参与社会化竞争，为酒店争取最大化的经济和社会效益。

二、酒店康乐服务礼仪

高档次、高星级酒店为了顺应市场需求，越来越向综合服务的方向发展，除利用客房和餐饮等主要酒店产品满足顾客基本需求以外，还通过健身、游泳、娱乐等康乐服务产品来满足顾客的生活需要和精神需求。康乐服务工作是直接面向顾客的，服务人员除了要熟悉有关业务知识和掌握过硬的技能，还需要遵守康乐服务礼仪规范。

（一）服务准备礼仪

（1）仪容仪表准备。上岗前，服务人员要做好仪容仪表的自我准备，按照所从事具体服务岗位的着装规范要求进行着装，整体做到仪容端庄、仪表整洁。

（2）服务器械检查。按照岗位服务的规范要求，应定期检查各类服务器械的完备情况，发现有零部件磨损或脱落等情况，要及时通知有关部门检修，确保器械的使用安全，为顾客提供安全舒适的休闲娱乐服务。

素养专栏

职业精神——敬业

敬业是一个人对自己所从事的工作及学习负责的态度。道德就是人们在不同的集体中，为了我们集体的利益而约定组成的，应该做什么和不应该做什么的行为规范。所以，敬业就是人们在某集体的工作及学习中，严格遵守职业道德的工作学习态度。当代大学生是未来的职业人，一定要记住：工作上任何一件事我们都要认真去做，有时候可能就因为一个小疏忽导致工作不能顺利展开，更可能导致安全等问题，或是因此给顾客产生一个不好的印象，继而影响企业的形象。

（二）服务过程礼仪

1. 迎接问候礼仪

（1）在对客营业时间的前 10 分钟左右，在各自岗位迎候顾客抵达。

（2）坚持站立服务，精神饱满，思想集中，面带微笑，以清新、精干的形象恭候顾客，随时为顾客提供服务。

（3）顾客抵达时，笑脸相迎，亲切问候，简要介绍各类康乐设施及服务项目，主动征询顾客需要何种服务。

2. 健身房服务礼仪

（1）礼貌交流。健身房服务人员要为顾客营造一个舒适和谐的健身氛围，礼貌地提示顾客在健身过程中的各项注意事项，礼貌地劝阻不规范的行为。

（2）引导示范。对于不熟悉健身器械的顾客，应热情主动地介绍健身器械的性能、操作方法和注意事项。要根据顾客的身体状况因材施教，做不同的指导。

（3）纠正错误。发现顾客违反相关规定时要适当提醒，如："先生 / 女士您好！打扰您了！为了您不在运动中受到损伤，请您换好运动鞋、运动裤再使用器械，谢谢您的合作！"等；为顾客纠正错误动作时可以说"您好，您现在的动作是高危动作，会伤害到您身体的 ××× 部位，如果不耽误您锻炼，我给您演示一下示范动作"。

（4）关注保护。在顾客进行健身活动时，应严格执行健身房规定，密切关注顾客健身动态，适时予以正确指导和健身保护，确保顾客安全运动。

3. 游泳池服务礼仪

（1）迎送引导。游泳池服务台前应有专人负责迎送顾客；顾客抵达时，应表示欢迎，及时送上更衣柜钥匙和毛巾；引导顾客进入更衣室，礼貌提醒顾客保管好自己的物品，并对顾客进行游泳安全事项的提示。

（2）加强巡视。游泳池要配备规范数量的救生员，并能按照酒店游泳池的安全管理规范进行游泳池的巡视，思想上高度重视，坚守岗位，随时关注游泳者动态，特别关注老人、小孩和特殊顾客，以免发生意外。救生员要熟练掌握救生技能。

（3）消除隐患。游泳池应有醒目的提示标语，引导顾客安全地开展游泳健身活动，游泳池内为顾客提供饮料、食品服务时，应使用不易破损的非玻璃、陶瓷的盛器。

4. 保龄球服务礼仪

（1）协助运动。顾客抵达保龄球房时，要热情问候，开启机器，帮助顾客递送干净完好的保龄球鞋；对于不太熟悉保龄球房设施设备的顾客，应根据顾客的性别、年龄、体重等，帮助其选择适合的保龄球；热情介绍活动的步骤和方法，礼貌提醒顾客动作要领和注意事项，避免发生意外；如顾客要求陪打，服务员应礼让在先，对顾客击出的好球要鼓掌示意。

（2）加强巡视。做好各球道的巡视工作，及时纠正顾客的不合理行为以及处理相关设备故障问题。可以引导不了解保龄球基本打法的顾客观看视频，了解保龄球的打法，必要时，在征得顾客允许后可以为顾客做示范。

（3）提供周到服务。适时有礼貌地询问顾客需要什么饮料，热情地为顾客提供运动过程中的饮品服务，以使服务细致周到。

5. 卡拉 OK 服务礼仪

（1）引导顾客。在顾客抵达时，应主动迎接问候，在协助顾客办理好登记手续后，引导顾客到卡拉 OK 厅。

（2）设备服务。为顾客开启点歌、放映和放音的设施设备，根据顾客试音的要求，进行音效调试，确定各项设施设备运转正常。

（3）热情服务。根据顾客点单情况，迅速将酒水、饮料、食品等送至房内，同时送上杯具，将食品盛放在干净的器皿中。礼貌提示顾客有服务需求时可使用"呼叫服务"按钮。在顾客娱乐过程中，尽量少进入房内，以免影响顾客兴致。

特别提醒

如有顾客损坏器械、物品，应请顾客照价赔偿。说话时态度要真诚，语气要和蔼，不可得理不让人，与顾客发生争吵甚至举止粗鲁是不允许出现的失礼行为。

做好用品卫生和环境卫生工作。对客用品（如保龄球鞋、拖鞋和浴巾等）要坚持按有关卫生标准严格消毒，要对顾客的卫生负责。

（三）送客道别礼仪

顾客结束活动离开时，要提醒顾客不要忘记随身物品。服务人员应将顾客送至门口，向顾客致谢，礼貌、热情地向顾客告别，欢迎顾客再次光临。

思考与练习

一、礼仪实训

以小组为单位，分别在给定特定情景的情况下进行迎客服务、康乐服务和送客服务训练，然后进行小组互评和老师点评，同学们互相取长补短，在互评和点评中规范康乐服务礼仪。

二、案例分析

1. 遗留在棋牌室的电话本

9月23日，周先生打电话投诉，他几日前在10楼棋牌室打牌时将一个电话本遗留在房间，事后，他打电话到大厦10楼询问服务员是否有拾到，当时服务员称电话本在服务台，待其前来领取时服务台却说没有，后周先生再次打电话来问，此时服务台说有。周先生于是派司机来取，却发现不是他的那本。周先生觉得非常气愤，提出投诉（据了解，当初服务员说有电话本，周先生来取时又说没有是因为电话本在交接班时弄丢了）。

问题：这个案例给我们什么启示？

2. 不能免单的足浴赠票券

一位顾客到大堂经理处投诉：顾客持酒店的足浴赠票券到四楼消费，赠票券上写明可免一人足浴，但消费时服务员没有说明只能洗中药足浴，并向其推荐了鲜花足浴，结账时才知道鲜花足浴不能免单，顾客认为酒店有蒙骗行为。

问题：这个案例给我们什么启示？

参考文献

[1] 李妍 . 酒店服务礼仪 [M] . 2 版 . 北京：中国人民大学出版社，2023.

[2] 纪亚飞 . 服务礼仪标准培训 [M] . 北京：中国纺织出版社，2021.

[3] 王冬琨，郝瓅，张玮 . 酒店服务礼仪 [M] . 2 版 . 北京：清华大学出版社，2019.

[4] 张秋埜 . 酒店服务礼仪 [M] . 3 版 . 杭州：浙江大学出版社，2023.

[5] 齐琳，曹培培 . 旅游职业礼仪 [M] . 北京：中国轻工业出版社，2020.

[6] 褚倍 . 旅游职业礼仪 [M] . 杭州：浙江大学出版社，2023.